GOLDMANN
Lesen erleben

Buch

Gerade in Zeiten von Facebook und sozialen Netzwerken hat der Begriff
»Freund« eine ganz neue Bedeutung bekommen. Mit *Richtig gute Freunde* liefert Carlin Flora nun eine umfassende und zeitgemäße Betrachtung der verschiedenen Arten von Freundschaften und deren Einfluss auf unser Leben. Sie
untersucht, ausgehend von Interviews, wissenschaftlichen Studien und persönlichen Anekdoten, das Wesen der Freundschaft und bringt spannende Erkenntnisse zutage: Wie gehen wir mit guten Freunden um, die unangenehme
Wahrheiten verschweigen, um die Freundschaft nicht zu gefährden? Welche
Lücke schließen Freunde, die Familie, Verwandte und Partner nicht auszufüllen vermögen? Und gehören falsche Freunde zum Erwachsenwerden einfach
dazu, oder sollten hier die Alarmglocken schrillen? Flora erläutert die Kriterien,
nach denen wir uns unsere Freunde aussuchen, und zeigt, dass Freundschaften
unser Wohlbefinden maßgeblich beeinflussen. Denn erst durch Freundschaften wird unser Leben lebenswert.

Autorin

Carlin Flora ist eine erfahrende Wissenschaftsjournalistin und Redakteurin
bei *Psychology Today.* Sie ist Absolventin der University of Michigan sowie der
Graduate School of Journalism der Columbia University. Sie lebt in New York.

Carlin Flora

Richtig gute Freunde

Wie Freundschaften uns prägen
und bereichern

Aus dem Amerikanischen
von Gabriele Lichtner

GOLDMANN

Die Ratschläge in diesem Buch wurden von der Autorin und vom Verlag sorgfältig erwogen und geprüft, dennoch kann eine Garantie nicht übernommen werden. Eine Haftung der Autorin bzw. des Verlags und seiner Beauftragten für Personen-, Sach- und Vermögensschäden ist ausgeschlossen.

Verlagsgruppe Random House FSC-DEU-0100
Das für dieses Buch verwendete FSC®-zertifizierte Papier *Classic 95*
liefert Stora Enso, Finnland.

1. Auflage
Deutsche Erstausgabe März 2013
Wilhelm Goldmann Verlag, München,
in der Verlagsgruppe Random House GmbH
Copyright © 2013 Carlin Flora
All rights reserved. Published in the United States by Doubleday,
a division of Random House, Inc., New York, and in Canada
by Random House of Canada Limited, Toronto.
Originaltitel: Friendfluence
Umschlaggestaltung: Uno Werbeagentur, München
Umschlagfoto: © plainpicture/Cultura
Redaktion: Vera Serafin
Satz: Buch-Werkstatt GmbH, Bad Aibling
Druck und Bindung: GGP Media GmbH, Pößneck
KW · Herstellung: IH
Printed in Germany
ISBN 978-3-442-17308-2

www.goldmann-verlag.de

Inhalt

Einleitung

Jeder Freund verkörpert eine Welt in uns, eine Welt, die
vielleicht noch gar nicht geboren war, bevor er kam.
ANAÏS NIN

Als ich 15 war, zog meine Familie von North Carolina nach Michigan. Dieser Umzug fiel mir deshalb besonders schwer, weil er den Verlust meiner Freundinnen bedeutete. Während der ersten Monate an der Schule in Michigan war ich ständig am Weinen. Zwar versuchte ich, dort Anschluss an die Mädchen zu bekommen, hatte dabei aber dauernd das Gefühl, nicht wirklich dazuzugehören. Während ich die Briefe meiner »alten« Freundinnen wieder und wieder las, fühlte ich mich von den aufregenden Geschichten, die mir die »neuen« schilderten, schmerzhaft ausgeschlossen. Eines Tages sollte sich dies jedoch ändern. Während einer Sportveranstaltung entdeckte ich auf den Zuschauertribünen eine Gruppe ausgelassener Mädchen, sogenannte Alternative, die aber dann wiederum auch nicht *zu* alternativ waren, wie ich schon bald herausfinden sollte. Denn sie waren nicht nur unternehmungslustig und kunstinteressiert, sondern auch ehrgeizig und legten Wert auf gute Noten. Von dem Tag an, als ich zum ersten Mal mit diesen Mädchen am Mittagstisch saß, fühlte ich mich zunehmend weniger ausgeschlossen und wandte mich wieder interessiert und freudig den Dingen des Lebens zu.

Damals reagierte ich auf alles ausgesprochen emotional und empfand es wohl deshalb als besonders schmerzhaft, meine Freundinnen aus North Carolina verlassen zu müssen. Durch diesen Umzug erhielten Freundschaften denn auch womöglich einen noch höheren Stellenwert als vorher für mich und eine Bedeutung, die bei der Idee, dieses Buch zu schreiben, Pate stand. Diese persönliche Erfahrung ist natürlich nichts Einmaliges, denn Freundschaften sind nicht nur für gefühlvolle Teenager derart lebensnotwendig.

In den acht Jahren, in denen ich für die Zeitschrift *Psychology Today* als Autorin und Redakteurin gearbeitet habe, beobachtete ich eine stetige Zunahme wissenschaftlicher Erkenntnisse zum Thema Freundschaft, wobei sämtliche Untersuchungen auf die erstaunlich positiven Auswirkungen einer solchen zwischenmenschlichen Verbindung hinwiesen. Wer hätte schon gedacht, dass Freundschaften nicht nur die Stimmung heben, sondern auch gut für die Gesundheit sind? Eine feste freundschaftliche Beziehung kann einem dabei helfen abzunehmen, besser zu schlafen, mit dem Rauchen aufzuhören und selbst schwere Krankheiten zu überwinden. Sie kann die Gedächtnisleistung und die Fähigkeit zum Problemlösen verbessern, Vorurteile und ethnische Rivalitäten abbauen, sie kann Menschen motivieren, ihre beruflichen Träume zu verwirklichen, und sogar ein gebrochenes Herz heilen. Das hört sich doch fast zu gut an, um wahr zu sein! Und trotzdem beschäftigten sich nur sehr wenige der vielen psychologischen Ratgeber und sozialwissenschaftlichen Bücher, die über meinen Schreibtisch gegangen sind, mit dem Thema Freundschaft. Wenn Sie einmal die Auswahl an Beziehungsratgebern in einem Buchladen betrachten, werden Sie eine Fülle an Literatur darüber entdecken, wie man einen Partner findet und eine Liebesbeziehung aufrechterhält, oder wie man Kinder richtig erzieht. Würde ein Außerirdischer diese Bücherstapel sichten, käme er wohl zu der Überzeugung, dass die einzigen Beziehungen, die wir Menschen pflegen, diejenigen zur Familie oder zu unseren Geliebten sind.

Dabei haben wir natürlich auch Freunde und Bekannte. Und auch auf sie lassen sich unser ganzes Wesen, unsere Sprachgewohnheiten, ja unser ganzes Streben zurückführen, nicht nur auf unsere Gene oder den Einfluss unserer Eltern, wie wir so gerne glauben. Obwohl Freundschaften für die meisten Menschen einen derart hohen Stellenwert besitzen, sind sich doch nur wenige dessen bewusst, wie sehr sie auch unsere persönliche Entwicklung und unser Glück beeinflussen.

Andererseits kann es äußerst negative Folgen haben, wenn man keine Freunde hat. Man kann unglücklich werden, oder schlimmer noch: Die Einsamkeit zieht Körper und Seele in eine Abwärtsspirale und mündet in kognitivem Verfall, Alkoholismus und sogar Selbstmord. Einsame Menschen schlafen nicht nur schlechter, Untersuchungen haben sogar gezeigt, dass sie auch häufiger unter erhöhtem Blutdruck und einer verminderten Abwehrkraft gegen Krankheiten leiden. Keine Freunde zu haben kann also tödlich sein.

Evolutionspsychologen vertreten die Theorie, dass die Wurzeln der Freundschaft in der menschheitsgeschichtlich frühen Abhängigkeit des Menschen von seinesgleichen liegen und damals das Überleben des Einzelnen sichern sollten. Wenn man demnach einen Kumpel hatte, mit dem man auf die Jagd ging, erhöhte dieser Umstand die Wahrscheinlichkeit, dass sowohl man selbst als auch der Kumpel später für sich und seine Familie ausreichend Nahrung heimbrachte, die über dem Feuer gebrutzelt werden konnte. Aber auch wenn die meisten von uns nicht mehr auf Freunde angewiesen sind, um ein Haus zu bauen oder Nahrung zu sammeln, ist uns doch ein starkes Bedürfnis nach Freunden gemeinsam. So haben Anthropologen eindeutige Beweise dafür gefunden, dass es in der gesamten Menschheitsgeschichte und in allen Kulturen Freundschaften gab. Der Mensch ist allgemein so angelegt, dass er auch mit Menschen außerhalb seiner Familie intensive emotionale Beziehungen unterhalten kann. Kaum eine persönliche Lebensgeschichte ist vorstellbar, in der nicht auch Freunde eine wichtige Rolle spielen.

Gerade heutzutage ist es besonders wichtig, das Bewusstsein dafür zu schärfen, welchen Einfluss Freunde auf uns haben. Sie spielen nämlich nicht nur eine größere Rolle in unserem Leben, als man annehmen könnte; auch soziologisch betrachtet, kommt ihnen eine wachsende Bedeutung zu. Im Jahr 2000 stellte der Journalist Ethan Watters in seinem Buch *Urban Tribes* die Frage: »Sind Freunde die neue Familie?« Watters beschrieb Freundschaften zwischen Menschen, die in Städten wohnten und noch in ihren Zwanzigern und sogar Dreißigern Hauptbezugspersonen füreinander waren, während sie die Eheschließung hinausschoben und sich ihren beruflichen Weg suchten – ein Phänomen, das typisch für Watters' Gesellschaftsschicht und Generation ist. Auch wenn für die meisten sozialen Kreise in den

USA keine großen, stabilen »Stämme« charakteristisch sind, verlassen sich Menschen jeden Alters auf Freunde, die heute diejenigen Aufgaben erfüllen, welche traditionell in der Vergangenheit von Blutsverwandten oder Eheleuten wahrgenommen wurden.

Das Durchschnittsalter derjenigen, die zum ersten Mal heiraten, steigt in den USA noch immer: 2010 lag es bei 28,7 Jahren für Männer und 26,7 Jahren für Frauen, verglichen mit 27,5 Jahren und 25,9 Jahren im Jahr 2006.[1] Und Amerikaner heiraten nicht nur später, viele sind geschieden oder verwitwet oder heiraten überhaupt nicht. 100 Millionen Amerikaner (das ist fast die Hälfte aller Erwachsenen) sind nicht verheiratet, und eine Untersuchung des Pew-Forschungszentrums aus dem Jahr 2006 hat ergeben, dass 55 Prozent der Singles auch nicht vorhaben, jemals zu heiraten.[2]

College-Studenten und junge Erwachsene scheinen im Allgemeinen weniger geneigt, feste Liebesbeziehungen einzugehen und lassen sich stattdessen eher auf lockere Liebeleien ein. (Einige Forscher führen dies auf den Frauenüberschuss an den Universitäten zurück. Herrscht ein großer Konkurrenzkampf um die Männer, so argumentieren sie, wird Sex ohne weitere Verpflichtungen häufiger als sonst angeboten.) Es leuchtet ein, dass sich diese Gruppe, die ohne den festen seelischen Halt in einer ernsthaften Liebesbeziehung auskommen muss oder will, stärker auf Freunde stützt, als es die entsprechenden demografischen Gruppen in der Vergangenheit taten.

Der Soziologe Eric Klinenberg weist darauf hin, dass »heute mehr Menschen alleine leben als zu irgendeiner anderen Zeit in der Geschichte.« In amerikanischen Städten wie Atlanta, Denver,

Seattle, San Francisco und Minneapolis sind mehr als 40 Prozent aller Haushalte Einpersonenhaushalte. Klinenberg widerlegt das Stereotyp des einsamen, schrulligen Singles und kommt zu dem Schluss, dass diese Personen, ob jung oder schon älter, mehr soziale Kontakte zu Freunden pflegen als diejenigen, die mit Partnern oder Familienangehörigen zusammenwohnen.[3]

So stellen für die steigende Anzahl von Menschen, die nicht in traditionellen Familienstrukturen leben, Freunde oft die primären Bezugspersonen dar. Sie bieten sowohl intensive emotionale Unterstützung als auch »instrumentelle« Hilfe. Es ist jedoch keine Frage des Entweder-Oder, Freunde sind nicht unbedingt Familienersatz. Singles unterhalten oft auch enge Beziehungen zu ihren Eltern, Nichten, Neffen und Geschwistern. Dennoch können Freunde unserem Leben sogar positivere und bereicherndere Impulse geben als Verwandte, vor allem wenn sie in unserer Nähe wohnen. Ein Grund dafür ist sicher die Freiwilligkeit, dass sie also nicht aus einem Pflichtgefühl heraus handeln müssen.

Bella DePaulo, Psychologieprofessorin an der University of California, Santa Barbara, und führende Verfechterin des Singledaseins, geht sogar davon aus, dass es bei dem nächsten großen Rechtsstreit in den USA um die formale Gestaltung zwischenmenschlicher Beziehungen – nach den Schwulenrechten – um die »Rechte von Freunden« gehen wird. Dazu würden beispielsweise die Befugnisse gehören, für einen vorher namentlich festgelegten Freund Entscheidungen zur medizinischen Versorgung zu treffen.

Auch für Eltern, Verheiratete oder in fester Beziehung Lebende haben Freunde eine wichtige Funktion inne. Tatsächlich handelt es sich bei der Zeit, die wir mit Freunden verbringen, um unsere angenehmste Zeit, in der wir tendenziell mehr positive und weniger negative Gefühle als in der Gesellschaft von Ehepartnern, Kindern, Kollegen, Verwandten oder anderen Menschen entwickeln. Wenn sich jemand darüber beklagt, dass er zu einem Familientreffen gehen muss, überrascht uns das nicht weiter, aber wir wären verblüfft, wenn dieselbe Person sich beschwerte, weil sie zu einer Feier mit Freunden gehen muss.

Wie kommt es nun dazu, dass wir unsere Zeit lieber mit Freunden als mit unserer Familie verbringen? Manche führen es darauf zurück, dass wir unsere Freunde selbst wählen, während wir unsere Familienmitglieder hinnehmen müssen. Lediglich durch die Wahl des Ehepartners und die Entscheidung für eigene Kinder haben wir ein gewisses Mitspracherecht in Familiendingen. Wahrscheinlich können wir die mit unseren Freunden verbrachte Zeit aber auch aufgrund anderer Erwartungshaltungen eher genießen. Für Freunde bringen wir Mitgefühl und Verständnis auf und belasten die mit ihnen verbrachte Zeit nicht durch Groll oder Ärger, wie sie häufig bei Interaktionen mit Familienmitgliedern vorkommen. Von Freunden erwarten wir im Allgemeinen weniger als von Familienmitgliedern oder Partnern – und von jedem Freund profitieren wir auf unterschiedliche Weise. Zum Beispiel kann einer unser Vertrauter sein, ein anderer bringt uns zum Lachen, während wir mit einem dritten gern über Politik diskutieren. Von einem einzigen Freund erwarten wir nicht, dass er alles für uns darstellt, was wir mögen und was uns interessiert; daher sind wir auch weniger enttäuscht, wenn ein Freund einen Teil unserer Erwartungen nicht erfüllt, als das bei einem Ehepartner der Fall wäre.

Wenn berufstätige Eltern jede Minute ihrer freien Zeit dem eigenen Nachwuchs widmen, leiden ihre Freundschaften häufig als Erstes darunter. Aus der Forschung wissen wir (und können es auf Anhieb auch intuitiv nachvollziehen), dass es fürchterlich schiefgehen kann, wenn wir von unserem Ehepartner erwarten, dass er alle unsere Bedürfnisse erfüllt. Wenn wir uns dagegen auch an Freunde wenden, um intellektuelle Anregung und emotionale Unterstützung zu erhalten oder einfach nur unterhaltsame Aktivitäten mit ihnen zu unternehmen, nimmt der Erwartungsdruck auf die Familie ab. Vielbeschäftigte Mütter und Väter sollten sich daher davor hüten, Freunde für einen entbehrlichen Luxus zu halten.

Auch für Kinder spielen Freunde heute wahrscheinlich eine größere Rolle als noch vor etwa 50 Jahren. Damals waren nur zehn Prozent der Kinder bis zu 18 Jahren in den USA Einzelkinder. Die letzte Volksbefragung ergab, dass es heute prozentual doppelt so viele Einzelkinder gibt. Ungefähr 14 Millionen sind es in den USA, und da diese Kinder somit zu Hause keine Spielkameraden haben, ist anzunehmen, dass sie sich stärker als früher Freunden zuwenden.

Zwar ist das Thema Freundschaft in den besagten Ratgeberbüchern zu zwischenmenschlichen Beziehungen unterrepräsentiert, in der Unterhaltungskultur genießt es dennoch hohe Wertschätzung. Manchmal wird dabei sogar ein deutlich überzeichnetes Freundschaftsideal angepriesen. Denken Sie nur an all die beliebten Filme zur Freundschaftsthematik und Fernsehserien wie zum Beispiel – nun, genau! – »Friends«, die davon handeln, wie Mitglieder fester Freundescliquen einander beim

Bewältigen schwieriger Momente und dramatischer Prüfungen im Leben beistehen. Wenn wir uns dessen bewusst wären, wie wertvoll wahre Freunde für uns sind, würden wir uns vielleicht aktiver um solche bemühen und sie entsprechend gut behandeln. Und zwar selbst dann, wenn es daneben auch andere Menschen wie zum Beispiel unsere Partner oder Kinder gäbe, die unserem Herzen noch näher stünden.

Ich hoffe, dass Sie die in diesem Buch dargebrachten sozialwissenschaftlichen Ausführungen über die Freundschaft für sich, gleichsam als Filter nutzen können, durch den Sie Ihre persönliche Geschichte zu diesem Thema besser analysieren und ein tieferes Verständnis für Ihre bereits gewonnenen Freunde erlangen können – und darüber hinaus auch für diejenigen, die Sie möglicherweise gerne noch dazugewinnen wollen. Vielleicht lernen Sie dabei sogar mehr über die Art, wie Sie jemandem als Freund begegnen wollen.

Freunde sind verlässlich da, wenn auch meist aus dem Hintergrund wirkend, vielleicht können Sie die hier dargestellten Forschungsergebnisse jedoch dazu veranlassen, sich einmal bewusster und auch genauer mit diesem Personenkreis zu beschäftigen.

Auf den folgenden Seiten werden Sie erfahren, wie Freunde uns in den unterschiedlichen Entwicklungsphasen beeinflussen. Der Einfluss der Eltern auf ihre Kinder ist unbestritten groß, dennoch ist auch der ihrer Freunde auf sie und ihr Verhalten von nicht zu unterschätzender Bedeutung. Bei Vorschulkindern zum Beispiel, die Schwierigkeiten haben, Freunde zu finden, ist auch deren Verhältnis zu jüngeren Geschwistern womöglich eher schlecht. Ein Kind, dem es im Alter von zehn bis 13 Jahren gleichgültig ist, was seine Freunde von ihm denken, erbringt in den letzten Schuljahren womöglich schlechtere Leistungen und kann sozial weniger erfolgreich sein – und das gilt auch noch für die Zeit nach dem Schulabschluss. Es geht hier nicht nur darum, dass es einfach angenehm ist, gute Freunde zu haben; die Fähigkeiten, die man benötigt, um Freundschaften zu schließen, sind eben ganz genau dieselben, die man im Allgemeinen benötigt, um im Leben erfolgreich zu sein.

Und auch später sind Freunde wichtig, wenn nicht womöglich noch wichtiger: Für Jugendliche spielen Freunde eine große Rolle bei der Ausbildung ihrer Identität. Ob sie Drogen konsumieren, rauchen oder frühzeitig sexuell aktiv werden, hängt weitaus stärker vom Verhalten Gleichaltriger als von dem der Eltern ab. Die häufig übersehene positive Kehrseite dieser Orientierung an den Freunden besteht darin, dass der Gruppendruck auch gute Auswirkungen hervorbringen kann. Wenn sich Jugendliche mit leistungsstarken Schülern anfreunden, verbessern sich oft auch ihre eigenen Leistungen.

Im Erwachsenenalter beeinflussen Freunde häufig, wenn auch meist von uns unbemerkt, unsere Überzeugungen, Werte und sogar unsere physische und emotionale Gesundheit. Menschen, die an ihrem Arbeitsplatz einen Kollegen zum Freund haben, sind im Durchschnitt um 40 Prozent zufriedener mit ihrer Arbeit als diejenigen ohne einen solchen Freund. Unsere guten Vorsätze, die Ernährung umzustellen, mehr Sport zu treiben oder unser Verhalten zu ändern, geraten meist schnell in Vergessenheit; sind wir jedoch mit jemandem befreundet, dessen Lebensanschauungen und Gewohnheiten wir bewundern, beginnen wir ganz nebenbei, Aspekte von dessen Persönlichkeit und Lebensstil zu übernehmen. Und das sogar ganz ohne besondere Anstrengung, es geschieht einfach durch den Wunsch, mit dem Freund zusammen zu sein *und* wie der Freund zu sein. Besonders beeindruckend ist der Zusammenhang zwischen Gesundheit und Freundschaften. Eine Untersuchung von Krankenpflegerinnen, die an Brustkrebs erkrankt waren, erbrachte folgendes Ergebnis: Bei Frauen ohne enge Freunde lag die Wahrscheinlichkeit, an der Krankheit zu sterben, viermal höher als bei Frauen mit zehn oder mehr Freunden und guten Bekannten.[4)]

Aber auch die »dunkle« Seite der Freundschaft wird in diesem Buch behandelt, um Ihnen ein besseres Verständnis der unangenehmeren Gefühle zu ermöglichen, die ebenfalls mit freundschaftlicher Zuneigung einhergehen können. Da unsere Freunde einen derartigen Einfluss auf uns haben, kann ihre Macht uns heilen und helfen, aber ebenso Schaden anrichten und zerstörerisch wirken. Darüber hinaus werde ich auch die unterschiedlichen Ergebnisse der Forschung zu Online-Freundschaften darstellen, um zu verdeutlichen, wie die neuesten Arten elektronischer sozialer Kommunikation unsere realen Beziehungen verändern können.

Freundschaft war wahrscheinlich schon immer ein sehr wichtiger Aspekt des menschlichen Lebens und wird es wohl auch immer bleiben. Heute nun, in einer Zeit sich neu bildender sozialer Strukturen beginnen wir, die komplexen Prozesse zu verstehen, die Freundschaften zu einem derart prägenden Prozess werden lassen. Jeder, der für das eigene Wohlergehen etwas tun will, sollte lernen, wie er eine Freundschaft bestmöglich dafür nutzen kann. Die dicht miteinander verwobenen Fäden einer Freundschaftsgeschichte auszumachen und zu erkennen, ist außerdem faszinierend: In sehr engen Freundschaften wirkt der mysteriöse Funke von Anziehung und Ver-Bindung, spielen Drama, Spannung, Neid, Opfer und Liebe wichtige Rollen – ja, für manche stellt Freundschaft sogar die höchste Form der Liebe überhaupt dar.

Ursprung und Bedeutung der Freundschaft

Für Holly Kile war es höchste Zeit, ihren Ehemann zu verlassen. Er war herrschsüchtig und unberechenbar; er arbeitete nicht und half auch nicht im Haushalt. »Mit jedem Tag wurde es schlimmer«, sagt Holly.[1] Ihr Sohn war erst ein Jahr alt, und sie hatte nicht genug Geld für eine eigene Wohnung. Aber sie hatte Erin. »Wir sind zu Erin ins Auto gestiegen«, berichtet Holly über diesen nervenaufreibenden Abend vor zehn Jahren, »und sie sagte ›Wir packen jetzt deine Sachen, und du bleibst bei mir.‹ Erin hatte selbst drei Kinder, aber sie hat keinen Moment gezögert.«

Holly brachte ihr Baby in Erins Gästezimmer unter. Sie hatte Angst, Erin zur Last zu fallen, und überlegte, wie sie ein angenehmer Gast sein könnte, obwohl sie noch völlig durcheinander und aufgewühlt war. »Aber Erin gab mir das Gefühl, dass ich zur Familie gehörte. Es hat unsere Beziehung überhaupt nicht belastet. Ich hatte erwartet, dass es zu einer unangenehmen Veränderung käme, aber dass man mich stattdessen bedingungslos willkommen hieß, war eine tiefgreifende Erfahrung für mich.«

Die beiden Frauen kannten sich erst seit ein paar Monaten, seit Erin eine Arbeit in Hollys Büro aufgenommen hatte. »Wir waren auf Anhieb beste Freundinnen«, erzählt Holly. »Es war wie Liebe auf den ersten Blick – nur nicht auf die romantische Art. Wir wussten sofort, dass wir eine seelische Verbindung hatten. Das habe ich so noch nie erlebt.«

Erin war eher der weibliche Typ und sehr modebewusst, Holly dagegen burschikos und eher sachlich. Die beiden mochten vollkommen unterschiedliche Musik und Filme, aber irgendwie empfanden sie auch grundsätzliche Gemeinsamkeiten – eine Art stillschweigendes Verständnis füreinander, das sie sich noch heute nahe fühlen lässt, obwohl sie in verschiedenen Orten wohnen und nur ein paarmal im Jahr länger miteinander reden. »Wenn wir miteinander sprechen, ist die Atmosphäre liebevoll, und nie haben wir irgendwelche erdrückenden Erwartungen aneinander«, sagt Holly. »Es ist, als hätte ich eine Schwester, aber eine, mit der ich mich niemals streite.«

Manchmal ist das größte Kompliment, das wir einem Freund machen, ihn oder sie mit einem Familienmitglied zu vergleichen. In solchen Fällen enthält dieser Begriff der »Familie« ein bedingungsloses Angenommensein und eine tiefe Bindung und Loyalität. Aber genauso oft wird der besondere Aspekt einer engen Freundschaft ausgedrückt, indem darauf verwiesen wird, dass er oder sie mehr ist als ein Verwandter; dann sagt man zum Beispiel: »Eine Schwester, mit der ich mich niemals streite«, »der Bruder, den ich mir immer gewünscht habe« oder »meine Wahlfamilie«.

Freundschaften sind die sozialen Beziehungen, die völlig freiwillig und am wenigsten institutionalisiert sind.[2] Unsere Freunde können in unseren Herzen und Kalendern auftauchen und wieder daraus verschwinden; sie können uns alles bedeuten oder einfach nur eine erfrischende Besonderheit für uns sein, ein kleiner Farbtupfer in unserer geschäftigen sozialen Landschaft. Von Natur aus vielgestaltig, füllen sie Lücken aus, die in unserer Per-

sönlichkeit, auf unserem Lebenshintergrund oder in den gerade bestehenden Lebensumständen leer geblieben sind. Freunde
wählen wir uns unserem Lebensstil und unseren Bedürfnissen
entsprechend, so wie sie es umgekehrt auch bei uns tun. Daher
ist eine starre Definition praktisch unmöglich. Dennoch können
die Beschreibungen eines wahren Freundes ein Gefühl des Wie-
dererkennens hervorrufen: Für Holly, die ohne ein Wort der Ver-
urteilung oder auch nur den Hauch eines Zögerns im dunkels-
ten Moment ihres Lebens von Erin aufgenommen wurde, ist ein
Freund jemand, der »weiß, dass du ihn brauchst, und der auch
weiß, auf welche Art du ihn brauchst. Jemand, der genau weiß,
wie er dich trösten und dir helfen kann.«

Versuch, eine Wolke festzunageln: Klassische Definitionen von Freundschaft

Um 44 v. Chr. schrieb Cicero seine bekannte Abhandlung über
Freundschaft »De Amicitia«. Darin zitiert er den römischen
Dichter Ennius:

> Wie kann ein Leben denn lebenswert sein,
> das nicht in des Freundes wechselseitigem Wohlwollen ruht?
> Was ist denn angenehmer als jemanden zu haben,
> mit dem du alles wie mit dir selbst zu reden wagst?[3)]

Vergleichen wir nun diese anrührenden Worte mit einem anderen Gedicht, das sich direkt an einen Freund richtet:

23

Malst mir mein Leben bunter
und machst das Herz mir munter[4)]

Diese Lobpreisung entstammt der Grußkarte an einen Freund. Obwohl Freundschaft unterschiedlich beschrieben wird, kommen in beiden Gedichten zeitlose Gefühle zum Ausdruck. Auch wenn Cicero die Latte für die Aufnahme in den Club der Freunde ziemlich hoch ansetzt – »Freundschaft kann nur zwischen guten Menschen existieren« –, schildert er doch ein Modell dieser Beziehung, das sicher auch heute viele unterschreiben würden: »Wahre Freundschaft ist selten«, schreibt er und definiert Freundschaft als »Übereinstimmung in allen wichtigen Dingen, verbunden mit Wohlwollen und Liebe.« Ein Freund, so fasst Cicero zusammen, »gibt Hoffnung für die Zukunft«, und er behauptet: »Kein Leben ist lebenswert ohne die gegenseitige Liebe von Freunden.«

Der französische Essayist Michel Eyquem de Montaigne schrieb 1580 einen weiteren Essay zum Thema: »Über die Freundschaft«.[5)] Auch wenn sein spezielles Porträt seiner Verbindung mit Étienne de La Boétie ziemlich idealistisch und ungewöhnlich intensiv ausfällt, erscheinen seine allgemeinen Betrachtungen doch frisch und stimmig und weisen auf ein tief verwurzeltes Bedürfnis nach Freundschaft und deren hohe Wertschätzung hin.

Montaigne vergleicht die Beziehung zwischen zwei Freunden mit derjenigen zwischen Vater und Sohn. Er stellt fest, dass die »Freundschaft durch Kommunikation genährt« wird, während die ganz persönlichen Gedanken von Vätern nicht dazu bestimmt sind, mit Kindern geteilt zu werden, und man von Kindern wiederum nicht erwarten kann, dass sie »Ratschläge und Belehrungen geben, was eine der hauptsächlichen Aufgaben der Freundschaft ist«. Brüder dagegen, so schreibt er, stehen einem nahe nicht aus »selbst gewählter Freiheit«, sondern aufgrund »Gesetz und natürlicher Verpflichtung«.

Geschwister bezeichnen sich manchmal gegenseitig als Freunde oder beste Freunde. Aber die Tatsache, dass dieser Begriff hier das Bild eines sich einander besonders nahe fühlenden, liebevollen und unternehmungslustigen Paares heraufbeschwört, macht deutlich, dass diese Beziehung mehr beinhaltet als die eines typischen Geschwisterpaares. Wenn ich sage, dass meine Schwester meine Freundin ist, dann ist sie eine Schwester und noch etwas darüber hinaus.

Und was die Freundschaft zwischen Eltern und ihren Kindern angeht, stimmen die meisten Experten in Sachen Kindererziehung mit Montaigne überein, nämlich, dass es völlig unangebracht wäre, seinem Kind Freund oder Freundin sein zu wollen anstatt einer liebevollen, aber Autorität ausstrahlenden Persönlichkeit.

Die biologische Anthropologin Gwen Dewar fasste die Untersuchungen zu Erziehungsstilen von Eltern zu der Schlussfolgerung zusammen, dass Kinder zu stark belastet werden können, wenn ein Elternteil ihnen die Sorgen Erwachsener über finanzielle und zwischenmenschliche Probleme anvertraut.[6] Wenn Eltern heutzutage oft mehr daran liegt, als Freund »gemocht«, anstatt als Autoritätsperson respektiert zu werden, könnte das nach Meinung einiger Forscher sogar einer der Gründe dafür sein, dass heutzutage, verglichen mit 1979, bei jungen Leuten Anspruchsdenken und narzisstische Gefühle zunehmen.[7]

Aber die vielleicht schärfste Unterscheidung trifft Montaigne zwischen der Liebe zu einer Frau und der zu einem Freund.[8] (Die Frauen selbst, zu jener Zeit in Montaignes Kreisen weitestgehend ungebildet, waren seiner Ansicht nach für Freundschaften ungeeignet. Wenn Montaigne doch nur wüsste, welche Lizenzerlöse heute die Fernsehserie »Sex and the City« abwirft!) Die romantische Liebe, schreibt Montaigne, ist »aktiver, begieriger« als die freundschaftliche Liebe, aber auch unbeständiger. In Anspielung auf das zeitlose Spiel, so zu tun, als sei man schwer zu erobern, erkennt Montaigne einen anderen wesentlichen Unterschied zwischen diesen beiden Beziehungsarten. Je intensiver unsere Freunde unsere Gesellschaft suchen und sich daran erfreuen, desto eher fühlen wir uns in der ihrigen wohl, während Geliebte manchmal begehrenswerter für uns werden, je mehr sie sich von uns zurückziehen.

Die relativ friedlichen Seen der Freundschaft stellen tatsächlich für viele einen Ort der Erholung von den aufgewühlten Meeren der Partnersuche und des Zusammenlebens mit einem Partner dar. Trotzdem vermischen sich diese Gewässer öfter, als Montaigne sich das damals vorstellte. Im 21. Jahrhundert können sich Partner auf einige mögliche Szenarien beziehen, wenn einer von ihnen zum Beispiel erklärt: »Mein Ehemann ist mein bester Freund.« Um diese Aussage richtig zu verstehen, braucht man allerdings einen Kontext. Wird die Bemerkung in fröhlichem Tonfall geäußert, so, als wollte man sagen »Ich bin ihm so nah. Wir können so gut miteinander herumalbern, selbst beim Erledigen der alltäglichsten Dinge wie Haushaltsarbeiten«, dann kann man mit ziemlicher Sicherheit davon ausgehen, dass dieser

Mann Ehemann und gleichzeitig guter Kumpel ist. Wird der Partner jedoch als Freund beschrieben, nachdem man eine wehmütige Feststellung über die natürliche Abnahme des sexuellen Begehrens nach einer gewissen Zeit des Zusammenlebens gemacht hat, dann kann man daraus schließen, dass hier mit Freund ein Ehemann »minus« Romantik und/oder Sex gemeint ist.

Eine Testfrage:
Was bedeutet Ihnen Freundschaft?

Seit Montaigne sind wir beim Versuch, genau festzulegen, was jemand zu einem Freund macht, nicht besonders vorangekommen. Aber die Tatsache, dass sich diese Beziehung nicht genau abgrenzen lässt, ist andererseits eben auch ihre Stärke. »In der Freundschaftsforschung«, sagt Brian de Vries, Professor für Gerontologie an der San Francisco State University, »ist es schwer, eindeutige Zuordnungen zu treffen.« Obwohl er sich an der Universität auf das Verarbeiten von Zahlen spezialisiert hatte, erklärt er: »Ich habe mich schließlich für qualitative Forschung entschieden, weil es zu schwierig ist, Freundschaft zu quantifizieren.« De Vries und seine Kollegen beschrieben die typische Reaktion auf diese methodische Herausforderung folgendermaßen: »Anstatt Quellen dieser Verschiedenheiten (in der Definition von Freundschaft) zu studieren, ignorieren die Forscher die Komplexität, beklagen die Schwierigkeit der Analyse oder eliminieren sie.«

De Vries versuchte in ausführlichen persönlichen Interviews, der ungeheuren Vielfalt von Freundschaftsarten gerecht zu werden, indem er die besondere Bedeutung anerkannte, die sich zwischen jedem Freundespaar entwickelt hatte, und erfasste dabei die am weitesten verbreiteten Arten, wie Menschen über ihre Freunde reden und denken.[9]

Dazu wurden in einer Studie ältere Erwachsene (55 bis 87 Jahre alt) in Kanada und den USA befragt und ihre Antworten anschließend klassifiziert und gezählt.[10] Eine Hauptkategorie, die das Untersuchungsteam erstellte, waren verhaltensbezogene Prozesse, die das umfassen, was Freunde zusammen tun, zum Beispiel sportliche Aktivitäten oder die persönliche Aussprache beim anderen. Eine andere Kategorie umfasste kognitive Prozesse, die beschreiben, wie sehr ein Freund den anderen schätzt oder respektiert, dessen Interessen oder Werte teilt und ihm Vertrauen, Loyalität und Einsatzbereitschaft entgegenbringt. Auch der gleiche Sinn für Humor wurde als kognitiver Prozess klassifiziert. Die dritte große Kategorie sind affektive Prozesse, die stärker auf Emotionen als auf ein bestimmtes Verhalten oder Denkweisen bezogen sind. Darunter fällt zum Beispiel, sich mit einem Freund einfach wohlzufühlen, ohne viele Worte verlieren zu müssen. Unter die vierte Kategorie fallen strukturelle Eigenschaften wie der Familienstand des Freundes. Ein Kriterium für das Anbahnen einer Freundschaft könnte zum Beispiel sein, dass beide Personen vor Kurzem Witwe oder Witwer geworden sind. Die letzte Kategorie stellen indirekte Indikatoren (Länge der Bekanntschaft, Häufigkeit und Dauer des Kontakts) dar, zum Beispiel: »Sie ist meine Freundin geworden, weil wir uns schon lange kennen und jede Woche miteinander sprechen.«

Und wie lauteten nun die Ergebnisse? Wie vermutet, sind

Freundschaften komplex und verschiedenartig. Die Studienteil-
nehmer benannten 17 Hauptkriterien für Freundschaft, häufiger
als alle anderen stand jedoch das Verhalten im Mittelpunkt. Offenbar ist ein Freund das, was er als Freund tut. Sehr häufig wurden auch kognitive Prozesse genannt – ein Freund wurde wegen
seiner Loyalität geschätzt oder deswegen, weil er gleiche Werte und Interessen hatte. Weniger oft wurden affektive Prozesse,
strukturelle Eigenschaften und indirekte Indikatoren als Haupt-
merkmale der Freundschaft genannt.[11]

Die Studie könnte nun den Schluss nahelegen, dass jeder
Mensch eine eigene Vorstellung von Freundschaft oder seinen
eigenen Anspruch an sie hat; für Jane ist ein Freund jemand, dem
sie vertrauen und Geheimnisse offenbaren kann, während für
Joan ein Freund jemand ist, der ihr beim Ausräumen der Garage
hilft und sie vom Flughafen abholt. Stattdessen zeigt sich, dass
es zwar einige Faktoren gibt, die bei einer größeren Anzahl von
Freundschaften eine wichtigere Rolle spielen als andere, es aber
gleichzeitig viele Arten gibt, sich als Freund zu qualifizieren.

Unser persönliches »Markenzeichen« als Freund besteht aus
unseren besonderen Talenten und Interessen. Ein Beispiel: Mir
fehlt zwar jegliches handwerkliche Geschick, weshalb ich niemals
die Freundin sein werde, die für ihre Lieben Sachen repariert. Dafür spreche ich gern mit anderen und höre genauso gern zu, biete
meinen Freunden also die Möglichkeit, ihre Ängste offen auszu-
sprechen, mir ihr Herz auszuschütten und über ihre Probleme zu
reden – eine Eigenschaft, die sie, wie ich hoffe, an mir schätzen.
Wenn sie sich auch bei anderen Freunden darüber freuen, dass
diese ihnen bei Klempnerarbeiten oder mit ihren elektrischen

Geräten helfen. Die Studie von de Vries besagt, dass Verhaltensweisen und gemeinsame Interessen Hauptkriterien von Freundschaften sind. Aber das Wunderbare an dieser Art Beziehung ist, dass wir normalerweise ja mehr als einen Freund haben und somit eine Vielfalt unterschiedlicher Freundschaften pflegen können, die eine ganze Bandbreite an Bedürfnissen abdecken.

Wenn ich Sie fragen würde »Was bedeutet Freundschaft für Sie?«, könnten Sie mit abstrakten Begriffen wie Loyalität oder Gleichgesinntheit antworten. Würde ich dagegen fragen, warum acht bestimmte Personen Ihre Freunde sind, würden Sie ganz sicher deren individuelle Eigenschaften beschreiben, die Umstände, unter denen Sie sich kennengelernt haben, und welche Wesenszüge diese Freunde in Ihren Augen besonders auszeichnen. So lädt Sie einer zu ausgelassenen Partys ein, während ein anderer in Ihnen den Wunsch weckt, ein besserer Mensch zu werden. Jemanden nach einer allgemeinen Definition von Freundschaft zu fragen, ist ein bisschen so, als würde man ihn darum bitten, Blumen zu definieren. Freunde haben grundlegende Eigenschaften ebenso wie Blumen auch, aber darüber hinaus sind sie einzigartig und gedeihen unter sehr unterschiedlichen Voraussetzungen.

Vergleichen wir nun einen Ehepartner mit diesem farbenfrohen Strauß an Freunden, den wir frei zusammenstellen und wieder verändern können: Ein Ehemann ist per Definition die Person, mit der eine Frau (oder in manchen Ländern auch ein Mann) verheiratet ist. Die Tatsache, dass die Beziehung institutionalisiert und auf eine Person begrenzt ist (es sei denn, man ist Bigamist), lässt keinen Raum für Mehrdeutigkeit oder Interpretationen.

Einer könnte zwar sagen: »Ich habe meine Frau geheiratet, weil sie klug, hübsch und nett ist«, doch ist sie deshalb seine Frau, weil er mit ihr verheiratet ist.

Über die Auswahl des Ehepartners machen sich die meisten Menschen viele Gedanken. (Der Auserwählte hat zwar die Qualitäten A und B, aber was ist mit C?) Eine solche Überlegung kann man bei den eigenen Verwandten gar nicht erst anstellen. Wenn man sich mit den eigenen Eltern oder Geschwistern nicht versteht, ist das eben sehr bedauerlich, weil sie nun einmal die einzigen sind, die man hat. Aber bei Freundschaften muss man nicht abwägen und wird noch weniger unter irgendeine Art von Druck gesetzt, einen möglichst idealen Freund zu wählen. Daher ist es auch gar nicht notwendig, sich darauf festzulegen, welcher Freund uns wie viel bedeutet.

Wenn wir aber doch manchmal darüber nachdenken, dann, weil uns – besonders in Zeiten der Online-Kontakte, mit denen wir uns im Kapitel »Freunde im Netz« ab S. 257 befassen werden – die bange Frage beschäftigt, welche unserer Freunde auch wirklich »wahre« Freunde sind.

Kann eine Person, die etwas von uns fordert, überhaupt als Freund bezeichnet werden? Wie viel können wir mit einer Freundin von früher noch anfangen, die dauernd in nostalgischen Erinnerungen schwelgt und mit der Gegenwart nichts anzufangen weiß? Oder: Wie ordnen wir einen Menschen ein, mit dem wir jeden Tag mittags im selben Café essen und den wir sehr sympathisch finden, mit dem uns sonst aber nichts verbindet? Ich bin der Meinung, es spielt keine Rolle, wie wir diese Personen benennen. Ihre freundschaftlichen Beziehungen bilden ein Muster – mit der einen Person sind Sie eng verbunden, mit einer anderen nicht; vielleicht mögen Sie manche, denen Sie nicht sehr nahestehen, mehr als andere, denen Sie nahestehen. Früher fühlten Sie sich Menschen verbunden, denen Sie sich heute nicht mehr verbunden fühlen, und jetzt fühlen Sie sich Menschen verbunden, zu denen es Sie früher nicht hingezogen hat. Jeder Freund hat seinen (nicht unbedingt auf Dauer angelegten) Platz in unserem Leben. Wenn man über Freundschaft nachdenkt, trifft man die Entscheidung, wer ein wirklicher Freund ist, besser mithilfe von Intuition und Selbsterkenntnis, als sich Gedanken darüber zu machen, wie andere diesen Begriff verwenden.

Unterschätzte Freunde

De Vries ist der Ansicht, dass Freunde im sozialen Leben eine sehr wichtige Rolle spielen. Und trotzdem, schreibt er in einer seiner Abhandlungen, »werden die Vorteile der Freundschaft leider von einer Kultur und einem Sozialsystem eingeengt, in denen Freundschaften häufig nicht genügend geschätzt oder sogar angezweifelt werden. Die unklare soziale und legale Anerkennung der Freundschaft begrenzt deren Potenzial dramatisch.«[12] Vielleicht ist Ihre persönliche Freundeskonstellation davon nicht betroffen, aber im Großen gesehen hat die Definition von Freundschaft spürbare Folgen für deren mögliche Vorteile und ihren potenziellen Beitrag zum Wohlergehen der Bürger sowie dem reibungslosen Funktionieren der Gesellschaft.

Zum Beispiel, sagt de Vries, wird die Rolle von Freunden vom

Gesundheitssystem zu wenig anerkannt.[13] In einer Studie wurden Personen befragt, die ihre kranken Freunde pflegen. Es stellte sich heraus, dass sie es oft sehr schwer hatten, Krankenhausangestellte und Verwandte von Patienten (die selbst die Pflege nicht übernahmen) von der Redlichkeit ihrer Absichten zu überzeugen. De Vries sieht den Grund darin, dass einem Freund eher als einem Familienmitglied unterstellt wird, Vorteile aus der Pflege eines Patienten ziehen zu wollen.

Die häufig zu geringe Wertschätzung von Freunden wird auch daran deutlich, wie man sich den Menschen gegenüber verhält, deren Freund gestorben ist. »Ich nenne sie entrechtete Trauernde«, sagt de Vries. »Niemand schickt Freunden eines Verstorbenen Kondolenzkarten oder Blumen. Kein Chef würde jemandem freigeben, weil der Freund dieser Person gestorben ist. Nur die Familie hat ein Anrecht darauf zu trauern.«

Dabei schmerzt der Verlust eines Freundes oft genauso wie der eines Verwandten, und dann kann es diesen Trauernden noch erschweren, mit ihrer Situation fertigzuwerden, wenn sie keine formale Unterstützung erhalten. Genauso wie wir von Menschen, die das Beste aus ihren Freundschaften machen, etwas über die Möglichkeiten von Freundschaft lernen können, können wir durch die Trauer etwas über die Bedeutung der Freundschaft erfahren. »In unserer Kultur sagen wir zu einem Freund im Allgemeinen nicht ›Ich liebe dich‹«, schreibt de Vries. »Oft merken wir erst, wenn Freunde sterben, wie viel sie uns bedeutet haben und wie wenig wir sie das haben wissen lassen.«[14]

Freunde auf der ganzen Welt

In seinem Buch *Friendship: Development, Ecology and Evolution of a Relationship* unternimmt der Anthropologe Daniel Hruschka von der Arizona State University eine faszinierende Reise durch die Welt der Freunde und illustriert, wie sich Freundschaft mit dem jeweiligen Kontext verändert. »In Abhängigkeit von der jeweiligen Kultur, teilen Freunde ihr Essen, wenn es knapp ist, bieten Unterstützung bei ernsthaften Streitigkeiten, helfen beim Pflanzen und Ernten und eröffnen Wege der Kommunikation zwischen sich sonst gleichgültig gegenüberstehenden oder feindlich gesinnten sozialen Gruppen«, schreibt er.[15] In einigen Gesellschaften freunden sich Menschen mit denjenigen an, die von ihren Eltern oder der Gemeinschaft für sie ausgesucht wurden. Manchmal werden diese Bindungen durch öffentliche Rituale institutionalisiert, die es erschweren sollen, einen Freund später einmal schlecht zu behandeln. In Zentralafrika zum Beispiel tauschen die Mitglieder der Volksgruppe der Azande Blut aus, um ihre Freundschaft zu besiegeln. Sie glauben, dass »das Blut eines Freundes im Magen des anderen bleibt und giftig wird, wenn man den Freund betrügt.«

Die Amerikaner sind offensichtlich weniger bereit als die Bürger anderer Nationen, für ihre Freunde zu lügen. Hruschka berichtet, dass in den USA im Durchschnitt weniger als einer von zehn Managern unter Eid eine Falschaussage machen würde, um einen Freund zu schützen, während in Japan und Frankreich drei von zehn es tun würden. In Venezuela würden sieben von zehn Managern für einen Freund lügen.

Ein weiterer interessanter Unterschied ließ sich zwischen weißen US-Amerikanern und US-Amerikanern ostasiatischer Abstammung feststellen: Von einem Freund ausdrückliche verbale Unterstützung zu erhalten, wirkt bei Weißen stressabbauend, während sich Ostasiaten dadurch stärker gestresst und nervös fühlen.

Insgesamt, so fasst Hruschka zusammen, sind die Unterschiede in Bezug auf Freundschaften zwischen den verschiedenen Kulturen geringer als die Gemeinsamkeiten. Er konnte sogar eine universal gültige Definition von Freundschaft formulieren: »Eine freundschaftsähnliche Beziehung ist eine soziale Beziehung, in der sich die Partner in Zeiten der Not entsprechend ihren Fähigkeiten unterstützen und in der dieses Verhalten zum Teil durch positive Emotionen zwischen den Partnern motiviert ist. Eine häufig praktizierte Art, diese positive Emotion auszudrücken, ist das regelmäßige Überreichen von Geschenken.« Geschenke für Freunde sind, so scheint es, großartige globale Gleichmacher.

Der Freund im eigenen Bauplan

Die weiblichen Mitglieder einer kürzlich untersuchten Nomadengruppe[16)] hängen in den für eine begrenzte Zeit errichteten Behausungen zusammen ab. Über Jahre hinweg ziehen sie die Gesellschaft bestimmter Frauen vor, und nach Trennungen gesellen sie sich dann wieder zu genau denselben Frauen. Sie plauschen miteinander und tauschen Informationen über das geplante Weiterziehen der Gruppe aus. Einige dienen einander sogar als Hebammen – sie fächeln sich Luft zu und stehen einander beim Geburtsvorgang bei.

Das hört sich wie ein wenig überraschendes Untersuchungsergebnis an, nur dass das Abhängen in dieser Gruppe ein wortwörtliches Herabhängen ist, und das sogar Seite an Seite. Denn bei den geschilderten weiblichen Wesen handelte es sich um Fledermäuse – und Fledermäuse haben, wie sich herausstellte, ebenfalls Freunde. Der Leiter der Untersuchung, Gerald Kerth, hob hervor, dass andere Tiere mit freundschaftsähnlichen Beziehungen, darunter Elefanten und Delfine, über ein großes Gehirn verfügen, während seine Studie zeigt, dass sogar Wesen mit »erdnussgroßen Gehirnen langfristige Beziehungen unterhalten können«.[17]

Eine kürzliche Untersuchung der Makake-Affen beschreibt, auf welche Art und Weise eine Freundschaft kognitive und soziale Fähigkeiten prägt.[18] Die Affen der untersuchten Makake-Art erwiderten den Blick eines Freundes schneller als den eines Verwandten. Das Verfolgen der Blicke anderer ist ein wichtiges Zeichen der Entwicklung, weil diese Methode von Tieren (und Menschen) angewandt wird, um Informationen über ihre Umgebung zu erhalten und um kommunizieren zu lernen.

Wenn das Verhalten von Tieren und Menschen derart übereinstimmt, ist das häufig ein Hinweis darauf, wie tief verwurzelt dieses Verhalten beim Menschen ist. Dass Menschen offenbar schon seit frühen Zeiten das Bedürfnis haben, sich mit anderen Menschen anzufreunden, stellt aus evolutionärer Perspektive betrachtet auf den ersten Blick ein Rätsel dar. Wenn das vorrangige Ziel des Lebens darin besteht, das Fortbestehen des eigenen

Genpools zu sichern, warum entwickeln wir dann ein so intensives, nicht sexuelles Interesse an Menschen, mit denen wir nicht verwandt sind? Der Evolutionspsychologe Michael Tomasello hat eine wegweisende Studie durchgeführt, in der er das Verhalten von Schimpansen mit dem von Kleinkindern vergleicht. Das Ergebnis daraus bestätigt seine Annahme, dass die Fähigkeit zur Kooperation – wahrscheinlich ein Vorläufer der Bildung von Freundschaften – den Menschen vom Affen unterscheidet.

In seinem Buch *Warum wir kooperieren* schreibt Tomasello: »Die menschliche Kultur entstand somit, indem sich Menschen zu gemeinsamen Aktivitäten zusammenschlossen. Noch ist unbekannt, wie und warum es in der menschlichen Evolution dazu kam, aber es kann vermutet werden, dass die Menschen im Zuge der gemeinsamen Nahrungssuche (sowohl beim Sammeln als auch beim Jagen) zunehmend zur Zusammenarbeit gezwungen waren – anders als alle anderen Primaten.«[19]

Man könnte annehmen, dass es die Familienmitglieder waren, die einander in der evolutionären Umwelt etwa vor Feinden, schlechtem Wetter oder dem Verhungern geschützt hätten, aber Hruschka schreibt, dass die Familie, um diesen Zweck zu erfüllen, zu klein war, also zu wenige Personen zur Verfügung standen.[20] Und dann hatte ein Verwandter womöglich Zugang zu denselben Ressourcen wie man selbst, womit sein Beitrag zu deren Beschaffung wieder nichtig war. Außerdem reichte bei großen Vorhaben die Arbeitskraft einer einzelnen Familie zu deren Verwirklichung nicht aus. Und schließlich finden sich Menschen manchmal auch in allein nicht zu bewältigenden Situationen wieder, in denen kein Verwandter zur Stelle ist.

Evolutionspsychologen weisen darüber hinaus darauf hin, dass bei vielen unserer Vorfahren die Frauen bei der Eheschließung ihre Familie verlassen und sich dem Stamm ihres Ehemannes angeschlossen hatten; daher war es für sie wichtig, auch Bindungen zu Nicht-Verwandten aufzubauen. So sicherten sie sich die Hilfe, die sie brauchten, um zu überleben und ihre Kinder erfolgreich großzuziehen. Dies könnte eine Erklärung dafür sein, warum Frauen sich auch heutzutage intensiver als Männer um enge Freundschaften bemühen – jedenfalls wird diese Ansicht häufig vertreten.[21] Männer ihrerseits benötigten ebenfalls die Fähigkeit, Freundschaften und Allianzen zu bilden, um Macht- und Schutzfunktionen innerhalb der Stammeshierarchie zu erlangen.

Heutzutage brauchen wir im Allgemeinen keine Freunde, um zu überleben. Weil wir aber so veranlagt sind, dass wir eine hohe mentale und emotionale Energie investieren, um Verbindungen zu anderen Menschen aufzubauen und unseren Platz in der wärmenden Sicherheit einer Gruppe abzustecken, haben wir manchmal doch das Gefühl, ohne unsere Freunde sterben zu müssen.

Kurze Freundschaft, lange Wirkung

Die indirekten Indikatoren, mit denen einige Testpersonen ihre Freundschaften beschrieben (vor allem Männer, wie de Vries herausfand) – also zum Beispiel, wie lange man sich kennt und wie häufig man Kontakt hat –, korrelieren nicht unbedingt mit dem

Einfluss der Freundschaft. Der heute 60-jährige Steve Weitzen-korn lernte Jerry in seinem ersten Jahr an der Ohio University kennen, wo der gescheite Jerry schon im zweiten Jahr studierte. »Ich war schüchtern und unsicher, und Jerry war durchsetzungs-fähig und wusste, wie man Kontakte zu Professoren und Assis-tenten herstellte«, erinnert sich Steve.[22)] Schon bald brachte Jerry Steve dazu, mit ihm im Psychologie-Labor zu arbeiten, wo er bei Forschungsprojekten half, meist im Bereich von Leistungsmo-tivation. Dass Jerry dort freiwillig Aufgaben übernahm, war für Steve wie eine Offenbarung. »Das war für mich eine ganz neue Art Kompetenz, denn ich war nicht der Typ, der Gelegenheiten beim Schopf packte. Jerry half mir, aus meinem Schneckenhaus herauszukommen, durch eigene Aktivität etwas zu lernen, mehr Selbstvertrauen zu erlangen und mir ein sehr profundes Wissen in meinem Fachbereich anzueignen.«

Zwei Jahre ihres Universitätslebens waren die beiden unzer-trennlich, dann fing Steve an, sich auch für andere Freunde zu interessieren. »Die Kehrseite von Jerry war, dass er eine sehr star-ke Persönlichkeit hatte. Er war sehr intellektuell. Er diskutierte wahnsinnig gerne. Und ich merkte, dass andere, mit denen ich an der Universität gern zusammen war, Jerrys streitlustige Seite nicht mochten.« Steve und Jerry entfernten sich mehr und mehr voneinander, dann gingen sie an verschiedene Universitäten, um einen akademischen Titel zu erwerben.

Ab und zu sahen die beiden sich noch, aber die Abstände zwi-schen ihren Treffen wurden länger. »Jeder war mit seinem eige-nen Leben beschäftigt«, sagt Steve. Aber er lebte noch immer nach Jerrys Code. »Ich wendete an, was ich von ihm gelernt hatte; ich zeigte Eigeninitiative und ließ mich auf überschaubare Risiken ein – in verschiedenen Jobs, unternehmerischen Initiativen und kommunalen Aktivitäten. Diese Lektionen habe ich auch an meinen Sohn weitergegeben, der sie wiederum in seiner eigenen College-Karriere eingesetzt hat; er arbeitete beim Radiosender der Universität und entdeckte neben dem Lernstoff weitere Leidenschaften.«

Vor drei Jahren hat Steve versucht, über eine Internetrecherche wieder Kontakt zu Jerry aufzunehmen. Das erste Ergebnis, auf das er stieß, war Jerrys Todesanzeige. »Ich war schockiert. Es tut mir so leid, dass ich ihm nie ausdrücklich gesagt hatte, wie dankbar ich ihm für seine Hilfe war und wie sehr sie mich beeinflusst hatte«, sagt Steve. »Ich habe noch immer diese altmodische Rolodex-Rollkartei, und vor vielen Jahren hatte ich seine Karte dort abgelegt. Wenn ich die Kartei durchblättere, stoße ich ab und zu auf die Karte und denke daran, dass er mein Freund war und mein Leben verändert hat.«

Gute Kumpel und schwatzende Freundinnen?

Die Freundschaft von Steve und Jerry ist typisch männlich, gegründet auf gemeinsame Aktivitäten (die Arbeit im Labor) und nicht darauf, sich über Gefühle auszutauschen. Geoffrey Greif, Professor an der University of Maryland School of Social Work und Autor von *Buddy System: Understanding Male Friendships* (Kumpelsystem: Männerfreundschaften verstehen), warnt je-

doch vor der voreiligen Annahme, dass aufgrund einiger fest-
zustellender Unterschiede bei den Freundschaften zwischen
Männern und denen zwischen Frauen, diese immer bestün-
den.[23]

Greif befragte etwa fünfhundert Personen nach ihrem sozialen Leben in Vergangenheit und Gegenwart und bestimmte
die hauptsächlichen Unterschiede bei gleichgeschlechtlichen
Freundschaften.[24] »Männer haben eher »Schulter-an-Schulter-
Freundschaften«, während Frauen eher »Von-Angesicht-zu-An-
gesicht-Freundschaften« haben, schreibt Greif in einer Zusammenfassung der Untersuchungsergebnisse.

80 Prozent der von Greif interviewten Männer sagten, »dass
sie zusammen mit ihren Freunden in Sportorganisationen ein-
gebunden sind; dagegen war keine Frau mit dieser Antwort
vertreten, und nur wenige Frauen gaben an, dass sie mit ihren
Freundinnen Gymnastik betrieben. Zu den häufiger benannten
Aktivitäten von Freundinnen gehört, gemeinsam shoppen zu gehen – nur einer von 386 Männern sagte, dass er mit seinen Freunden einkaufen geht.«

Greif fand auch heraus, dass bei Frauen die Wahrscheinlichkeit
der Kontaktpflege zu einer Freundin um der Freundschaft willen
höher ist als bei Männern; diese stört es weniger, wenn der Kontakt zu einem Freund einschläft, und sie werden daraufhin auch
nicht so häufig aktiv wie Frauen. Frauen unterstützen sich gegenseitig eher durch Zuhören, Männer durch Ratschläge. »Und Frau-
en senden ihren Freundinnen gegenüber emotional und physisch
stärkere Signale als Männer (hier besteht vielleicht ein Zusammenhang mit der Angst der Männer, schwul zu erscheinen, aber

wahrscheinlich spielen andere Sozialisationsfaktoren und biologische Bedingungen eine größere Rolle).«

Hruschka kommt bei diesem Thema im Großen und Ganzen zu dem Schluss, dass der in letzter Zeit häufig behauptete große Unterschied zwischen Männer- und Frauenfreundschaften im Gegensatz zu Hunderten von Untersuchungen steht, die beweisen, dass die beiden Geschlechter »sich tatsächlich ziemlich ähnlich in der Art sind, wie sie sich Freunden zuwenden«.[25] Sowohl Männer als auch Frauen sagen, dass sie eher die Gesellschaft von Freunden bevorzugen als die von Eltern oder Geschwistern. Beide Geschlechter haben ähnliche Erwartungen an enge Freunde, und beide haben Freunde für »bestimmte Zwecke« – mit denen sie zum Beispiel nur eine Aktivität zusammen betreiben – und daneben »vielseitige« Freunde, mit denen sie fast alles gemeinsam unternehmen können. Mit einer Entschuldigung bei den Anhängerinnen der »Mars-gegen-Venus«-Philosophie schließe ich aus diesen Ergebnissen, dass wir dann doch alle aus dem gleichen Holz geschnitzt sind.

Die Porträts männlicher Freundschaften in der Unterhaltungskultur halten trotz ihres hippen Anstrichs an Standardgeschlechterrollen fest. Die Männerfreundschaft, für die in den USA der Begriff »Bromance« – eine Verschmelzung der Wörter »brother« und »romance« – geprägt wurde, ist der Beweis dafür. Dabei geht es um eine idealisierte, aber auch infantilisierte Beziehung zwischen heterosexuellen Männern, die in vielen Filmkomödien von Judd Apatow thematisiert wird. In diesen bilden Videospielkonsolen den Klebstoff, der die großen Jungs zusammenhält, und die Ratschläge, locker dahergesagt und im Allgemeinen unmoralisch, sind eine süße Versicherung gegenseitigen Beistands.

Männer, die eher »Von-Angesicht-zu-Angesicht«-Beziehungen pflegen, indem sie zum Beispiel in ein ruhiges Restaurant gehen, um miteinander zu reden und sich über private Neuigkeiten auszutauschen, erhielten für ihr geschlechtsmäßig atypisches Verhalten auch ein neues Etikett – die Reporterin der *New York Times* Jenny 8. Lee prägte 2005 den Begriff »Männer-Date«, den sie so beschrieb: »Zwei heterosexuelle Männer, die sich ohne die Krücken von Geschäft oder Sport treffen, um miteinander zu reden.«[26] Die für den Artikel interviewten beiden Männer erklärten, dass die gemeinsame Zeit ihnen wichtig sei, und bekannten sich zu ihrer Sorge, schwul zu erscheinen.

Vielleicht sind meine männlichen Freunde ja alle verweichlicht, aber viele davon analysieren das Leben und sich selbst ernsthafter, als es die Charaktere in Apatows Filmen tun. Es würde sie absolut nicht stören, wenn man sie mit einem Freund in einem Restaurant beim Abendessen sähe. Tatsächlich ist meine (vielleicht romantisierte) Vorstellung eines Männer-Dates eher machohaft als verweiblicht und reicht wohl in jene Zeiten zurück, in denen die Frauen sich nicht ernsthaft über Politik und Kultur unterhalten konnten oder durften und die Männer sich zu dieser Art Austausch mit einem Brandy in der Hand in den Salon zurückzogen.

Harry und Sally oder: Können Frauen und Männer überhaupt Freunde sein?

Die University of Chicago änderte 2009 ihre Hauspolitik und gestattete es männlichen und weiblichen Studenten, ein Zimmer miteinander zu teilen, »etwas, das in der 117-jährigen Geschichte der Universität immer verboten gewesen war«, berichtet die *Chicago Sun-Times*.[27] Eine Studentin, die die neue Möglichkeit wahrnahm und mit einem engen männlichen Freund zusammenzog, erklärte: »Ich komme mit Jungs meist besser klar.« Die Leiterin des Wohnbereichs, Katie Callow-Wright, sagte, dass es in Bezug auf die Neueinrichtung von Wohnräumen für beide Geschlechter weder Klagen noch Probleme und auch keine Bedenken gab.

Geschlechtsübergreifende Freundschaften sind also trotz der in dem Film *Harry und Sally* aufgestellten Behauptung – »Männer und Frauen können keine Freunde sein!« – offenbar sehr wohl möglich und werden auch zunehmend akzeptiert. Sie können sogar besonders hilfreiche und wertvolle Bindungen darstellen, auch wenn sie möglicherweise Spannungen und Schwierigkeiten mit sich bringen.

Die britische Journalistin Lucy Taylor beginnt ihre Darstellung, warum Frauen männliche Freunde haben sollten, mit der Schilderung eines Campingausflugs, den sie zusammen mit ihrem besten Freund Andy unternommen hatte. »Er zeigte mir, wie man angelt und Feuer macht. Wir verbrachten den Abend, indem wir in die Flammen schauten, unseren (okay, seinen) Fang verspeisten, Wein tranken und redeten – über das Leben, einen gemeinsamen Freund aus Schultagen, der vor Kurzem gestorben war, unsere Arbeit und auch ein bisschen über unsere jeweiligen Beziehungen. Dann gingen wir schlafen, teilten uns ein Zelt, aber nicht den Schlafsack. Ja, er ist ein Mann, und ich bin eine Frau. Wir sind beide heterosexuell. Wir sind sehr gut miteinander befreundet. Und wir tun *es* nicht, wir haben *es* nie getan und – es sei denn, die sprichwörtlichen Schweine fangen an zu fliegen – werden *es* auch nie tun.«[28]

Taylor beschreibt hier einen extremen Grad an Nähe, auf den romantische Partner verständlicherweise eifersüchtig werden könnten. Und während sie darauf besteht, dass ihr Partner und Andys Partnerin den Campingausflug im Besonderen und die Freundschaft im Allgemeinen tatsächlich für platonisch halten, finden manche ihrer Freundinnen die Beziehung »merkwürdig, unglaublich und äußerst verdächtig«. Taylor räumt ein, dass viele Ehen an andersgeschlechtlichen Freunden zerbrochen sind und Männer sich weiblichen »Nur«-Freundinnen besser als männlichen Freunden gegenüber öffnen können, was den Weg dafür bereiten könnte, dass aus einer emotionalen Beziehung eine sexuelle wird. Sie argumentiert jedoch überzeugend, dass dies nicht dazu führen sollte, dem Partner oder der Partnerin solche Freundschaften zu verbieten.

Taylor berichtet, dass im Gegensatz zu ihren Freundschaften mit Frauen, die manchmal in kleinliche Streitereien und Gehässigkeit übergehen, ihre Beziehung zu Andy erfrischend neidfrei ist. Sie ist froh über Andys männliche Perspektive und meint, dass auch andere von den Vorteilen einer geschlechtsübergreifenden Freundschaft profitieren sollten, ohne dafür verurteilt zu werden.

Etwa um dieselbe Zeit, als Taylors Manifest veröffentlicht wurde, schrieb ihr britischer Journalistenkollege Sarfraz Manzoor seinen Essay, warum er Freundschaften mit Frauen schätzt.[29] »Als ich jung war, durfte ich weder eine Freundin noch platonische Freundschaften mit Mädchen haben. Meine Eltern gehörten der traditionellen Arbeiterschicht pakistanischer Moslems an und waren streng dagegen, dass Jungen und Mädchen Umgang miteinander hatten«, erklärt Manzoor. »Ich war in der Gesellschaft von Mädchen schrecklich schüchtern in meinen Teenagerjahren und sogar noch in meinen Zwanzigern. Erst als ich nicht mehr zu Hause wohnte, fing ich an, Freundschaften mit Frauen zu schließen. Das lag zum Teil daran, dass ich eine völlige Niete auf der romantischen Schiene war; ich fand es frustrierend schwer, eine Freundin zu finden, andererseits fiel es mir aber sehr leicht, platonische Freundschaften mit Frauen einzugehen.«

Auch noch Jahre später halfen Manzoors Freundinnen ihm dabei, mit seinen Sehnsüchten umzugehen und schließlich auch mit seinen tatsächlichen romantischen Beziehungen. (Eine Freundin gab ihm den hilfreichen Hinweis, bei einem Date nicht gleich seine Hypochondrie zu offenbaren, indem er behauptete, ein leichter Kopfschmerz sei auf ein Aneurysma zurückzuführen.) »Ich war schon ein Jahr lang mit einer Frau zusammen, bevor ich meinem engsten männlichen Freund davon erzählte. Vielleicht ist es männlicher Stolz, der mich davon abhält, mich meinen männlichen Freunden zu öffnen – ich möchte meine Verletzbarkeiten und Unsicherheiten nicht offenbaren«, schreibt Manzoor.

So wie seine »Nur«-Freundinnen Manzoor (der jetzt selbst verheiratet ist) die Möglichkeit geben, sich zu öffnen und um Hilfe zu bitten, bietet er im Gegenzug eine ehrliche (männliche) Einschätzung ihrer Situation: »Sie bitten mich zum Beispiel, ihr letztes Telefongespräch/die letzte erhaltene SMS/E-Mail zu entschlüsseln. Sie: ›Er hat nicht angerufen, nachdem er gesagt hat, er würde es tun ...‹ Ich: ›Vielleicht ist er zu beschäftigt, oder er ist schüchtern.‹ Sie: ›Aber er hat nicht so viel zu tun.‹ Ich: ›In dem Fall steht er vielleicht einfach nicht allzu sehr auf dich.‹«

»Das Wichtigste, was ich aus meinen Freundschaften mit Frauen gelernt habe«, erklärt Manzoor, »ist, dass Männer und Frauen sehr verschieden sein können, aber dass beide die Fähigkeit haben, im anderen das Beste zum Vorschein zu bringen.«

Junge Erwachsene scheinen eher geschlechtsübergreifende Freundschaften einzugehen als ältere Menschen.[30)] Eine Umfrage ergab, dass bei 18- bis 24-Jährigen die Wahrscheinlichkeit viermal so hoch ist wie bei Menschen über 55, dass sie einen besten Freund oder eine beste Freundin des anderen Geschlechts haben. Dagegen erklärte in einer Untersuchung zur Bedeutung bester Freunde im Leben verheirateter Paare (eine ältere Gruppe) nicht ein Einziger der 654 Teilnehmer, mit einer andersgeschlechtlichen Person eng befreundet zu sein.[31)]

Vielleicht bedeutete aber in dem Fall der Begriff »bester Freund« doch eine zu starke Einengung. Als die Autorinnen von *Friends Forever* (Freunde für immer), Suzanne Degges-White und Christine Borzumato-Gainey ihre eigene qualitative Studie über verheiratete Frauen oder solche mit einem festen Partner durchführten, stellten sie zu ihrem Erstaunen fest, dass viele der

Frauen angaben, eng mit Männern befreundet zu sein.[32] Diese Studienteilnehmerinnen stützten Taylors persönliche Erfahrung; sie beschrieben »das Fehlen von Dramatik und Konkurrenz in der Freundschaft und eine Lockerheit im Umgang und Austausch als Vorteile gegenüber Freundschaften mit anderen Frauen.«

Geschlechtsübergreifende Freundschaften sind schwer zu definieren und schwer zu verteidigen, wenn andere ihnen misstrauisch gegenüberstehen. Häufig ergibt sich auch eine momentane sexuelle Anziehung, mit der man sich auseinandersetzen muss. Doch meist sind die miteinander befreundeten Personen dazu in der Lage, Anfällen von Lust zu widerstehen. (Untersuchungen ergaben, dass Männer sich häufiger von weiblichen Nur-Freundinnen auch sexuell angezogen fühlen als Frauen von ihren männlichen Freunden.)

Die positiven Seiten dieser Freundschaftsbeziehungen scheinen zu überwiegen. Eine Untersuchung ergab sogar, dass sowohl Frauen als auch Männer Freundschaften mit dem anderen Geschlecht qualitativ höher einschätzten als gleichgeschlechtliche.[33]

Besser als Sex!

Wenn es in geschlechtsübergreifenden Freundschaften sexuelle Spannungen gibt, wie oft schlafen die Beteiligten dann irgendwann doch miteinander? Eine Untersuchung der Pennsylvania State University aus dem Jahr 2000 ergab, dass »etwa die Hälfte der heterosexuellen Studentenschaft im Rahmen von eigent-

lich platonischen, geschlechtsübergreifenden Freundschaften irgendwann auch sexuell aktiv wurde.«[34]

Diese erstaunliche Prozentzahl gilt wohl vor allem für College-
Studenten, bei denen »Freunde mit gewissen Vorteilen« offenbar
gängig sind. Interessanterweise ergibt sich aber bei mehr als der
Hälfte derjenigen, die innerhalb einer freundschaftlichen Beziehung Sex hatten, danach keine Liebesbeziehung. Das lässt darauf schließen, dass die Freundschaft wichtiger war als der Sex.

Justin Lehmiller und sein Team von der Colorado State University wandten sich 2010 einer ähnlichen Thematik zu.[35] Sie
untersuchten jedoch keine Studenten, sondern 411 aus dem
Internet zusammengestellte Probanden im Durchschnittsalter von 26 Jahren, die eine lockere sexuelle Beziehung mit mindestens einem ansonsten platonischen Freund respektive einer
entsprechenden Freundin hatten. Lehmillers Interesse galt geschlechtsspezifischen Unterschieden: Sind es eher die Frauen,
die den Wunsch haben, dass aus dem lockeren Arrangement
eine feste Liebesbeziehung wird? Und so war es denn auch:
»Männer hofften eher, dass die Beziehung blieb, wie sie war,
während Frauen häufiger den Wunsch äußerten, dass sie sich
entweder zu einer richtigen Liebesbeziehung oder zu einer guten Freundschaft ohne Sex entwickeln würde.« Das Ergebnis
der Untersuchung überraschte das Forschungsteam jedoch: Sowohl Männer als auch Frauen fühlten sich »stärker dem freundschaftlichen als dem sexuellen Aspekt der Beziehung verpflichtet«. So untermauerten die Forscher mit ihrer Untersuchung die
Studie der Pennsylvania State University, als sie zu dem Schluss
kamen, dass »ungeachtet der Tatsache, ob die Partner Sex mit-

einander hatten, die Freundschaft mehr zählt als die ›Vorzüge‹ in sogenannten Beziehungen mit ›Freunden mit gewissen Vorzügen‹«.

Somit können wir wieder einmal feststellen, wie flexibel sich Freundschaft je nach den Umständen verändern kann. Die eigentliche Freundschaftsbeziehung bleibt bestehen, wenn die Freunde miteinander schlafen. Wenn sie sich dann aber ineinander verlieben – allein der sexuelle Akt kann schon romantische Gefühle hervorrufen, weil durch den Orgasmus das Bindungshormon Oxytocin freigesetzt wird – [36)] und ein Paar werden, sind sie auch dann immer noch Freunde? Oder sind sie Liebespartner, die vorher Freunde waren? Freundschaft und Liebe schließen sich nicht aus. Für unsere Untersuchung von Freundschaften und ihren Einfluss auf unser Leben können wir jedoch davon ausgehen, dass formal gebundene Partner, auch wenn der Kern ihrer romantischen Beziehung eine Freundschaft ist, nicht mehr »nur Freunde« sind.

Besondere Freundschaften

Als Peter Nardi, emeritierter Professor der Soziologie am Pitzer College und Autor von *Gay Men's Friendships: Invincible Communities* (Die Freundschaften schwuler Männer: unschlagbare Gemeinschaften), in den 1990er-Jahren mit der Recherche für sein Buch begann, stellte er fest, dass es noch wenige Forschungen zu dem Thema gab. »Aber von schwulen Freunden hatte ich immer wieder gehört ›Meine Freunde sind meine Familie‹«, sagt er. »Für manche waren ihre Freunde keine Option, sondern eine Notwendigkeit, weil ihre eigene Familie nichts mehr von ihnen wissen wollte.«[37]

Nardi fand heraus, dass für viele Schwule und Lesben »Freunde als Familie« tatsächlich keine Metapher war, sondern Realität. Freunde verbrachten ihren Urlaub miteinander und bildeten feste Gemeinschaften. Durch Befragungen identifizierte Nardi spezielle Funktionen der Freundschaft in diesen Gruppen. Zuallererst helfen die Freunde bei der Identitätsentwicklung. »Anders als heterosexuelle Männer im Allgemeinen, reden schwule Männer eher über persönliche Angelegenheiten mit ihren Freunden.« Sich darüber auszutauschen kann wiederum zu einer größeren Intimität unter den Freunden führen. Freundschaft ist des Weiteren auch nützlich beim politischen Engagement für Schwulenrechte. »Ob es um das Eintreten für die Homo-Ehe oder eine andere soziale Bewegung geht, diese Gruppen wachsen durch Netzwerke von Freunden.«

Nardi nimmt an, dass es heutzutage für junge Schwule leichter ist, sich zu outen oder mit Identitätsproblemen fertigzuwerden, da sie jetzt im Internet die Möglichkeit haben, Berichte von anderen in der gleichen Situation zu lesen und mit ihnen in Kontakt zu treten. »Aber immer noch werden Schwule häufig diffamiert und begehen sogar oft Selbstmord, sodass es weiterhin ein starkes Bedürfnis nach Freunden gibt, die ihnen helfen, schwierige Situationen durchzustehen.«

Eine Arbeit von de Vries aus jüngerer Zeit verweist darauf, dass Schwule und Lesben Freunde häufiger als Heterosexuelle nach ihrem Verhalten definieren.[38] Auch benannten sie öfter als Heterosexuelle kognitive und affektive Prozesse sowie indirekte Kriterien als Merkmale für Freundschaft. De Vries interpretiert das als ein Zeichen für die tiefe Wertschätzung, die sie ihren Freunden entgegenbringen. Indem sie einer Person möglicherweise in jenen Zeiten beistanden, als sich die alten Freunde von ihr abgewandt hatten oder in denen sie an ihrer Arbeitsstelle diskriminiert wurden, nehmen sie im Leben des anderen eine wesentliche Rolle ein.

Shane Allen, 24, und Felipe Baeza, 23, haben sich vor vier Jahren im *Hecho en Dumbo* kennengelernt, einem Restaurant, in dem beide beschäftigt waren, während sie klassische New Yorker Träume verfolgten: Shane ist Schauspieler, und Felipe ist bildender Künstler. Beide haben eine sehr freundliche Art und ein optimistisches Wesen, wenn sie aber übereinander sprechen, wird ihr Ton im Allgemeinen leicht sarkastisch: »Ich fand, dass Felipe ein gar nicht mal schlecht aussehender mexikanischer Typ war«, beschreibt Shane seine Gedanken, als er Felipe auf der Arbeit zum ersten Mal sah. »Wir begannen, nach der Arbeit zusammen etwas trinken zu gehen«, fügt Felipe hinzu. »Shane verlor immer schnell den Durchblick, und ich hab auf ihn aufgepasst.«[39]

Als beide eine Phase der Armut durchmachten, vertiefte das ihre Verbundenheit nur noch. Das Restaurant musste für mehrere Monate geschlossen werden, während die Eigentümer es in eine bessere Gegend verlegten. »Ich hatte Geld für drei Monate gespart«, sagt Felipe, »aber die Einrichtung des neuen Restaurants dauerte sechs.«

»Ich hatte gar nichts gespart«, ergänzt Shane.

»Es war Winter, wir froren, sahen uns nach Jobs um und bekamen überall nur Absagen«, erinnert sich Felipe. »Wir hatten richtig Hunger.«

»Und bei dir gab's diesen Laden, weißt du noch?«, lacht Shane. »Mit salvadorianischem Essen.«

»Ja, wir haben jeden Tag da gegessen, sie hatten diese gefüllten Tortillas für 75 Cents«, nickt Felipe.

»Wir hockten über der Theke und teilten uns eine Tortilla mit den Händen. Es war erbärmlich«, ergänzt Shane.

Die harten Zeiten sind inzwischen vorbei, aber die Freundschaft der beiden ist noch immer eng. Wenn sie bei der Arbeit keine Zeit zum Reden haben, telefonieren sie miteinander, und montags gehen sie gern zusammen ins Museum. »Wir helfen uns gegenseitig, wir stabilisieren uns emotional«, erklärt Felipe.

»Felipe ist der Vermittler für mich und meinen Partner«, meint Shane. »Ich fange mal wieder einen Streit mit ihm an, und Felipe beruhigt die Sache. Für mich wird alles ganz schnell zum Problem. Und für Felipe ist nichts ein Problem. Er ist gelassen, und ich mach ein Drama aus allem.«

»Shane ist verrückt, aber auf eine positive Art«, ergänzt Felipe. »Vielleicht hänge ich deswegen gern mit ihm ab. Ich bin nicht so verrückt, ER ist meine Verrücktheit.«

Shane und Felipe gehören zu einer jüngeren Generation, die allgemein toleranter ist. Da die beiden keine persönliche Diskriminierung erlebt haben und auch in ihrer Heimat und von ihrer Familie nicht ausgestoßen wurden (beide haben guten Kontakt zu ihren Verwandten), brauchen sie sich nicht gegenseitig als Familienersatz oder um sich vor Anfeindungen zu schützen. Sie geben einander den altmodischen Beistand, den jeder braucht, um seinen Weg in die Welt zu finden, und helfen sich gegenseitig dabei, ihr Schwulsein und ihre gleichgeschlechtlichen Liebesbeziehungen zu meistern.

»Als Felipe und ich Freunde wurden«, erzählt Shane, »war ich noch nicht mit vielen Männern zusammen gewesen. Es ist schön, jemanden zu haben, der einen versteht, während man seine Erfahrungen macht. Und was mein Schwulsein angeht, bin ich durch Felipe weniger angespannt. Ich fühle mich normal. Und ich habe das Gefühl, was auch immer geschieht, alles wird gut werden.«

Die Themen, mit denen sich Philosophen und Dichter seit altersher beschäftigen, sind faszinierend und emotional berührend. Bezogen auf die Freundschaft ist das sogar ganz sicher der Fall. Die systematische Annäherung der Sozialwissenschaftler an dieses Phänomen mag der Freundschaft etwas von ihrer nicht fassbaren Magie nehmen, andererseits macht sie dadurch auch die paradoxe Qualität der Freundschaft deutlich: Sie ist die stabilste und gleichzeitig flexibelste Beziehung, die wir im Leben haben.

Wähle deine Freunde, besiegele dein Schicksal

Im Juni 1975 wurde in Lima, der dicht besiedelten Hauptstadt Perus, ein Mädchen geboren. Ihre Mutter war 19 Jahre alt und bewohnte zusammen mit vielen Verwandten eine große Villa in einer alteingesessenen, vornehmen Gegend. Ein paar Monate später wurde in dem kleinen Ort Rutland in Vermont, USA, ein anderes Mädchen geboren. Die Mutter war 33 Jahre alt und wohnte mit ihren engsten Familienangehörigen in einer ruhigen Straße in einem zweistöckigen Kolonialhaus. Von ihrem Hinterhof aus blickte man auf eine violett schimmernde Bergkette. Gut, wir sind gleich alt, aber wer hätte vorhersagen können, dass diese zwei Babys – Sofia und ich – eines Tages die besten Freundinnen werden würden?

Als ich Sofia zum ersten Mal sah, wollte ich sofort mit ihr befreundet sein. Ich saß in der Cafeteria im Studentenwohnheim meines Colleges, als mein Blick auf ein großes, schmales Mädchen in einem Zigeunerinnen-Outfit fiel, das gut zu ihren grüblerischen schwarzen Augen passte. Ihr sehr individueller Stil ließ Sofia unabhängig und selbstbewusst wirken, aber gleichzeitig machte sie auch einen etwas abwesend-verträumten Eindruck, als wäre sie in Gedanken in einer anderen, viel faszinierenderen Welt. Ein paar Tage später klopfte sie auf der Suche nach meiner Mitbewohnerin, die denselben Kurs wie sie besuchte, an meine Zimmertür und tat damit, wenn auch unbeabsichtigt, den ersten Schritt zu unserer Freundschaft.

Sofia und ich haben uns gegenseitig beim Erwachsenwerden unterstützt, wir haben uns bei der Entwicklung unserer Interessen und Anschauungen geholfen, außerdem aber – auch wenn es manchmal schmerzhaft war – unsere Schutzmechanismen aufgegeben und uns gegenseitig aneinander abgeschliffen. Sofias ruhiges Selbstvertrauen beruhte auf dem tiefen Wissen um ihre außergewöhnliche Intelligenz und verhalf auch mir, die ich so anders war als sie, damit zu mehr Selbstsicherheit. Weil Sofia mich einerseits so gut versteht und mir andererseits Welten gezeigt hat, die so völlig verschieden von meiner eigenen sind, erscheint unsere Begegnung uns zuweilen wie vom Schicksal gewollt.

Wir wollen oft glauben, dass es eine höhere Macht war, die unsere Freunde unseren Weg hat kreuzen lassen – und wenn auch nur, weil wir sie so sehr schätzen und uns bei dem Gedanken schaudert, dass wir sie nicht getroffen hätten. »Wenn ich Soundso nicht getroffen hätte, hätte ich niemals dies und das getan! Und dann wäre ich nicht die Person, die ich heute bin.« Natürlich können Sozialwissenschaftler weder göttliche Interventionen nachweisen, noch können sie beweisen, dass es sie nicht gibt; dafür finden sie aber zunehmend Erklärungen, wie Freundschaften entstehen und warum wir uns von manchen Bekanntschaften angezogen fühlen und von anderen nicht.

Möglicherweise nehmen wir, wie bereits angedeutet, an, dass wir unsere Freunde selbst wählen und dass es vor allem dieser Aspekt ist, der sie von unserer Ursprungsfamilie unterscheidet. Doch diese »Wahl« ist in Wirklichkeit nur ein Kürzel für einen mysteriösen Prozess, der Faktoren einschließt, die jenseits unserer Kontrolle liegen und die wir zumindest nicht bewusst wahrnehmen. Warum fühlte ich mich sofort zu Sofia hingezogen, beinahe als hätte ich mich auf Anhieb in sie verliebt? Ich selbst würde es vielleicht nicht so ausdrücken, aber viele Menschen beschreiben ihre erste Begegnung mit denjenigen, die später enge Freunde wurden, als ein intensives emotionales Ereignis, ähnlich der Liebe auf den ersten Blick. Andere empfinden zunächst keine besonderen Gefühle, verleihen später aber einer eher unspektakulären ersten Unterhaltung mit einem Freund sehr viel Bedeutung – nur weil die Beziehung im Laufe der Zeit wichtig für sie geworden ist.

Da Freundschaft einen so großen Einfluss auf unser Leben hat, ist es wichtig zu wissen, welche Faktoren zu ihrem Entstehen führen können.

Das Entstehen von Freundschaften – ein Grundkurs

Vor einem halben Jahrhundert stellten Forscher die Theorie des so genannten Propinquity- oder Nähe-Effekts auf;[1] damit ist gemeint, dass wir uns mit Menschen anfreunden, die in unserer Nähe wohnen oder häufig unseren Weg kreuzen, weil sie zum Beispiel dieselbe Schule wie wir besuchen, im selben Laden einkaufen, im selben Büro arbeiten oder regelmäßig in unserem Lieblingsbistro essen. Räumliche Nähe bietet zunächst einmal eine bequeme Möglichkeit, sich kennenzulernen. Hinzu kommt, dass bereits die bloße Vertrautheit dazu führt, die Gesellschaft des anderen als angenehm zu empfinden. Dieses Phänomen wird in der Sozialpsychologie als Mere-Exposure-Effect, also als Effekt des bloßen Kontakts, bezeichnet und ist in der Forschung häufig nachgewiesen worden.[2] Allein die Tatsache, dass man jemanden immer wieder sieht, kann dazu führen, ihn stärker zu mögen. Ein Grund dafür könnte sein, dass Vertrautheit sich für das Gehirn gut anfühlt, weil dieses bei der Verarbeitung bereits bekannter Eindrücke gewohnte Pfade benutzen kann und keine neuen aufbauen muss. So verleiht der Effekt des bloßen Kontakts der Nähe einen doppelten Vorteil.

Vielleicht haben auch Sie schon jemanden getroffen, der Sie an jemanden erinnert, den Sie mögen; diese positive Assoziation kann das Bedürfnis nach der Gesellschaft dieses neuen Bekannten auslösen, auch wenn sich später vielleicht herausstellt, dass er ganz anders ist als derjenige, dessen Eigenschaften man ihm anfangs zugeschrieben hatte.

Kürzlich hat die Forschung einen weiteren interessanten Aspekt beim Entstehen von Freundschaften herausgefunden: Man macht einen besseren ersten Eindruck (und gewinnt so wahrscheinlich auch leichter Freunde), wenn man einen Namen hat, der sich leicht aussprechen lässt.[3] Inwieweit dieses Ergebnis in unserer zunehmend multiethnisch geprägten Kultur mit ihrem Trend zu einzigartig klingenden Namen Bestand haben wird, bleibt abzuwarten.

Auch gemeinsame Aktivitäten begünstigen häufig die Entstehung von Freundschaften. Nehmen wir zum Beispiel die Teilnehmerinnen eines Yogakurses; sie sehen sich nicht nur regelmäßig, sondern haben auch von Anfang an etwas gemeinsam: Sie machen gern Dehn- und Atemübungen oder geben sich zumindest alle Mühe, sie durchzuführen. Über den Rückgang institutionalisierter Aktivitäten in den Vereinigten Staaten, die solche Freundschaften fördern (Bowling ist zum Symbol für eine vergangene, sozial organisierte Utopie geworden), wurde inzwischen viel geschrieben. Einige Sozialforscher verorten den Grund dafür zum Teil in der Ausdehnung der Vorstädte, wodurch die Menschen weiter entfernt vom Zentrum ihres Wohnortes wohnen,[4] zum anderen darin, dass heutzutage ungeheuer viel Zeit vor dem Fernsehapparat in der Isolation des eigenen Heims verbracht wird. Andererseits – so wurde jüngst argumentiert – hat das Internet mehr und mehr Gruppen hervorgebracht, die durch gemeinsame Aktivitäten verbunden sind und sich online treffen.

Wichtige Ereignisse und Veränderungen im Leben erzeugen das Bedürfnis nach sozialer Unterstützung und bringen gleichzeitig den Wechsel in neue Umgebungen mit sich, die wiederum Gelegenheit zu neuen sozialen Beziehungen bieten.[5] Denken Sie zum Beispiel an eine Frau, die zum ersten Mal Mutter wird: Angesichts der auf sie zukommenden Herausforderung, die Verantwortung für ein hilfloses kleines Wesen zu tragen, wird sie sich wahrscheinlich euphorisch fühlen, gleichzeitig aber auch Ängste empfinden. Ihre kinderlosen Freundinnen meinen es mit ihren Ratschlägen sicher gut, können aber die Komplexität und Widersprüche ihrer neuen Verantwortung und ihres veränderten Lebensstils nicht wirklich nachempfinden. Dagegen verstehen die anderen Teilnehmerinnen im Geburtskurs ihre Situation auf Anhieb, was dazu führt, dass sich hier leicht neue Freundschaften entwickeln können. Idealerweise bleibt die Mutter aber auch ihren alten Freundinnen weiter verbunden – schließlich kennen diese sie von Grund auf und können ihr helfen, über ihre neue Mutteridentität hinaus auch sich selbst treu zu bleiben.

Es gibt einige Aspekte, die wir an potenziellen Freunden im Allgemeinen attraktiv finden, schreibt Daniel Hruschka in seiner psychologisch-anthropologischen Untersuchung der Freundschaft. »Dazu gehören ein hilfreiches Wesen, ein hoher Sozialstatus sowie Ähnlichkeiten in der ethnischen, der Klassenzugehörigkeit und in den persönlichen Einstellungen. Außerdem fühlt man sich allein aufgrund der Erfahrung, dass jemand einen mag, stärker zu ihm oder ihr hingezogen.«

1936 veröffentlichte Dale Carnegie in den USA sein Buch *Wie man Freunde gewinnt: Die Kunst, beliebt und einflussreich zu werden.* Darin rät er, Verhalten und Wesenszüge zu kopieren, die uns an anderen Menschen gefallen, zum Beispiel häufiges Lächeln, das Ermutigen von Gesprächspartnern, über sich selbst zu reden, und das häufige Nennen des Namens unseres Gegenübers. Seit dem Erscheinen dieses Buches ist der Forschung der Nachweis gelungen, dass diese Taktiken tatsächlich eine größere Aufgeschlossenheit beim anderen bewirken.[6] Schon der Gebrauch des Wortes »Freund« kann dazu führen, dass sich der derart Angesprochene einem verbunden fühlt. Als Senator John McCain 2008 in den USA für das Präsidentenamt kandidierte, benutzte er während einer anderthalbstündigen öffentlichen Debatte die Worte »meine Freunde« oder »mein Freund« – an das Publikum gerichtet – im Durchschnitt alle vier Minuten. (Nun könnte die Tatsache, dass McCain den Präsidentschaftskampf nicht gewonnen hat, zwar gegen unsere These sprechen, aber vielleicht hat er ja während des Wahlkampfs zumindest eine Menge Freunde gewonnen.)

Von Menschen mit starken sozialen Fähigkeiten fühlen wir uns angezogen, einfach weil es weniger anstrengend ist, mit ihnen zu sprechen als mit verschlossenen oder linkischen Menschen. Das heißt natürlich noch nicht, dass jemand Ihr bester Freund wird, nur weil er geschickt Konversation betreiben kann. Aber ebenso wie geografische Nähe, bereitet auch ein umgängliches Wesen den Boden für das Entstehen einer Freundschaft.

Deswegen haben zum Beispiel Menschen mit Asperger-Syndrom so viel Mühe, Freunde zu finden. Obwohl sie sich im Allgemeinen im Alltag gut zurechtfinden und genauso talentiert, klug und interessant wie andere sind (oder sogar noch talentierter, klüger und interessanter), berichten viele von ihnen, dass es ihnen schwerfällt, mit anderen ins Gespräch zu kommen, einen Gesichtsausdruck zu deuten, Hinweise auf Interessen ihres Gegenübers aufzunehmen und sich dem normalen Geben-und-Nehmen-Rhythmus einer Unterhaltung anzupassen. Daher können sie schon die ersten Hürden nicht überwinden, die der Phase des Sich-näher-Kennenlernens vorausgehen.

Wenn ein für beide Parteien angenehmes Gespräch in Gang gekommen ist, beginnt für die potenziellen Freunde der Prozess der gegenseitigen Selbstoffenbarung – man gibt Dinge von sich preis, die man nicht jedem erzählen würde. Sobald wir jemandem ein Erlebnis oder Empfinden vermittelt haben, fühlen wir uns automatisch stärker zu ihm hingezogen – vielleicht um im Nachhinein das Risiko zu rechtfertigen, das wir eingegangen sind, indem wir ihm eine traurige Geschichte aus unserer Vergangenheit oder eine heikle Angelegenheit anvertraut haben.[7] Der Akt der Offenbarung signalisiert ein Interesse daran, aus einer bloßen Bekanntschaft eine Freundschaft werden zu lassen. Je nach Inhalt der persönlichen Enthüllung wird dann eine Entscheidung getroffen, ob man eine nähere Beziehung mit dem anderen eingehen und mehr von ihm hören will. Bei der Wahl, was und wie viel man jemandem von sich preisgibt, sollte man – wie so oft bei psychologischen Entscheidungen – den Mittelweg wählen.[8] Erzählt man auf einer Cocktailparty demjenigen, der zufällig neben einem steht, seine Kindheitstraumata und geheimsten Wünsche, landet man ziemlich sicher eher in der Kategorie »merkwürdiger Typ« oder »Verrückter« als in dem Kästchen für »potenzielle neue Freunde«.

Danach beginnt der Prozess des Aufbaus einer Freundschaft – der eher unbewusst abläuft, zumindest verglichen mit den strategischen und taktischen Mühen, die man für das Anbahnen einer Liebesbeziehung auf sich nimmt. Wie Hruschka sagt, bewegt sich das Vertiefen von Freundschaften von »einem versuchsweisen Geben und dem bewussten Gegenrechnen – der üblichen Interaktion zwischen ›Nur‹-Bekannten und Fremden – zu einem beiderseitig hohen Grad an Vertrauen und Unterstützung, ohne dass man die Gefälligkeiten der Vergangenheit noch aufrechnet«.[9] Im Verlauf dieses Prozesses lernt man, effektiver miteinander zu kommunizieren, auch unauffällige Signale des anderen zu deuten und Konflikte zu lösen. »Bei Untersuchungen, in denen die Probanden ihre Freunde während einer Unterhaltung beobachteten, waren sie bei diesen, bezogen auf das Entschlüsseln ihrer Gedanken, zu 50 Prozent erfolgreicher als bei Fremden. Kurz gesagt, Freunde sind Experten darin zu erkennen, wie ihre Partner denken und fühlen, während Fremde Neulinge sind.«

Die Erweiterung der Interaktionsmethoden ist eine Art, Freundschaften zu vertiefen; diesen Prozess bezeichnen Forscher als »Multiplexität«.[10] Vielleicht denkt man bei diesem Wort zunächst daran, sich einen Film in einem großen Kinokomplex anzusehen, aber er bedeutet nur, vielfältigere Aktivitäten miteinander zu unternehmen, um sich einander näher zu fühlen und sich besser kennenzulernen. Treffen Sie zum Beispiel eine Freundin immer nur im Café auf dem Universitätsgelände, laden Sie sie doch einmal zu sich zum Familienessen ein.

Je länger eine Freundschaft dauert, desto größer ist die Wahrscheinlichkeit, dass sie bestehen bleibt. Die Länge der Zeit, die man einen Freund oder eine Freundin kennt, ist das beste Vorhersagekriterium für die Dauerhaftigkeit der Freundschaft.[11]

Vögel, Federn, Schwärme

Oprah Winfrey und Gayle King, Amerikas beliebteste »beste Freundinnen«, liefern ein gutes Beispiel für eine wichtige Zutat in der Rezeptur für Freundschaften. Beide sind erfolgreiche Journalistinnen, und eine von beiden hat in diesem Bereich stratosphärische Höhen erklommen. Bei der Arbeit haben sie sich auch kennengelernt – in den späten 1970er-Jahren bei einem Nachrichtensender in Baltimore. In einer Kurzbiografie Gayle Kings in der *New York Times* wird diese mit folgenden Worten zitiert: »Es ist sehr schön, jemanden zu haben, der einen wirklich versteht – *wirklich* versteht. Wir empfinden meist das Gleiche. Erst neulich, während eines Gesprächs mit anderen Personen, und noch während jemand redete, reagierten wir beide gleichzeitig mit: ›Wirklich?‹ Genau im gleichen Tonfall. Unsere Gehirne sind sehr ähnlich gepolt.«[12]

Oprah Winfrey ihrerseits erzählt der Zeitung: »Wir sind uns so ähnlich. Deswegen sind wir Freundinnen geworden. Die Leute denken oft, Gayle versucht, wie ich zu sein, aber das tut sie in Wirklichkeit gar nicht. Wir sind uns einfach so ähnlich. Das passiert bei Freundinnen öfter: Im Laufe der Zeit fangen sie an, ähnlich zu klingen, sogar der Tonfall ist ähnlich.«

Was könnte besser sein, als sich selbst zur besten Freundin zu haben? Aber bevor Sie nun annehmen, dass bei diesen beiden die Wahl ihrer Freundin von einem durch Ruhm begründeten Narzissmus geleitet wurde, denken Sie bitte daran, dass die Wahl eines uns ähnlichen Menschen zum Freund von uns allen unbewusst vorgenommen wird. Attraktive junge Frauen gehen mit anderen attraktiven jungen Frauen aus. Skateboard-Fahrer hängen mit anderen Skateboard-Fahrern zusammen. Millionäre dinieren mit Millionären.

»Der Grad der Ähnlichkeit zwischen zwei potenziellen Freunden ist direkt proportional zu der Chance, dass sich tatsächlich eine Freundschaft entwickelt. Die Ähnlichkeiten können sich auf demografische Faktoren beziehen wie Geschlecht, Ethnizität, Nachbarschaft oder auf unsere Einstellungen, Glaubensvorstellungen und Werte. Gleiche Wertvorstellungen sind der verlässlichste Vorhersagefaktor für die Entwicklung einer Freundschaft. Die meisten verbringen ihre Zeit am liebsten mit Menschen, die das Leben auf die gleiche Weise sehen wie sie selbst«, schreiben die Autorinnen von *Friends Forever*.[13]

Manchmal können Ähnlichkeit und das Sich-einander-Öffnen zu einer wunderbar bestätigenden Freundschaft führen. Stellen Sie sich vor, Sie sitzen in einem Meeting, das von einem typischen Blender geleitet wird, den Sie nicht ausstehen können. In der Kaffeepause flüstert Ihnen eine neue Kollegin zu, dass sie sich lieber ein Auge ausstechen würde, als sich auch noch den Rest seiner Präsentation anzusehen. Voilà: Schon bahnt sich eine Freundschaft an. Jennifer Bosson, Psychologin an der University of South Florida, untersucht die Macht gleicher negativer Einstellungen und kommt zu dem Schluss, dass zwei Menschen sich schnell verbunden fühlen, wenn beide eine dritte Person nicht leiden können – sogar wenn dies jemand ist, den sie beide nicht wirklich kennen, wie zum Beispiel Kim Kardashian.[14] Die neue Kollegin im vorhergehenden Beispiel zeigt Ihnen, dass sie die gleiche negative Meinung hat und vertraut Ihnen genug, um eine potenziell riskante Haltung zu offenbaren.

Ein weiterer faszinierender neuer Forschungsansatz geht der Fragestellung nach, ob Freundesgruppen vielleicht sogar die gleichen Gene haben – was ein Hinweis darauf wäre, dass unsere Ähnlichkeiten eine sehr tiefe Ursache haben und Freundschaftsbildungen zum Teil auch von fundamentalen biologischen Prozessen und Signalen gesteuert sein könnten. Auf der Grundlage der Freundesbeziehungen der Testpersonen und ihrer DNA-Proben suchten James Fowler und seine Kollegen nach Markergenen in sechs verschiedenen Genen mit dem Ergebnis, dass bei Freunden die Wahrscheinlichkeit größer als nur zufällig war, die gleiche Variante des DRD2-Gens zu haben.[15] Dieses Gen wird interessanterweise auch mit Alkoholismus in Zusammenhang gebracht. Fowler, der im Bereich Politische Wissenschaften der University of California, San Diego, arbeitet, räumt ein, dass dieser Zusammenhang auch darauf zurückzuführen sein könnte, dass Menschen, die gern Alkohol trinken und sich in Bars aufhalten, sich lieber mit Personen mit derselben Neigung anfreunden als mit Abstinenzlern. Er will seine Forschung jedoch fortführen und stellt sogar die Theorie auf, dass die DNA eines Freundes Veränderungen in den Genen des Partners auslösen könnte. Ein solches Phänomen wurde tatsächlich in der Vogelwelt festgestellt: Die Federn von Hennen veränderten sich in Abhängigkeit vom Erbgut der Hennen in Nachbarkäfigen.[16]

Allerdings wird durch die Forschung nicht belegt, dass Freunde sich in ihrer Persönlichkeit besonders ähnlich sind. Das verschafft denn auch Hunderten romantischer Komödien Glaubwürdigkeit, in denen die verklemmte Hauptdarstellerin eine fröhliche, zwanglose Freundin hat, oder der charismatische Hauptdarsteller mit einem blödelnden Witzbold befreundet ist. Meine gute Freundin Sofia ist zum Beispiel introvertiert, während ich eher extrovertiert bin. Deswegen betrachten wir beide uns auch nicht als Kopien der jeweils anderen, obwohl unser demografisches Profil und unsere Anschauungen vom Leben größtenteils übereinstimmen.

Auch wenn Sie nicht der Ansicht sind, dass Ihre Freunde wie Sie sind, ähnelt Ihre Clique ganz bestimmt nicht dem Bild, das wir häufig in Regierungsbroschüren oder in der Benetton-Werbung sehen – eine Gruppe Menschen unterschiedlichen Alters, verschiedener sozialer Schichten und verschiedener Hautfarben, die alle glücklich miteinander umhertollen. Aus Ihrer unmittelbaren Perspektive auf Ihre Freunde sehen Sie ein Mosaik aus vielen verschiedenen Teilen, das aus den unterschiedlichsten Lebensgeschichten, Temperamenten, Träumen und Eigenarten Ihrer Freunde zusammengesetzt ist. Doch von Weitem erkennen andere wahrscheinlich eher einen einheitlichen Schwarm in Bewegung.

Ökonomen am Dartmouth College beobachteten in Studentenwohnheimen auf dem College-Campus – einem sehr geeigneten Ort für Studien –, wie sich im Verlaufe eines Universitätsjahres Freundschaften bildeten und verfolgten dafür die Anzahl der E-Mails, die jeder Student anderen Studenten über das interne Universitäts-Mail-System schickte.[17] (Den Inhalt lasen sie dabei nicht, da dies einen Eingriff in die Privatsphäre dargestellt hätte, sie konnten aber in anderen Untersuchungen nachweisen, dass engere Freunde sich gegenseitig mehr Mails sandten als weniger enge Freunde.) Vor dem Hintergrund dessen, dass den Studenten ihre Räume in den verschiedenen Häusern und ihre Zimmermitbewohner ausschließlich nach dem Zufallsprinzip zugewiesen worden waren, interessierten sich die Forscher vor allem für den Aspekt unterschiedlicher Hautfarben. Würde ein weißer Student mit einem schwarzen Zimmermitbewohner am Ende des Jahres in einer, auf die Hautfarbe bezogen, gemischten Freundesgruppe landen?

Bei einer sehr leistungsstarken Universität wie Dartmouth sollte man vermuten, dass den allesamt intelligenten und ernsthaft akademisch interessierten Studenten der Aspekt der Hautfarbe bei der Freundeswahl gleichgültig ist. Das Gegenteil jedoch war der Fall. Wenn ein schwarzer und ein weißer Student in einem

Zimmer wohnten, war die Wahrscheinlichkeit zwar höher, dass sie per E-Mail Kontakt hielten, das Zusammenwohnen erhöhte aber nicht die Wahrscheinlichkeit, dass der weiße Student auch mehr schwarze Freunde hatte. Zwei Studenten, die im selben Haus wohnten, freundeten sich häufiger miteinander an als zwei Studenten, die nicht im selben Haus wohnten; doch noch immer gab es eine Trennlinie zwischen Personen verschiedener Hautfarben unter denjenigen, die sich dauernd über den Weg liefen und daher am ehesten Freundschaften schlossen. Als eine mögliche Erklärung verweisen die Autoren auf neurowissenschaftliche Erkenntnisse, die besagen, dass eine »Interaktion zwischen Weißen und Schwarzen anstrengender ist als die innerhalb der gleichen Hautfarbe, und dass diese Auswirkung mittels funktioneller Magnetresonanztomografie gemessen werden kann.«[18]

Die Schlussfolgerung ist ernüchternd für alle, die das College für einen wunderbaren Ort halten, um Freunde zu gewinnen, welche deutlich anders sind als man selbst. »Etwa 44 Prozent des E-Mail-Aufkommens von schwarzen Nutzern werden mit anderen schwarzen Studenten ausgetauscht, während bei nicht schwarzen Studenten nur 4 Prozent ihres E-Mail-Aufkommens mit schwarzen Studenten stattfinden. Sportler haben einen E-Mail-Anteil von 52 Prozent mit anderen Sportlern. Bemerkenswert ist die Tatsache, dass Fußballspieler 30 Prozent ihrer E-Mails mit anderen Fußballspielern austauschen, obwohl sie insgesamt nur etwa 2,3 Prozent der untersuchten Gruppe ausmachen.«

Und warum treten wir nun am liebsten mit Menschen in Kontakt, die uns selbst ähnlich sind? Für drei verbreitete Erklärungen gibt es eine empirisch nachgewiesene Wahrscheinlichkeit, und jede bezieht sich auf einen anderen Aspekt unserer inneren Ausstattung.[19] Die erste beruht auf dem »Vertraut-ist-gut«-Prinzip der kognitiven Psychologie, das besagt, dass das Zusammensein mit Menschen, die tun, was wir tun, uns in unseren Entscheidungen bestätigt und zu relativ bequemen und konfliktfreien Interaktionen führt. Die zweite Erklärung geht von einem existenzialistisch-philosophischen Ansatz aus: Einen Seelenverwandten zu finden, der unsere Lebenseinstellungen teilt und uns wirklich zu verstehen scheint, kann die verzweifelte Isolation in Schach halten, die drohend über den Menschen schwebt. Das dritte Erklärungsmodell entstammt der Evolutionsbiologie: Weil unser Haupttrieb die Fortpflanzung ist, werden wir von Menschen angezogen, die uns genetisch ähneln. Wenn wir bei unserer »eigenen Art« bleiben, wird jemand in unserem »Stamm« einige dieser Gene, die wir mit den anderen gemeinsam haben, weitergeben, sogar wenn wir uns selbst nicht reproduzieren können.

Die hintergründige Logik der Freundschaft

Um uns mit jemandem anzufreunden, müssen wir zumindest in seine Nähe kommen (auch wenn Nähe heutzutage bedeuten kann, ein paar Zentimeter entfernt in unserem Mail-Posteingang oder im Skype-Fenster). Normalerweise müssen wir dem potenziellen Freund in einigen Aspekten ähnlich sein und die sozialen Fähigkeiten besitzen, uns selbst dem anderen zu öffnen. Darüber hinaus müssen wir uns darüber klar werden, ob wir den Sprung vom Fremden zum Bekannten machen und dann die Reise vom

Bekannten zum Freund oder sogar nahen oder besten Freund unternehmen wollen. Was genau bewegt uns nun, diesen Weg zu größerer Intimität zu beschreiten?

Jahrzehntelang hielten Entwicklungsbiologen die Freundschaft für einen funktionalen oder wechselseitigen Austausch – solange sich die Gefälligkeiten in einem für beide Partner gleichermaßen günstigen Grad steigern, würde die Freundschaft immer enger. In den späten 1990er-Jahren begannen die Psychologen John Tooby und Leda Cosmides nach anderen Gründen zu forschen, weshalb wir uns zu Altruisten entwickeln – warum wir also auch ohne Gegenleistung etwas für andere tun.[20]

Tooby und Cosmides hatten festgestellt, dass viele Menschen sich über die übliche Standarderklärung zur Funktionsweise von Freundschaften entrüsteten; sie stritten ab, dass ihre eigenen Freundschaften nur auf dem Austausch von Gefälligkeiten basierten, und bestanden darauf, dass es ihnen Freude bereitete, denjenigen zu helfen, die sie mochten. »Tatsächlich«, schreiben die Forscher in einer ihrer Veröffentlichungen, »werden im Gegenteil direkte Verbindungen zwischen gegenseitigen Gefälligkeiten oder ein Beharren des Empfängers, die gute Tat sofort ›zurückzuzahlen‹, im Allgemeinen als Zeichen mangelnder Freundschaft angesehen.« Die bislang weithin akzeptierte Theorie schien eher eine Erklärung für erfolgreiche Geschäftsbeziehungen, nicht jedoch für Freundschaften darzustellen.

Einige Experimente haben bestätigt, dass Freunden eine Ungleichheit (in Bezug auf den Erweis eines Gefallens usw.) weniger ausmacht als Fremden oder Bekannten.[21] Da dieser Umstand sie aber der Gefahr auszusetzen scheint, von ihren Freunden ausgenutzt zu werden, stellt sich die Frage, warum sie dieses Risiko eingehen, zumal doch die Entwicklung von Freundschaften und anderen Beziehungen vom Prinzip des »Überlebens des Stärkeren« geleitet wurde.

Gehen wir einmal von der zu Beginn dargelegten These aus, dass unsere Neigung, uns Freunde zu suchen, unserem eigenen Interesse dient, weil sie uns nämlich in früheren Zeiten das Überleben sicherte. Die Psychologen gingen nun also in ihren Untersuchungen davon aus, dass hinter unseren warmen, kuscheligen und verzeihenden Gefühlen gegenüber Freunden kaltblütige Planung steckt. Es stellte sich heraus, dass diese sozialen, meist nicht bewussten Kalkulationen viel komplexer sind, als die alte Geben-und-Nehmen-Theorie.

Betrachten wir das von Tooby und Cosmides so genannte »friend niche limitation model«, also das Modell der begrenzten Freundesnische: [22)] Stellen Sie sich vor, Sie haben nur eine kleine Anzahl Plätze für enge Freunde, und da Ihr Leben sich vor allem ums Überleben in der Welt und um das Abwenden von Katastrophen dreht, müssen Sie diese Plätze mit Personen besetzen, die über diejenigen Fähigkeiten verfügen, welche Ihnen in unvorhergesehenen Notsituationen nutzen könnten. Betrachten Sie Ihre Freunde als ein ausgeglichenes Börsenportfolio und sich selbst als den analytischen Geldmanager.

Welche Kriterien leiten Sie bei Ihrer Entscheidung, wen aufnehmen und wen nicht? Tooby und Cosmides gehen davon aus, dass wir vor langer Zeit gelernt haben, diejenigen mit »positiver Auswirkung« auszuwählen, also zum Beispiel jemanden, »der sich sehr gut zurechtfindet, einen, der Wild aufspüren kann, einen Werkzeugmacher oder jemanden, der die Dialekte der Nachbarn spricht.«[23] Ein Mädchen mit diesen Eigenschaften hätte jeder gern im Team, egal wie altruistisch sie auch wäre. Und man kann sich leicht ihr modernes Gegenstück vorstellen: Wer hätte nicht gern eine Freundin, die einen Orientierungssinn wie ein GPS-Gerät hat, die besten Restaurants im Ort kennt, nützliche iPhone-Apps weitergeben und Spanisch sprechen kann?

Wir haben uns aber auch so entwickelt, dass wir wenigstens eine Person in unserem Portfolio haben wollen, die unsere Gedanken ziemlich gut lesen kann. Wer erraten kann, was Sie denken und fühlen, ist wertvoll, weil er ein Gespür für Ihre Bedürfnisse hat. Wertvoll sind auch Menschen, die dasselbe wie Sie wollen, denn diese werden daran arbeiten, die Welt für sich selbst passend zu gestalten – und dadurch auch für Sie. Und schließlich möchte man einen Freundesplatz noch mit jemandem belegen, für den man selbst schwer zu ersetzen ist. »Diese Person hat ein größeres Interesse daran, dass Sie gesund bleiben und sich wohlfühlen als jemand, der die Vorteile, die Sie bieten, auch anderswo bekommen kann.«[24]

Bringen Sie Ihre Alliierten in Stellung

Die jüngste Annahme, die auf den Prinzipien der Evolutionspsychologie beruht, ist die Allianzhypothese. Sie geht davon aus, dass wir aufmerksam verfolgen, wie andere uns bei der Überprüfung ihres Portfolios einschätzen. Während die Grundregeln der Freundschaftsbildung erklären, warum jemand ein Freund wird, anstatt ein Fremder zu bleiben, weist der Vater der Allianzhypothese, Peter DeScioli, Psychologieprofessor an der University of Pennsylvania, darauf hin, dass die Menschen den größten Teil ihrer Geschichte in kleinen Gruppen zusammenlebten, in denen Fremde meist gar nicht existierten. Wir kannten alle Menschen in unserer näheren Umgebung, und sie waren uns alle ziemlich ähnlich. »Wenn die menschliche Freundschaft auf Strategie beruht«, schreibt DeScioli, »dann geht es bei der Differenzierung nicht darum, wie Fremde zu Freunden werden, sondern darum, wie Menschen die Personen, die sie kennen, in beste Freunde, weniger gute Freunde und Feinde einteilen.«[25]

Ob wir uns mit einer ärgerlichen Unannehmlichkeit herumplagen, zum Beispiel einer Beschwerde bei einem nachlässigen Hausbesitzer, oder ob wir einen so aufreibenden Kampf wie einen Sorgerechtsstreit ausfechten, wir möchten anderen von unserer Notlage erzählen, und wir wollen bewirken, dass sie die Dinge aus unserer Perspektive sehen und nicht aus der unserer Feinde. Die Allianzhypothese, die an die Spieltheorie in der internationalen Politik anknüpft, geht davon aus, dass Freundschaft durch kognitive Systeme bedingt ist, die Allianzen aufbauen für eine Zeit, in der wir sie brauchen könnten. »Man will Alliierte, bevor der Streit ausbricht, aber man kann nicht vorhersagen, wann das sein wird«, schreibt DeScioli.[26]

Dieser Hypothese nach nähert man sich denjenigen Menschen stärker an, auf deren Liste man selbst weit oben steht, weil die Wahrscheinlichkeit, dass ein Freund einen unterstützt, geringer wird, wenn dieser noch andere beste Freunde hat. Nun geht es selbst bei unseren härtesten Auseinandersetzungen im

Allgemeinen nicht um Leben und Tod, aber unsere Gehirne haben sich dahingehend entwickelt, auf Situationen vorbereitet zu sein, in denen es vielleicht nur eine einzige Rettungsleine gibt. Dann ist es besser, wenn die Person, von der wir erwarten, dass sie uns diese zuwirft, nicht verpflichtet ist, zuerst jemand anders zu retten.

Der beeindruckendste Nachweis für DeSciolis Theorie ist seine Analyse des größten Datensatzes zum Thema Freundschaft, der je untersucht wurde. Seine Ausgangsdaten stammen von elf Millionen MySpace-Nutzern (zur Zeit der Studie die beliebteste soziale Internetplattform). Auf einer für alle sichtbaren Rangliste trugen alle ihre »besten Freunde« ein, dann wurden 3,5 Millionen Personen herauskristallisiert, die sich gegenseitig auf die Rangliste gesetzt hatten.[27]

Während die geografische Nähe einen gewissen Vorhersagewert darstellte – viele Testpersonen wählten Personen, die in ihrer Nähe wohnten und ebenfalls MySpace-Nutzer waren, als beste Freunde –, war die für DeScioli interessanteste Variable diejenige mit dem höchsten Vorhersagefaktor: 69 Prozent der Versuchspersonen wählten als besten Freund jemanden, der sie ebenfalls an die erste Stelle gesetzt hatte.

Abgesehen von der Transparenz des MySpace-Systems, verraten uns unsere Freunde normalerweise nicht, wo wir auf ihrer Rangliste stehen. Laut DeScioli ist es daher eine wichtige Aufgabe unseres kognitiven Systems, diskret zu überwachen und möglichst sicher zu erkennen, welchen Platz im Herzen eines anderen wir einnehmen. Daher wäre es sicher sehr interessant für Sie, davon zu erfahren, wenn Ihre Freundin Chris zu Bobs Party geht anstatt zu Ihrer, nachdem sie in ihrem Kalender festgestellt hat, dass sie aus Versehen Ihnen beiden für denselben Tag zugesagt hat. Und deswegen würden Sie nach dem Anruf einer Freundin, die Ihnen erzählt, dass sie schwanger ist, vielleicht auch die Gelegenheit zu einem kleinen Test nutzen und ausrufen: »Oh, das ist ja toll! Hast du es schon jemand anderem erzählt?«

Dieses tief verwurzelte Bedürfnis, auf der Rangliste der Freunde weit oben zu stehen, ist nach der Allianz-Hypothese auch der Grund dafür, warum es für uns schmerzlich ist oder uns sogar sehr traurig oder eifersüchtig machen kann, wenn wir feststellen müssen, auf der besagten Leiter eine Stufe hinuntergerutscht zu sein. Bei Hochzeiten wird oft die hässliche Seite der Freundschaft deutlich, wenn die Zeremonie es erfordert, dass Braut und Bräutigam ihnen nahestehenden Personen einen Rang zumessen – zum Beispiel durch die offizielle Ernennung zu Trauzeugen. Das verdeutlichen die folgenden zwei Beiträge, die auf TheKnot.com eingestellt wurden, einem beliebten Internetforum für zukünftige Bräute und ihr Umfeld:

Meine Freundin hat sich im Juli verlobt. Seit unserer gemeinsamen Kindergartenzeit sind wir beste Freundinnen. Ich war so oft für sie da, wenn sie traurig, einsam oder gestresst war. In den Weihnachtstagen feierte sie eine Verlobungsparty, aber nur für die Familie und die Personen, die bei der Hochzeit eine Aufgabe haben. Ich habe Fotos gesehen, die eine der Brautjungfern gemacht hat, und es ist klar, wer die Brautjungfern sein werden: ihre Schwester und zwei unserer gemeinsamen guten Freundinnen. Ich habe keine Ahnung, warum sie mich nicht gefragt hat. Ich habe meine Freundin angerufen und nett gesagt: »Ich habe deine Fotos auf Facebook gesehen. Gehe ich richtig in der Annahme, dass ich keine Brautjungfer sein werde?« Sie hat gesagt, es täte ihr leid, wenn sie meine Gefühle verletzt hätte, und dass das in keiner Weise unsere Freundschaft berührt, aber sie hat gedacht, dass es für mich zu lästig und zu stressig wäre. Ich bin völlig fertig.[28]

Hat jemand von euch schon mal erlebt, dass Freundinnen/Familie empört/enttäuscht waren, weil man sie nicht als Brautjungfer ausgewählt hat? Ich habe eine Freundin, die deswegen ziemlich sauer ist. Damit kann ich umgehen, mir war klar, dass einige nicht glücklich über meine Wahl wären, aber diese Freundin ist sogar so weit gegangen, mir zu sagen, dass sie nicht will, dass eine meiner besten Freundinnen meine Brautjungfer ist. Sie sagt, sie würde böse, wenn meine andere Freundin Brautjungfer ist und sie nicht. Wie soll ich mit dieser Freundin und ihrem Eifersuchtsproblem umgehen? Das Letzte, was ich auf meiner Hochzeit will, ist ein Drama.[29]

Die zurückgesetzte Freundin im zweiten Beitrag geht so weit, verhindern zu wollen, dass die andere Freundin der Braut Brautjungfer wird. Eine solche Reaktion ist nach DeScioli typisch für Freunde, deren Rang bedroht ist.[30] Genauso gut hätte sie versuchen können, ihre Beziehung zur Braut zu stärken, um sie als Hauptalliierte zurückzugewinnen, sie hätte ihre Rivalin aus dem Feld schlagen können, indem sie böse Gerüchte über sie verbreitet oder auf andere Art der Beziehung zwischen der verhassten

Brautjungfer und ihrer Freundin schadet. »Diese Reaktionen erscheinen von außen betrachtet völlig unangemessen, weil es um so kleine Dinge geht«, schreibt DeScioli. »Da kann es sehr erhellend sein, wenn wir verstehen, warum solche Geschehnisse für uns so bedeutend sind. Wir erkennen dann die Logik, die unsere Emotionen entfacht und wissen, warum diese Probleme uns so hart treffen. Vielleicht kann uns das daran erinnern, dass wir im Hier und Heute Gefühle, die ihren Ursprung in uralten, längst vergangenen Zeiten haben, nicht so ernst nehmen müssen.«

Entwicklungshelfer der Identität

Nachdem wir nun im Morast des Unbewussten gewatet sind, in dem Rivalität und Unsicherheit gedeihen und uns bei der Freundeswahl zu manipulativen Manövern verleiten, wollen wir uns jetzt an einer edleren, feinsinnigen Theorie erfreuen, nämlich, wie wir unsere Freunde und vor allem unsere besten Freunde auswählen. Aber obwohl dieser Ansatz deutlich herzerwärmender ist, passt er dennoch zu den anderen Theorien, betrachtet er doch Freunde lediglich aus einem anderen Blickwinkel. Ich rate jetzt mal: Die aktive Seite Ihres Gehirns macht sich keine Gedanken über Ihre Gene und darüber, wie wichtig es ist, sie weiterzugeben, und sie plant auch nicht ständig, wie Sie in einer Notsituation überleben werden. Stattdessen ist sie mit Fragen der Art beschäftigt, wer Sie sind, wer Sie gerne sein möchten und was Sie kurz- und langfristig tun müssen und tun möchten. Ihre Identität und Ihre Ziele beherrschen Ihre Gedanken, und

Freunde zu finden, die Ihre Identität stärken und Ihnen beim Erreichen Ihrer Ziele helfen, kann produktiv, lohnend und sehr hilfreich sein.

Die Psychologin Carolyn Weisz von der University of Puget Sound hat Hinweise dafür gefunden, dass sehr gute Freundschaften eine »Unterstützung der sozialen Identität« bieten oder eine Bestätigung des Selbstwertgefühls und der gewünschten Gruppenzugehörigkeit.[31] Das mag auf den ersten Blick nur auf andere Art ausdrücken, dass Menschen diejenigen Menschen mögen, die ihnen ähnlich sind. Aber »Identität« ist hier weiter gefasst, als nur dieselben Dinge zu mögen, und »Unterstützung« meint in diesem Fall mehr als liebevolle Bestätigung, schreibt Weisz. »Ihr Selbstwertgefühl entsteht nicht nur aus individuellem Bemühen. Es entspringt auch aus der Gruppe, zu der Sie gehören, und aus dem Status dieser Gruppe.«

Stellen wir uns vor, dass Anna Schauspielerin werden möchte. Ihre Freundin Eva ist es bereits und sieht auch Anna schon als Schauspielerin. Damit glaubt sie an deren Traum und bestätigt, was Anna in sich selbst sieht. Wenn Eva Anna einlädt, sich ihrem Theaterclub anzuschließen, stärkt sie damit gleichzeitig Annas Identität und ihr Selbstwertgefühl. Und wenn dann der Theaterclub eine Show mit Preisvergabe veranstaltet, wird Annas Stolz auf sich selbst und die Gruppe noch steigen. Eva ist gleichfalls stolz, und allein ihre Gegenwart erinnert Anna daran, wie sie mit großen Schritten auf ihr gemeinsames Ziel zugehen. Anna wird sich geschmeichelt fühlen bei dem Gedanken, dass die Welt sie und Eva als gleich wahrnimmt. Außer den emotionalen und innerlichen Vorteilen erhält Anna auch praktische Hilfe von Eva und dem Theaterclub, zu dem sie beide gehören. Sie bekommt ein Feedback zu ihren Auftritten, wodurch sie sich verbessern kann, und Tipps und Beziehungen, die ihr zu neuen Rollen verhelfen könnten.

Oder nehmen wir das reale Beispiel von Solomon Dumas, 22, und Slim Mello, 25, zwei eng miteinander befreundete Männer, die beide dem Ailey II Tanzensemble in den USA angehören, einer Startrampe für die Karriere junger Performer.[32]

»Ich kann nicht genau beschreiben, wie wir eigentlich derart enge Freunde geworden sind«, sagt Solomon. »Wenn es klick macht, passt einfach alles. Freundschaft kann man nicht erzwingen. Aber wir sind beide ein bisschen älter als viele der Studenten bei Ailey. Also sind wir auch ein bisschen ernsthafter. Ich glaube, deswegen haben wir uns zueinander hingezogen gefühlt.«

Slim kam 2009 aus seiner Heimat Brasilien nach New York. Seit sein Tanzlehrer ihm im Jahr zuvor das Video einer Ailey Performance vorgeführt hatte, war es sein einziges Ziel, dieser Kompanie anzugehören. »Jeder Tag ist ein Segen für mich, weil ich nahe an meinem Traum bin«, sagt er. »Wir arbeiten hart, aber es ist gut zu arbeiten.« Solomon stammt aus Chicago und hat seine Tanzausbildung dort begonnen. Er erinnert sich, wie seine Mutter seine Ambitionen immer unterstützte und das wenige übrige Geld für Tanzcamps oder -kurse zurückgelegt hatte.

Die Studenten von Ailey II besuchen morgens Kurse und proben bis sechs Uhr. Bevor sie auf Tournee gehen, lernen sie manchmal zehn Ballettstücke in einem Monat, wobei es sein kann, dass sie für jedes Stück zwei Rollen beherrschen müssen. »Es ist eine Menge harte Arbeit!«, sagt Slim.

Aber in einem Bereich, der derart stark von Konkurrenz geprägt ist, garantiert das Einhalten des anstrengenden Trainingsplans allein noch lange keinen bleibenden Erfolg. Deshalb helfen sich Slim und Solomon gegenseitig dabei, die physischen und psychischen Härten ihres Traumberufs durchzustehen. »Keiner kann besser verstehen als Slim, was ich durchmache«, sagt Solomon. »Er ist immer für mich da. Wir wissen beide genau, wie der andere sich fühlt.«

»Solomon ist so konzentriert«, erzählt Slim. »Die viele Zeit, die wir zusammen auf der Bühne verbracht und uns auf den Straßen unterhalten haben, haben mich erwachsener werden lassen, persönlich und in Bezug auf unsere Arbeit. Und wenn er über Tanz spricht ... das berührt einen wirklich. Er ist so reif. Ich wünschte, ich könnte reden wie er.« Im Jahr zuvor hatte sich Slim in der Zeit um seinen Geburtstag herum sehr niedergeschlagen gefühlt, weil er an diesem Tag normalerweise in Brasilien mit Familie und Freunden feierte, die er nun schon seit zwei Jahren nicht mehr gesehen hatte. Solomon hatte aber an Slims Geburtstag gedacht und darauf bestanden, mit ihm auszugehen. »Ich fühlte mich richtig gut«, erzählt Slim. »Meine Familie war nicht da, aber ich hatte jemand, der sich wirklich um mich kümmerte. Er ist mein Bruder. Hier in den USA habe ich meine Arbeit bei der Kompanie, ich habe meine Freundin, und ich habe Solomon.«

Auch wenn Slim in Solomon ein Vorbild sieht, beruht das freundschaftliche Gefühl der beiden auf Gegenseitigkeit. »Slim kam aus einem einzigen Grund in dieses Land«, sagt Solomon. »Ich habe es manchmal als ganz selbstverständlich hingenommen, dass ich das hier mache. Aber zu sehen, wie jemand ganz allein hierherkommt, ohne die Sprache zu kennen, das inspiriert mich. Es hilft mir dabei, hartnäckig mein Ziel zu verfolgen.« Slim beeindruckt die anderen auch durch seine gleichbleibend großzügige Haltung gegenüber seinen Tanzkollegen. »Wenn man mit denselben Leuten sechs Monate im Jahr auf Tournee ist, kann man schon mal ziemlich frustriert sein. Wir stehen unter enormem Druck, die Konkurrenz ist hart, und wir wollen alle das Gleiche. Aber auch wenn es nicht immer fair zuging, habe ich nie gehört, dass Slim sich bei irgendjemandem beschwert oder respektlos über jemanden geredet hätte. Das veranlasst mich, großzügiger zu sein und mehr auf mein Verhalten gegenüber anderen zu achten«, sagt Solomon. »Slim hat die klassische Figur eines Tänzers, und er hat wundervolle Füße, aber was ihm auf der Bühne eine so starke Ausstrahlung verleiht, sind seine inneren Werte.«

Beste Freunde müssen nicht unbedingt ähnliche Identitäten und das gleiche Ziel haben, aber sie müssen die Sicht des anderen von sich selbst unterstützen und sich gegenseitig ein gutes Gefühl in Bezug auf ihre Ziele geben. Weisz befragte eine Gruppe College-Studenten im ersten Semester zu ihren besten Freunden und wollte von ihnen wissen, ob sie von ihren Freunden in ihrer sozialen Identität unterstützt würden.[33] Fünf Jahre später befragte sie dieselben Personen, die inzwischen ihren Abschluss gemacht und die Universität verlassen hatten. Das Unterstützen der sozialen Identität war kein Vorhersagefaktor dafür, ob die Freundschaft bestehen geblieben war, hingegen dafür, ob einer der Freunde aus dem College zum besten Freund geworden war. Es gehört also zum Aufrechterhalten einer engen Freundschaft, dass die soziale Identität des anderen unterstützt wird, schlussfolgert Weisz. Allerdings wird sich diese im Laufe der Zeit zwangsläufig verändern: »Wenn eine Freundin anfängt, Sport zu machen und sich gesund zu ernähren, kann es schwierig für sie werden, weiterhin einer Freundin Bestätigung zu geben, die kein großes Interesse daran hat, sich in Form zu halten. Oder wenn eine Freundin zu Geld kommt und nette Reisen machen möchte, während die andere sich so etwas nicht leisten kann – das sind Veränderungen, die es schwer machen, eine enge Freundschaft aufrechtzuerhalten.«[34]

Beschaffenheit und Größe von Freundschaftsnetzwerken

Wenn wir unsere Kamera noch weiter hochfahren und eine Luftaufnahme der Freundschaftsbildungen machen, können wir einige interessante Muster entdecken. Der britische Anthropologe Robin Dunbar fand heraus, dass die Größe eines Primatengehirns mit der Größe der sozialen Gruppe, in der seine Art normalerweise lebt, korreliert. Die magische Zahl für den Menschen – von unserer durchschnittlichen Hirngröße abgeleitet – ist 150.

Konkret betrachtet, sieht Dunbar die Zahl 150 im Zusammenhang mit einer Anzahl Schichten, die in einem Verhältnis von drei zueinander stehen. »Faktisch haben wir fünf intime Freunde, 15 enge Freunde, 50 gute Freunde, 150 Freunde«, stellt Dunbar fest.[35] »Die 15er-Schicht ist in der Psychologie seit Langem als die »Sympathiegruppe« bekannt (zu ihr gehören diejenigen, deren morgiger Tod uns ernsthaft erschüttern würde). Jenseits der 150 haben wir Bekanntschaften, und diese sind öfter asymmetrisch (Ich weiß, wer du bist, aber du weißt nicht unbedingt, wer ich bin.) Die 1500er-Schicht scheint der Anzahl der Gesichter zu entsprechen, zu denen wir die Namen wissen.«

Einige Menschen scheinen dafür besonders ausgestattet zu sein, einen sehr großen Freundeskreis zu haben, und zwar durch die Größe eines bestimmten Bereichs in ihrem Gehirn. Dunbar führte eine Untersuchung durch, in der die Versuchspersonen die Namen von allen, mit denen sie in der vorangegangenen Woche in Kontakt waren, aufschreiben sollten, und maß dann mittels Magnetresonanztomografie das Volumen des orbitofrontalen Cortex.[36] Es stellte sich heraus, dass die Größe dieser Gehirnregion mit der Größe des sozialen Kreises der Testperson korrelierte. Diese Hirnregion verarbeitet soziale Informationen und befähigt uns, die Perspektive einer anderen Person einzunehmen und uns vorzustellen, was diese erlebt.

Wenn größer also auch besser ist, erscheint es nur folgerichtig, dass einfühlsamere Menschen mehr enge Freunde haben.

Eine andere Untersuchung Dunbars wiederum ergab, dass das Durchschnittsmaß dafür, wie eng die Freundschaften einer Person waren, mit der Größe ihres sozialen Netzwerks abnahm.[37] Offenbar gibt es eine Grenze für die Intensität der Emotion, die man mit einer großen Gruppe aufrechterhalten kann. Ebenso wie beim Modell der begrenzten Freundesnische, stellt ein Gleichgewicht zwischen Qualität und Quantität den befriedigendsten Zustand dar.

Die Studie eines anderen Forschungsteams ergab eine Korrelation zwischen der Größe der Amygdala, einer im Zusammenhang mit Emotionen stehenden Gehirnregion, und sowohl der Größe als auch der Komplexität des sozialen Netzwerks einer Person.[38] Wie Dunbar auch, fragte das Team danach, mit wie vielen Personen jede Versuchsperson regelmäßig in Kontakt stand. Außerdem wurde jede Kontaktperson einer bestimmten Gruppe zugeordnet, zum Beispiel Basketballteamkamerad oder Freund aus der Kindheit. Hatte eine Versuchsperson Kontakt mit Personen aus verschiedenen Gruppen, wurden ihre Netzwerke als komplexer eingestuft als die einer Person, deren Freunde alle aus derselben Gruppe stammten, die also ein einfacheres soziales Leben führten. Aber während mit der Größe der Amygdala die Größe und Komplexität des sozialen Netzwerks stieg, war auch hier kein Bezug zu den Faktoren herzustellen, wie glücklich die Versuchspersonen waren oder wie viel Unterstützung sie in ihrem Leben zu bekommen glaubten. Die Größe der Amygdala scheint also nur die Möglichkeit einer großen und vielfältigen Freundesgruppe zu eröffnen – oder vielleicht auch darauf mit Wachstum zu reagieren?

Da unsere Netzwerke immer komplexer werden, lohnt sich eine nähere Betrachtung des Untersuchungsergebnisses, dass die Komplexität der Netzwerke uns nicht automatisch glücklicher macht. Als sich vor langer Zeit unsere Fähigkeit entwickelte, zu 150 Personen Kontakt zu halten, hatten wir keine große Auswahl an Personengruppen. Die Möglichkeit, sich seine Freunde aus den unterschiedlichen Bereichen des aktiven Lebens auszuwählen, scheint ein Vorteil zu sein, doch eben diesen zieht Dunbar in Zweifel: »Wenn überhaupt, scheint dies eher ein Nachteil zu sein«, schreibt er.[39] »In traditionellen Gesellschaften überschnitten sich die 150 Kontakte einer Person mit den 150 aller anderen, also kannte sozusagen jeder jeden. Das gibt der Gemeinschaft einen hohen Grad an struktureller Stärke, vor allem durch einen internen Gruppendruck der Selbstregulierung. In der modernen, nach dem Zweiten Weltkrieg aufgetretenen ökonomischen Mobilität wurden unsere sozialen Netzwerke fragmentiert und geografisch verstreut, und sie bestehen nun aus einer Reihe kleinerer Unter-Netzwerke, die sich kaum überschneiden (Familie, Freunde aus dem Studium, Freunde von der ersten Arbeitsstelle im Fernen Osten, Freunde von der derzeitigen Arbeitsstelle in London usw.). Das führt dazu, dass diese Netzwerke weniger dicht und weniger miteinander verbunden sind, und so können wir für die verschiedenen Gruppen eine verschiedene Individualität beibehalten. Das gibt uns sicherlich mehr Freiheit, doch dafür zahlen wir den Preis, dass Netzwerke weniger gegenseitige Unterstützung bieten.«

Diese Freiheit kann außerdem einen weiteren Preis haben: ein weniger einheitliches Identitätsgefühl. Wenn sich all Ihre Freunde untereinander kennen, müssen Sie ihnen ein stimmiges Bild von sich selbst präsentieren, zumindest aber werden diese Ihnen ein solches zuschreiben. Die Angehörigen einer Gruppe wissen, was mit jedem Gruppenmitglied passiert, und tauschen Informationen untereinander aus, legt Dunbar dar. Wenn Sie aber Freunde in mehreren verschiedenen Gruppen haben, müssen Sie sich selbst und alles, was Ihnen widerfährt, viele Male darstellen. Das kann dazu führen, dass Sie Ihre Schilderungen von sich selbst und Ihren Erlebnissen jedes Mal ein wenig abwandeln und sich dadurch selbst etwas fragmentiert fühlen.

Eine Freundin sagte mir einmal, sie bewundere es, dass ich Freunde habe, die ganz anders sind als ich. Einerseits freute ich mich über das Kompliment – ich war immer stolz darauf gewesen, zum Beispiel Kontakte mit Ausländern aufnehmen zu können, weil ich immer gern etwas über andere Kulturen lernen möchte. Aber ich wies meine Freundin darauf hin, dass ihre stärker zusammenhängende und homogenere Freundesgruppe meiner Ansicht nach ihr starkes Selbstgefühl widerspiegelte. Sie weiß genau, wofür sie sich interessiert und welches ihre Einstellungen im Leben sind, und sie hat Freunde, die genau das reflektieren. Ich dagegen merke manchmal, wie ich chamäleonartig in die verschiedenen Welten meiner Freunde schlüpfe, was bedeutet, dass selten alle meine Seiten gleichzeitig ausgedrückt werden können.

Hinzu kommt noch, dass unsere Freundschaftsnetzwerke an sich heutzutage äußerst unstabil sind. Ein holländischer Soziologe untersuchte etwa 1000 Menschen aller Altersgruppen und fand dabei heraus, dass wir im Durchschnitt die Hälfte unserer engen Netzwerkmitglieder alle sieben Jahre verlieren.[40] Dass die Hälfte der Personen, welche im Moment in unserem Telefonverzeichnis unter »häufigste Kontakte« stehen, in weniger als zehn Jahren wieder aus unserem Leben verschwunden sein werden, ist in der Tat eine beängstigende Vorstellung. Wenn es so schwer ist, wahre Freunde zu finden, diese aber wiederum so lohnend und bedeutsam für unsere emotionale und kognitive Entwicklung sind, warum lassen wir es dann zu, dass uns so viele wieder verloren gehen?

Freunde verändern die (Ihre) Welt

Sofia und ich haben uns im Studentenwohnheim kennengelernt – dem perfekten Labor für sozialpsychologische Studien,
wo die geografische Nähe es schwer macht, *keine* anderen Studenten kennenzulernen, und wo die automatisch vorhandene
demografische Ähnlichkeit und die sich entwickelnde Identität
aus ein paar lockeren Plaudereien auf dem Flur leicht lebenslan-
ge Beziehungen machen können. Das Treffen von Sofia und mir
war für uns beide wichtig, aber manchmal können solche Begeg-
nungen sogar etwas auslösen, das einen Einfluss auf eine große
Menge Menschen hat. Auch Sergey Brian und Larry Page trafen sich zum Beispiel auf einem Universitätsgelände. Es war im
Jahr 1995, und Brian, Computerwissenschaftler in Stanford, hatte
die Aufgabe, den angehenden Studenten Page herumzuführen.[41]
Wenn sich daraus keine Freundschaft entwickelt hätte, gäbe es
vielleicht heute Google nicht, und dann – und das wäre verheerend – hätten Sie niemals Ihre alten Freunde googeln können!

Einige Historiker sind der Ansicht, dass die Freundschaft zwischen dem amerikanischen Präsidenten Franklin D. Roosevelt
und dem britischen Premierminister Winston Churchill, auch
wenn sie sicher nicht allein der Grund für den Sieg der Alliierten
im Zweiten Weltkrieg war, doch wesentlich dazu beigetragen hat,
diplomatische Schwierigkeiten zu glätten, die ansonsten die Zusammenarbeit sehr erschwert hätten. Das Franklin D. Roosevelt
Library and Museum bezeichnet die Freundschaft der beiden als
»eine der außergewöhnlichsten Beziehungen in der politischen

Geschichte, eine Beziehung, die durch eine intime, zwischen nationalen Führern einzigartige Korrespondenz gekennzeichnet war und die zur rechten Zeit zur Errichtung einer unter souveränen Staaten einmaligen militärischen Allianz führen sollte.«[42)] Die Bücherei benennt die Unterzeichnung der angloamerikanischen Allianz 1941 und die Gründung der Vereinten Nationen als konkrete Ergebnisse des hohen Niveaus der Zusammenarbeit und des Respekts zwischen den beiden Freunden.

Und ebenso wie Freundschaften in unserem individuellen Leben einen guten oder schlechten Einfluss ausüben können, kann das Gleiche auch auf globaler Bühne geschehen. Albert Speer, ein Architekt, der mit grandiosen Plänen für die deutsche Gebäudelandschaft Hitlers Gunst gewonnen hatte, wird oft als dessen bester Freund bezeichnet.[43)] Speer hat den Naziführer nicht zu dem gemacht, was er war, aber er war ihm leidenschaftlich ergeben, was Hitlers Sache wesentlich vorangebracht hat. Hitler hat Speer die deutsche Kriegsmaschinerie anvertraut, und obwohl Speer kein Experte war, erreichte er noch kurz vor Ende des Krieges, dass die Panzerproduktion um das Fünffache und die Flugzeugproduktion um das Vierfache gesteigert wurden.

Auch mit all den Erkenntnissen, die wir jetzt darüber besitzen, warum wir Freundschaften schließen und warum wir uns bestimmten Personen näher fühlen als anderen, können die Chancen für das Entstehen und das Fortbestehen einer Freundschaft nicht mit Sicherheit vorausgesagt werden. Ob Sie die Entwicklung einer solchen Verbindung nun als vorherbestimmt oder zufällig ansehen, müssen Sie entsprechend Ihrer eigenen Lebensphilosophie selbst entscheiden. Sie werden es wohl niemals schaffen, sich um alle 150 Ihrer modernen Stammesverbindungen zu kümmern. Aber Sie haben jetzt das Rüstzeug, diejenigen Momente im Alltag wahrzunehmen, die ein namenloses Gesicht für Sie verwandeln könnten: in eines, das Ihnen lieb ist und einen Namen hat, der in Ihr Herz oder zumindest in Ihr Telefonbuch eingetragen ist.

Der prägende Einfluss von Kindheitsfreunden und -feinden

»Sie war immer so fröhlich«, erinnert sich Suzanne Ludlum an ihre beste Freundin Denise, die sie im Kindergarten kennenlernte. »Ich weiß noch, wie ich sie auf dem Spielplatz sah, mit ihrem weißblonden Haar. Sie lächelte mich an, und dabei strahlte sie übers ganze Gesicht.«[1)] Suzanne und Denise wohnten im selben Ort, in Enville, New Jersey, aber sie mussten ein Feld und einen Fluss überqueren, um sich gegenseitig zu besuchen. »Trotzdem«, sagt Suzanne, heute 52 Jahre alt, »waren wir unzertrennlich.«

Als Suzanne um die 20 war, brachen Tragödien über sie herein. In jener Zeit starben ihre Eltern und der Bruder. »Denise ist immer da, wenn ich ein ›Familienmitglied‹ brauche, mit dem ich reden kann«, sagt Suzanne. »Ich habe mich oft wie eine Waise gefühlt. Heute ist sie die einzige Person in meinem Leben, die meine Familie gekannt hat, und es hilft so sehr zu wissen, dass sie sich auch noch an sie erinnert.«

Suzanne und Denise heirateten beide, und Suzanne bekam eine Tochter, die heute 27 ist. »Denises Mann arbeitet für die Regierung, deswegen sind sie viel umgezogen«, erzählt Suzanne. »Fast überall, wo sie gewohnt hat, habe ich sie besucht.« Eine Zeit lang hatten die beiden kaum Kontakt zueinander, aber nachdem Denise zwei Söhne bekommen hatte, kamen sie sich über ihre Mutterschaft wieder näher. Suzanne arbeitet heute als Yogalehrerin. Sie ist geschieden, hat noch einmal geheiratet und eine zweite Tochter bekommen, die noch keine zehn Jahre alt ist.

Vor vier Jahren musste sich Suzanne, die in Virginia wohnt, einer Wirbelsäulenoperation unterziehen. Denise flog von ihrem Wohnort in Florida zu ihr, um nach der Operation für ihre Freundin zu sorgen. Ein paar Wochen bevor ich mit Suzanne sprach, war diese wiederum nach Florida zu Denise geflogen, um auf deren Kinder aufzupassen, während Denise in Cleveland ihren Mann betreute, der am Herzen operiert worden war. »Wir rufen uns mitten in der Nacht an«, sagt Suzanne. »Wir sind immer füreinander da, wenn wir jemanden zum Reden brauchen.« Das gegenseitige Mitgefühl wurde anrührend deutlich, als Suzanne mir erzählte, wie sehr sie sich um Denise sorgte, weil deren Mann so schwer krank war. »Es muss so schrecklich für sie sein, weil sie noch nie mit etwas Derartigem fertigwerden musste«, sagte sie, und ihre Worte wurden von Schluchzen unterbrochen. »Ich habe im Leben viele Verluste verkraften müssen, aber sie hat so etwas noch nie erlebt, deswegen glaube ich, dass sie im Moment sehr leidet.«

Häufig verlieren wir Freunde aus der Kindheit ganz aus den Augen, und es bleiben uns nur vage Erinnerungen an sie. Andere Freundschaften, die ihren Ursprung in der Kindheit haben, wie die von Suzanne und Denise, bleiben bestehen und helfen uns in schweren Zeiten durch ihre harmonische, kontinuierliche Stabilität. Ob Sie noch immer mit Ihren Freunden von früher in Kontakt stehen oder nicht, oder ob Sie diese überhaupt noch deutlich in Erinnerung haben – auf jeden Fall wurden Sie von diesen Freunden mitgeprägt, ob zum Besseren oder zum

Schlechteren. Die Fähigkeiten, die man braucht, um als Kind Freundschaften zu schließen, sind sogar ein und dieselben, die erforderlich sind, um als Erwachsener allgemein erfolgreich zu sein. Kenneth Rubin, ein Psychologe der University of Maryland, der sich mit der kindlichen Entwicklung befasst, beschreibt es so: »Je besser Kinder in der Lage sind, gute, stabile Freundschaften aufzubauen und in ihren Peergruppen akzeptiert und geschätzt zu werden, desto bessere Voraussetzungen haben sie, um in der Schule erfolgreich zu sein – und langfristig gesehen im Leben überhaupt.«[2]

Den Eltern zugetan, von Freunden fasziniert

Peter Gray, Psychologieprofessor an der Boston University, fragte in einer Untersuchung, wem Kinder gefallen wollen. Die Antwort lautete: ihren Freunden. Gray schreibt: »Tragen Kinder die Art Kleidung, welche andere Kinder oder ihre Eltern tragen? Wenn die anderen Kinder auf andere Art sprechen, wessen Sprache lernen sie dann? Und wenn man es von einer Evolutionsperspektive aus betrachtet, wem sollten sie dann ihre Aufmerksamkeit zuwenden? Ihren Eltern – den Mitgliedern der vorherigen Generation – oder den Gleichaltrigen, die ihre zukünftigen Partner und ihre zukünftigen Mitarbeiter sein werden?«[3]

Gray lässt uns die Perspektive eines Kindes einnehmen, diejenige, aus der auch die komisch unsichtbaren und unverständlichen Erwachsenen der Welt Charlie Browns gesehen werden. Kinderfilme und -bücher sind meist Abbildungen der auf Freunde ausgerichteten Kinderpsyche. Bei *Harry Potter* zum Beispiel geht es vor allem um Klassenkameraden und um die Dreierfreundschaft zwischen Harry, Ron und Hermine. »In der Kinderliteratur geraten die Figuren oft ohne ihre Familie in Abenteuer und werden auf ihrem Weg von Freunden unterstützt«, sagt Philip Nel, Englischprofessor an der Kansas State University. »Es ist ein häufiges Motiv, das den Übergang der Kinder von ihren Eltern in eine Welt beschreibt, in der sie auf sich selbst gestellt sind und neue Beziehungen aufbauen.«[4]

Anatomie von Kinderfreundschaften

Freundschaften entwickeln sich schon viel früher, als man annehmen könnte.[5] Ein einjähriges Kind, das regelmäßig mit anderen Kleinkindern zusammen ist, wählt sich tatsächlich Lieblingsspielkameraden – und damit die ersten Freunde. Befreundete Kleinkinder spielen auf komplexere Weise zusammen als nicht miteinander befreundete. Sie tun in ihren Spielen so, als seien sie jemand anders, wenn sie zum Beispiel »Mutter und Kind« spielen, was höhere kognitive Fähigkeiten erfordert als Fangen oder andere Spiele mit eindeutigen Zielen. In einer Untersuchung zeigte sich, dass jedes Mal wenn ein Kind zum ersten Mal bei einem Rollenspiel beobachtet wurde, es gerade mit einem befreundeten Kind spielte und nicht mit einem ihm »nur« bekannten.[6]

Kleinkinder, die zusammen mit einem Freund in einen neuen Kindergarten kamen, gewöhnten sich besser ein als solche, die an einen Ort zogen, an dem sie keine Freunde hatten.[7] Und während die meisten Kinder im sogenannten Trotzalter, also in der Zeit von etwa zwei bis drei Jahren, nicht darauf achten, ob andere Kinder weinen – da sie meist zu sehr mit sich selbst beschäftigt sind, als dass die Nöte anderer sie berühren könnten, auch wenn sich das weinende Kind direkt vor ihnen befindet –, ist die Wahrscheinlichkeit dreimal höher, dass sie einem Erwachsenen Bescheid sagen oder selbst trösten, wenn es ein Freund ist, der in Tränen ausbricht.

Kleine Kinder suchen sich Spielkameraden, die die gleichen Spiele wie sie selbst mögen und mit denen gut auszukommen ist. Doch schon bald kommen andere Kriterien hinzu, schreibt Rubin in seinem Buch für Eltern *The Friendship Factor.*[8] Ungefähr ab dem zehnten Lebensjahr ist ein Freund nicht mehr nur ein prima Spielkamerad mit schönem Spielzeug, sondern wird auch wegen seiner inneren Werte geschätzt wie zum Beispiel der Bereitschaft, sich für den anderen einzusetzen.

Mit elf oder zwölf beginnen die Kinder dann auch voneinander zu erwarten, dass sie bis zu einem gewissen Maß aufmerksam, rücksichtsvoll und fürsorglich miteinander umgehen.[9] Die freundschaftliche Verbindung beruht nicht mehr nur auf gemeinsamen Erlebnissen; sie wird vielmehr mit emotionalen Bekundungen und gegenseitigen Verständnisbezeugungen besiegelt.

Der Psychologe John Gottman (in den USA gerade bekannt geworden für seine angebliche Fähigkeit, Scheidungen vorhersagen zu können) beschrieb die Elemente der Bildung und Aufrechterhaltung einer Freundschaft bei dieser Altersgruppe: Sie reden miteinander und scheinen sich einander emotional verbunden zu fühlen, sie können einander kleine Selbstmitteilungen machen, Gemeinsamkeiten herausfinden (welche Aktivitäten sie zum Beispiel beide gern mögen) und beginnen, sich in Bezug auf ihre Gefühle zu öffnen.[10] Sie machen mit, wenn der andere mit einem Spiel beginnt, und versuchen, Konflikte oder Unstimmigkeiten zu lösen. Zu Beginn ihrer Beziehung scheint diese ziemlich stark auf einem bloßen Austausch zu beruhen, doch schon bald geht das Verhalten in eine angenehmere »soziale Orientierung« über – man gibt dem anderen, was dieser braucht, und nicht, was man ihm schuldet.[11]

Glücklicherweise gehen die meisten Kinder zumindest eine von beiden Partnern gleich betrachtete Freundschaft in einer wechselseitigen, freiwilligen Beziehung ein. Dennoch sind Kinderfreundschaften nicht sehr stabil. Eine Untersuchung aus den 1980er-Jahren ergab, dass 31 Prozent der Schüler der vierten Klassen weniger als sechs Monate hintereinander denselben besten Freund hatten.[12] Eine andere Studie fand heraus, dass die engsten drei Freunde von 67 Prozent der Fünftklässler nach einem Jahr nicht mehr zu ihrem Freundeskreis gehörten.

Wie Erwachsene auch, befreunden sich Kinder gern mit denjenigen, die ihnen in Bezug auf Alter, Hautfarbe und Interessen ähnlich sind.[13] Außerdem ziehen Mädchen Mädchen und Jungen Jungen vor. Wenn die Kinder das Teenageralter erreicht hatten, wurde es wichtiger, den gleichen sozioökonomischen Status zu haben, und Rubin fand heraus, dass Kinder, die in einer »bunteren« Umgebung in Bezug auf die Hautfarbe aufwachsen, ihre Freunde aufgrund von Verhaltensähnlichkeiten und nicht der Hautfarbe auswählen.[14]

Doch die Theorie des »Gleich und Gleich gesellt sich gern« wird vom Einfluss der Freundschaft selbst infrage gestellt. Es könnte sich nämlich auch so verhalten, dass die Ähnlichkeiten bei Werten, Interessen und Sichtweisen – die im Verlauf einer Freundschaft größer werden – das Ergebnis dieser Freundschaft sind und nicht ihr Grund. Wie kommt es nun dazu, dass miteinander befreundete Kinder sich mit der Zeit immer ähnlicher werden?[15] Das scheint über Gespräche zu funktionieren und auch über Rollenspiele, in denen von beiden geschaffene Charaktere und Handlungen eine gleiche Weltsicht formen.

Drew, ein fröhlicher Achtjähriger aus Moorestown, New Jersey, sagt, dass Justin sein bester Freund ist, weil »es Spaß macht, mit ihm zu spielen und er nett zu mir ist«.[16] Die beiden Jungen sind besessen von Videospielen, waren jahrelang im selben Basketballteam und hatten im ersten Schuljahr dieselbe Lehrerin. »Ich habe Justin kennengelernt, als ich sechs Monate alt war«, sagt Drew, was deutlich macht, dass Freundschaften zwischen den Eltern oft auch zu frühkindlichen Beziehungen von deren Kindern führen. »Wenn man einen Freund kennenlernt, während man noch ganz klein ist«, fasst Drew zusammen, »wird man wahrscheinlich lange Zeit befreundet bleiben.« Aber natürlich muss neben den gemeinsamen Leidenschaften auch eine gegenseitige Zuneigung bestehen.[17]

Jungen und Mädchen bleiben bis auf wenige Ausnahmen in den meisten Schulen und auf den meisten Spielplätzen jeweils unter sich.[18] Als die Jungen nach wichtigen Aktivitäten gefragt wurden, stand der Sport an erster Stelle. Und obwohl die an der Studie teilnehmenden Mädchen fast genauso viel Zeit mit Sport

verbrachten wie die Jungen (allerdings weniger mit Mannschafts-
sportarten), stellte das Reden mit ihren Freundinnen für sie die
wichtigste Aktivität dar. Junge Mädchen haben auch intensivere
Zweierfreundschaften als Jungen, während sich diese häufiger in
Gruppen zusammenfinden.

Als ich Ella, ein nachdenkliches zehnjähriges Mädchen aus
Bethesda, Maryland, fragte, warum die Jungen und Mädchen an
ihrer französischsprachigen Schule meistens unter sich bleiben,
seufzte sie und antwortete: »Ich weiß auch nicht. Ich glaube, es
liegt daran, dass die Jungen sich für so cool halten.«[19] Ella ist in
einem Fußballteam, erklärte jedoch, dass sie in den Pausen – anders als die Jungen – nicht Fußball spielt, sondern die Zeit lieber mit der kleinen Gruppe ihrer engeren Freundinnen verbringt.
Entsprechend den anderen allgemeinen Grundprinzipien von
Kinderfreundschaften, scheint das Überschreiten der Grenzlinie
zwischen Jungen und Mädchen etwas zu sein, von dem die Kinder sich selbst gegenseitig abhalten. Dies könnte daran liegen,
dass das Vermischen der Rollen und Erwartungen für die noch in
der Entwicklung befindliche kindliche Identität bedrohlich wäre.

Schwer einzuschätzen ist der Einfluss eines äußerst interessanten Freundes – nämlich der Art Freund, die nur in der kindlichen Fantasie existiert. Ich hatte als kleines Mädchen zwei
erwachsene Männer als fantasierte Freunde, die zudem noch
häufig miteinander stritten. Ich glaube nicht, dass sie mich sehr
beeinflusst haben, aber sie waren der Grund, weswegen meine
Eltern glaubten, dass ihre Tochter etwas seltsam war. Und doch
ist die Tatsache, dass ich Produkte meiner Fantasie zu meinen
Freunden zählte, gar nicht so merkwürdig – in den USA und Eu-

ropa haben fast die Hälfte aller Kinder irgendwann einmal Freunde, die nur in ihrer Fantasie existieren.[20] Und erstaunlicherweise behaupten diese Kinder – obwohl sie meist wissen, dass es diese Freunde nicht wirklich gibt –, dass sie von ihnen genauso viel Hilfe und Zuneigung bekommen wie von ihren wirklichen Freunden und dass sie mit ihnen auch genauso viele Auseinandersetzungen haben.

Liebenswürdige und andere Persönlichkeiten

Doch bevor ein Kind von einem Freund beeinflusst werden kann, muss es zunächst Freundschaften schließen – andernfalls besteht das Risiko, dass eben ein *Mangel* an Freundschaften negative Auswirkungen hinterlässt. Für das Gewinnen von Freunden spielt es eine Rolle, wie das Kind von seinen Eltern behandelt wird; aber sowohl dieser Faktor als auch die Art der Interaktion außerhalb der heimischen Umgebung sind wiederum geprägt von einem Umstand, mit dem das Kind (zumindest teilweise) schon geboren wurde: von seinem Temperament.

So viel zu der schönen Vorstellung eines unbeschriebenen Blattes: Das Temperament eines Menschen wird schon sehr früh deutlich. »Noch bevor ein Kind laufen und sprechen kann, können wir zum Beispiel bereits erkennen, ob es sich in Gegenwart anderer Kinder voraussichtlich aufgeschlossen und vertrauensvoll verhalten wird oder im Gegenteil vorsichtig, ängstlich und misstrauisch«, schreibt Rubin.[21] Er umreißt drei Verhaltenstendenzen: auf andere Kinder zuzugehen, ungehemmt auf andere Kinder loszugehen und schließlich, sich von ihnen zurückzuziehen aus Angst oder wegen anderer negativer Emotionen. Synonyme für diese Verhaltensweisen sind die ihnen zugrunde liegenden Charaktereigenschaften: normal, aggressiv und zurückhaltend. Diese unterschiedlichen Temperamente bestimmen oft, wie ein Kind Freundschaften schließt.

Was macht nun ein Kind liebenswert? So unfair es auch ist, aber das Aussehen spielt tatsächlich eine Rolle – attraktive Kinder sind besonders liebenswert.[22] Auch ein Name, den die anderen Kinder mögen, hilft beim Schließen von Freundschaften. Und in Übereinstimmung mit dem kindlichen Prinzip der Geschlechtertrennung, mögen Kinder Jungen, die sich verhalten, wie man es von Jungen erwartet. Mädchen wird etwas mehr Rollenflexibilität zugestanden.

Liebenswerte Kinder können neue Situationen auf dem Spielplatz oder im Klassenzimmer einschätzen und sich der vorgefundenen Szene anpassen. Sie treten mit Bestimmtheit, jedoch nicht feindlich auf, reden nicht zu viel über sich selbst und drücken sich deutlich aus. Sie sind freundlich, hilfsbereit und großzügig und haben Sinn für Humor. Es überrascht also nicht, dass diese Kinder die Fähigkeit haben, Freundschaften zu schließen und aufrechtzuerhalten.[23]

Kinder, die natürliche soziale Stars sind, fügt Rubin hinzu, präsentieren sich selbst »erfolgreich gegenüber anderen, indem sie vor unterschiedlichem Publikum ein jeweils etwas anderes Gesicht zur Schau stellen ... Sie erkennen, wann sie am besten welches Gesicht aufsetzen, ohne dass sie deswegen auf die anderen oberflächlich oder falsch wirken oder sich selbst wie Schwindler oder Betrüger vorkommen. Kurz gesagt, es handelt sich dabei um Kinder, die sensibel sind und auf soziale Botschaften reagieren.«[24] Die Rede ist von dem Kind, das weiß, wie es auf seiner eigenen Geburtstagsparty, umgeben von seinen liebevollen Verwandten, die ganze Gesellschaft mit Scherzen oder Tanzbewegungen entzückt, das sich aber auf der Party der Freundin zurückhält, damit diese den strahlenden Mittelpunkt bildet. (Die Fähigkeit, andere Menschen zu verstehen und sich ihnen anzupassen, ist bei Kindern mit einer bestimmten Form von Autismus wenig bis gar nicht ausgeprägt, und daher fällt es diesen häufig besonders schwer, mit anderen Kindern in Kontakt zu treten und Freundschaften zu schließen.)

Aggressive Kinder, die ungehemmt auf Gleichaltrige losgehen, haben es auf dem Freundschaftsmarkt schwerer. Sie können die Gedanken und Gefühle der anderen Kinder nicht so gut einschätzen, reagieren, ohne vorher nachzudenken (vor allem wenn sie von einem potenziellen Spielgefährten zurückgewiesen wurden), und sie missverstehen die Absichten anderer und vermuten hinter einer harmlosen Interaktion oft die schlimmsten Motive.[25]

Ein ängstliches oder verschlossenes Kind, das sich vor Gleichaltrigen zurückzieht, fühlt sich im sozialen Universum leicht überfordert, erklärt Rubin. »Es wird sich immer mehr zurückziehen, bis es auf ein anderes, ebenfalls sozial ängstliches Kind trifft. Diese beiden können sich einigermaßen unterstützen, aber nicht viel Spaß zusammen haben. Es ist nicht die gleiche lebendige Interaktion wie bei anderen Kindern, die diese zwei Außenseiter verbindet.«[26]

Schüchterne Kinder neigen dazu, ebenfalls scheue Freunde zu wählen (was aber noch nicht heißt, dass sie generell zusammenpassen), und aggressive Kinder – sofern sie überhaupt Freundschaften schließen können – freunden sich eher mit anderen aggressiven Kindern an. Diese Verknüpfung von Persönlichkeits- und Freundestypen ist die Ursache einer traurigen Dynamik, die auch als »Matthäuseffekt« bezeichnet wird; in einem Satz aus dem Matthäusevangelium heißt es sinngemäß, dass die Reichen immer reicher und die Armen immer ärmer werden. Scheue Kinder, die von scheuen Freunden beeinflusst werden, bewegen sich dadurch immer tiefer in die Abgeschiedenheit von anderen hinein, und eher aggressive Kinder mit ebensolchen Freunden werden in ihrem impulsiven Verhalten bestärkt.

Eine andere Metapher, die den Zusammenhang zwischen Temperament und Freundschaft illustriert, ist das klassische Huhn-Ei-Dilemma. Zieht sich das einsame Kind zurück, weil es sich selbst für sein Alleinsein auf dem Spielplatz verantwortlich macht, oder hat es keine Freunde, eben weil seine Schüchternheit es daran hindert, auf die anderen Kinder zuzugehen oder auf Annäherungsversuche von ihnen einzugehen? Ein derartiger Kreislauf kann langfristige Auswirkungen haben: Es hat sich gezeigt, dass manche Kinder, die sozial isoliert waren, Depressionen bekamen, die sich in späteren Jahren zu einem ernsthaften Leiden steigern konnten.[27)] Gelang es den isolierten Kindern dennoch, Freundschaften aufzubauen, wurde dieser negative Prozess unterbrochen.

Wenn die Kinder selbst es vermögen, sich an andere Persönlichkeiten heranzuwagen, könnte mit etwas Ermutigung vonseiten der Eltern und Lehrer das schüchterne Kind vielleicht eine Freundschaft mit einem sensiblen, aber extrovertierten Kind aufbauen, das es überredet, sich mit ihm in neue Situationen zu trauen. Und das aggressive Kind könnte sich mit einer geduldigen Seele zusammentun, die es durch ihr Beispiel lehrt, seine Impulse besser zu kontrollieren. Einen besten Freund mit Sozialkompetenz zu finden, schreibt Rubin, ist eine effektive Methode für ein ehemals »unbeliebtes« Kind, aus der Abwärtsspirale auszusteigen und sich auf den Weg nach oben zu begeben.[28]

Es ist schwer, ein Kind davon zu überzeugen, einem anderen, das keine Freunde hat, eine helfende Hand entgegenzustrecken. Denn es wird spüren, dass es von dieser Freundschaft kaum profitieren wird und sogar sein sozialer Rang beschädigt werden könnte. Wenn ihm also kein besonders starkes Mitgefühl zu eigen ist, wird es in der Realität kaum zu einer solchen Freundschaft kommen. Und dennoch sollten Eltern, die Kinder haben, welche über hohe soziale Fähigkeiten verfügen, ihr Kind dazu ermuntern, eine Beziehung zu Außenseitern aufzubauen. Nicht nur deshalb, um solch extreme Fälle zu verhindern, in denen ein derartiges Außenseiter-Kind von den anderen schikaniert wird, sondern um etwas gegen die herzzerreißende Einsamkeit eines Kindes ohne Freunde zu unternehmen – auch wenn dieses nicht von den anderen drangsaliert wird. Eine von Anne Snowden, University of Windsor in Ontario, Kanada, durchgeführte Untersuchung von physisch und in ihrer mentalen Entwicklung behinderten Kindern stellte heraus, dass 53 Prozent von ihnen überhaupt keine Freunde hatten, und nur ein Prozent verbrachte eine Stunde am Tag mit Freunden.[29)] Alle Kinder, auch diejenigen, die ausreichend Freunde haben, können davon profitieren, Außenseiter in ihren Kreis aufzunehmen.

Kinder mit Freunden, Kinder ohne Freunde

Als Drew vier Jahre alt war, konnte er bereits alle Wörter richtig aussprechen. Als ihn aber seine Freunde aus der Vorschule besuchten, fiel seiner Mutter auf, dass er nicht mehr deutlich artikulierte und Buchstaben verschliff. Wie kann nun dieser plötzliche sprachliche Rückfall erklärt werden? Ganz einfach: Seine kleinen Freunde konnten noch nicht perfekt artikulieren, und so passte er sich ganz automatisch ihrer Art zu sprechen an. (Der vorrangige Einfluss der Peergroup auf die Sprachentwicklung wird auch daran erkennbar, dass ein in einem Migrantenhaushalt aufwachsendes Kind den Landesakzent der gleichaltrigen Kinder annimmt, und nicht denjenigen seiner Eltern.)

Allerdings wissen wir über die langfristigen Folgen von Freundschaften, die in der frühen Kindheit begonnen haben, noch nicht allzu viel.[30)] Die meisten Untersuchungen wurden in Schulen durchgeführt und enthalten keine Informationen über Freundschaften mit Kindern außerhalb des Schulbetriebs. Außerdem beruhen viele Forschungsergebnisse auf von den Kindern selbst gemachten Angaben zu Rangordnungen und Anzahl von Freunden oder auf Beobachtungen von Eltern und Lehrern. Kinder bei ihrer natürlichen Interaktion über einen längeren Zeitraum zu beobachten ist schwierig.

Wie sehr sich Entwicklungspsychologen auch darum bemühen mögen, gesicherte zusätzliche Erkenntnisse zu gewinnen, so müssen die Ergebnisse dennoch ziemlich begrenzt und allgemein bleiben. Denn: Haben die Freunde aus Ihren Kindheitstagen die großen Lebensentscheidungen oder den Grad Ihres beruflichen Erfolgs auch nicht beeinflusst – zumindest nicht auf Anhieb erkennbar –, so trugen diese Wegbegleiter doch jene Farbe und Substanz zu Ihrer Persönlichkeit bei, die in keinem Versuchslabor herauszufiltern sind. Für Ihre Lebensgeschichte sind sie dennoch bedeutsam, sie sind Teil der gesamten, komplexen Substanz, die Sie ausmacht und den Hintergrund dessen bildet, auf dem Sie den Sinn Ihres Daseins reflektieren. Deswegen sind persönliche Geschichten vom Einfluss eines Freundes oder einer Freundin (ein Einfluss, der immer verflochten ist mit den Einflüssen der Familie, der Liebesbeziehungen und der jeweiligen Umstände) genauso überzeugend wie das wiederholte Betonen der erwiesenen Vorteile von Freundschaften.

Laut Studien hat die Mehrheit der Kinder wenigstens einen Freund oder eine Freundin.[31] Das ist erfreulich, stellt die entwicklungspsychologische Forschung insgesamt doch dar, dass Freundschaften für die soziale und emotionale Entwicklung des Menschen eine wesentliche Rolle spielen. Freundschaften stärken die Fähigkeit von Kindern, einen Standpunkt einzunehmen und moralische Entscheidungen zu treffen. Mitfühlende und fürsorgliche Freunde haben einen positiven Einfluss auf das psychische Wohlbefinden.

Vielleicht erinnern Sie sich, wie Sie und Ihre Freundinnen in der späten Kindheit (so etwa vom neunten bis zum elften Lebensjahr) sich gegenseitig auch praktisch halfen, einander Ratschläge gaben, fröhlich Gesellschaft leisteten, über Hoffnungen und Ängste sprachen und sich manchmal auch Geheimnisse und Empfindungen mitteilten.

In dieser Phase des Lebens stellen Freundschaften einen sicheren Hafen außerhalb der Familie dar und können später als Vorlage für Liebesbeziehungen und die Beziehungen zu den eigenen Kindern dienen.[32]

Zu diesem Thema unterhielt ich mich mit fünf Mädchen aus einem Vorort von Columbia, South Carolina, welche allesamt miteinander befreundet sind und in derselben Gegend wohnen.[33] Sie sind zwischen acht und zehn Jahre alt und spielen regelmäßig zusammen. Zwischen Lachanfällen und privaten Scherzen äußerten sie sich locker darüber, was sie über ihre Freundschaft und Freundschaften im Allgemeinen dachten. »Wir teilen unsere Geheimnisse«, sagte Ashley, acht, und bewies damit, dass der gleiche Verbindungsprozess, der auch bei Erwachsenen stattfindet – nämlich, sich Gefühle mitzuteilen und über die Privatangelegenheiten anderer zu tratschen –, schon in der Kindheit beginnt. Grace, zehn, fügte hinzu: »Aber manchen Freundinnen kann man nicht trauen. Die erzählen es vielleicht anderen weiter.« Ich fragte Grace, woher sie weiß, wem sie trauen kann. »Das bekommt man mit der Zeit heraus«, antwortete sie. »Manchmal merkt man es eben erst, wenn es passiert ist. Und außerdem will man auch keine Freundin, die einen wegen der Geheimnisse verurteilt, die man ihr erzählt. Wenn man zum Beispiel eine schlechte Zensur geschrieben hat, möchte man nicht, dass sie deswegen schlecht von einem denkt. Aber wenn man eine Freundin findet, bei der man weiß, dass man ihr vertrauen kann, dann macht es Spaß, und es ist auch cool, Geheimnisse miteinander zu haben, von denen sonst niemand etwas weiß.«

Wenn ein Kind anderer Meinung als ein anderes ist, wertet dieses das Urteil einer Freundin positiver und ist eher bereit, die eigene Position aufzugeben, als wenn die Differenz zwischen lediglich miteinander bekannten Kindern besteht.[34] Da Freundschaft einem Kind die Sicherheit verleiht, seinen Standpunkt verändern zu können, schärft es auch dessen Fähigkeit, kritisch zu denken.

Ist eine Freundschaft in eine größere Gruppe eingebettet, die ihre eigenen Gesetze hat (zum Beispiel werden Jeans mit einem grünen Dreieck auf der Gesäßtasche abgelehnt, ebensolche mit einem roten Dreieck jedoch für gut befunden), können die Kinder ihrerseits andere Freunde, die diese Gruppeninterna verstehen, einfühlsam in die komplizierten Regeln einführen und ihnen diese freundlich erklären.[35]

Die Anpassung an einen Klassenverband ist für Kinder mit abweichendem sozialem, kulturellem oder ethnischem Hintergrund besonders schwierig. Das ist einer der Gründe, weshalb Astrid, heute 35, ihrer Kinderfreundschaft mit Sara eine besonders wichtige Rolle zuweist. Beide Mädchen waren armenischstämmige Immigrantinnen aus dem Iran. »Sara zog in unsere Stadt in New Jersey, als wir in der vierten Klasse waren. Da war ich schon seit sieben Jahren in den USA; deswegen fühlte ich mich verantwortlich für sie«, erinnert sich Astrid.[36] »Sara wurde für mich zu einer Art Rettungsring gegen die Scham und das Unbehagen, aus einer fremden Kultur zu stammen, anders zu sein als die anderen. Ich hatte nette Mitschülerinnen und war nicht auf Anhieb als Außenseiterin erkennbar. Aber der Akzent meiner Eltern und ihre Andersartigkeit waren mir wahnsinnig peinlich, sie waren ziemlich konservativ und altmodisch, was einige Sachen anging.«

»Sara hatte schon früh ein Damenbärtchen, zusammengewachsene Augenbrauen und eine viel dunklere Hautfarbe als ich«, sagt Astrid mit einem Lächeln. »Mir war natürlich klar, dass sie mein Ansehen nicht gerade steigern würde, aber das war sowieso nicht besonders hoch.« Astrid kümmerte sich schon bald um Saras Kontakte, indem sie sie drängte, ebenfalls für die Cheerleader-Prüfung zu üben. »In den Pausen versammelten sich alle Mädchen, um die Bewegungen und Texte zu üben, und ich nahm Sara später zur Seite, um diese viele Male mit ihr zu wiederholen. Ihr Akzent hörte sich total lächerlich an, und sie bekam die Cheerleader-Sprüche nicht richtig hin, weil sie für sie keinen Sinn ergaben. Sowohl meine als auch ihre Eltern hätten uns nie erlaubt, wirklich an den Auswahlprüfungen für die Cheerleader teilzunehmen – die Röcke waren zu kurz –, aber ich versuchte mit aller Macht, Sara so weit zu bekommen, dass sie besser zu den anderen passte, und wahrscheinlich habe ich gerade dadurch mehr Vertrauen zu mir selbst bekommen.«

Da Astrids Eltern Saras Eltern uneingeschränkt vertrauten, durften die Mädchen viel Zeit miteinander verbringen, wodurch sich ihre Freundschaft vertiefte. »Seit Sara in mein Leben trat, gab es ein paar Stunden am Tag, in denen ich mich nicht anders fühlte als die Mädchen um mich herum. Ich konnte über meine Familie sprechen, ohne so tun zu müssen, als sähe mein Leben anders aus als es in Wirklichkeit der Fall war.«

Astrids ethnische Zugehörigkeit trat, wenn sie sich in Gesellschaft ihrer Klassenkameraden befand, deutlich hervor, da diese alle aus den USA stammten. Doch wenn Astrid mit Sara zusammen war, konnte sie ihre Andersartigkeit vergessen und ganz selbstverständlich ihre ursprüngliche Identität leben, was langfristige Wirkung zeigte. »Weder meine Geschwister noch Saras Bruder hatten an der Schule einen engen iranischen (oder armenischen) Freund, und heute haben sie alle mit ihrer ethnischen Identität kaum noch etwas zu tun. Sara und ich dagegen sind ziemlich gut in unserer jeweiligen Community verankert«, stellt Astrid fest. »Ich denke, es ist wichtig, einen Weg zu finden, um eine Brücke zwischen diesen bikulturellen Erfahrungen zu errichten; dann kann man selbst ein Ganzes aus diesen beiden Teilen bleiben. Deswegen bin ich dankbar, dass ich eine Freundin gehabt habe, die mir bei diesem Überbrücken half.«

Beste Freundinnen oder beste Freunde scheinen eine besondere Macht zu haben. Manche Forscher halten enge Freundschaften für das Übungsfeld, auf dem Kinder Konfliktlösung und Empathie einüben.[37)] Deswegen halten viele Psychologen es für besorgniserregend, dass es bei einigen Eltern und Erziehern einen Trend gibt, besonders enge Freundschaften ihrer Kinder zu verhindern. Dahinter verbirgt sich meist die verständliche Sorge, dass beste Freunde eher für sich bleiben, anstatt andere mögliche Spielkameraden einzubeziehen. Aber wahrscheinlich werden Anstrengungen, enge Freundschaften auseinanderzudividieren, ohnehin fruchtlos bleiben, da solche Beziehungen bei Kindern, Jugendlichen und jungen Erwachsenen die Regel sind. Eine Internetstudie von Harris Interactive in den USA, in der Acht- bis 24-Jährige befragt wurden, ergab, dass 94 Prozent dieser Personen eine enge Freundin oder einen engen Freund hatten.

Ella aus Maryland, zehn Jahre alt, hat zwei beste Freundinnen, Maya und Sophia. Etwas verlegen, aber auch stolz erzählte sie mir, dass sie zusammen eine Bekleidungsfirma gegründet hätten.[38] »Maya war gestern bei mir, und wir haben ein Kleid entworfen. Na ja, wir sind in einen Secondhandladen gegangen und haben ein Kleid gekauft. Das haben wir dann verändert.« (Sie strahlte, als ich ihr sagte, dass viele Hollywood-Designerinnen für ähnliche Arbeiten Tausende Dollar verlangen.) Als ich sie fragte, wie ihre Freundinnen sie verändert hätten, antwortete sie, dass jene sie ein bisschen »mädchenhafter« gemacht hätten. Die drei besuchen sich reihum, übernachten dabei auch beieinander und »erfinden Geschichten über unsere Zukunft«. Ein paar Tage zuvor hatten sie sich identische Ringe gekauft. »Wir dachten, da wir beste Freundinnen sind, brauchen wir etwas, um es zu zeigen. Nachdem wir die Ringe gekauft hatten, habe ich mich den beiden noch näher gefühlt. Die Ringe tragen die Inschrift: ›I love my BFF‹.« (BFF ist der in den USA feststehende Ausdruck für beste Freundinnen.)

Ella glaubt, dass sie für immer und ewig mit Maya und Sofia befreundet sein wird. Wir Erwachsenen wissen, dass das eher unwahrscheinlich ist, aber das offensichtliche Glück und die Inspiration, die die Mädchen sich jetzt gegenseitig vermitteln, wird eine unauslöschliche, positive Spur in ihnen hinterlassen.

An einem Ende der Skala blühen Kinder wie Ella mit einer engen, sie wärmenden Freundschaft auf und werden dabei in ihrer

Entwicklung unterstützt, am anderen Ende können jedoch die Kinder, welche überhaupt keine Freunde haben, sehr leiden – ein Schmerz, der innere Narben hinterlässt. Kinder ohne Freunde sind – was wenig überrascht – einsamer als andere, und in Gesellschaft anderer eher schüchtern und empfindlich.[39)] Auch hier kommt wieder die Huhn-Ei-Problematik ins Spiel. Diese Kinder wachsen nämlich auch eher zu ängstlichen und sorgenvollen Erwachsenen heran.[40)] Der Gedanke an ein Kind, das beim Mittagstisch für sich allein sitzt, weckt unser Mitgefühl. Tatsächlich aber sind solche Kinder auch oft weniger altruistisch und positiv in ihren Interaktionen mit Gleichaltrigen – was wahrscheinlich wieder auf ihr Temperament *und* den daraus folgenden Zustand ohne Freunde zurückzuführen ist.[41)] Ebenso wie schüchterne Kinder werden auch aggressive Kinder – die oft sowohl von Klassenkameraden als auch von Lehrern nicht gemocht werden – häufig zurückgewiesen.

Dennoch können selbst Kinder, die unter der aktiven Zurückweisung vonseiten ihrer Klassenkameraden gelitten haben, schon durch einen einzigen Freund eine große psychische Unterstützung erfahren.[42)] Ein jüngeres Kind, dessen Reife vielleicht der des ausgestoßenen Kindes entspricht, wäre dafür ein guter Kandidat – vor allem wenn es nicht auf dieselbe Schule geht und von daher die Haltung der dortigen Schüler zu seinem älteren Freund nicht kennt. Zurückgewiesene Kinder mit einem Freund sind beispielsweise auch vertrauensvoller als solche ohne Freund.

Familiäre Einflüsse auf Freundschaften

Die Diskussion über den Einfluss von Eltern, Freunden, Gleichaltrigen und Genen auf das Schicksal eines Kindes besteht fort, aber es lohnt sich, einige Teile dieses letztlich unlösbaren Puzzles näher zu betrachten. Vorschulkinder mit einer sicheren Bindung zur Mutter sind gern mit Freunden zusammen und kooperieren häufiger mit ihnen, als diejenigen, deren Bindung zur Mutter weniger stabil ist.[43] Liebevolle, bestätigende und ermutigende Eltern haben dagegen eher Kinder, die freundlich zu Gleichaltrigen sind. Andersherum geht das Fehlen elterlicher Wärme mit sozial schlecht angepassten Kindern einher.[44] Vorschulkinder, die von ihren Eltern sehr vielen stimulierenden Reizen ausgesetzt werden, erfahren häufiger als der Durchschnitt Zurückweisung.[45] Natürlich spielen auch andere Faktoren eine Rolle – zum Beispiel, ob das Kind zu Hause genügend Platz hat, um andere einzuladen, und die Persönlichkeit des Kindes selbst, die ihrerseits elterliche Offenheit begünstigen oder eher verhindern kann.

Auch Scheidungen werden mit sozialen Schwierigkeiten von Kindern in Zusammenhang gebracht[46] – wobei zu bedenken ist, dass es häufig die durch eine Scheidung verursachten räumlichen Veränderungen oder auch die ökonomischen Nöte sind, die die sozialen Probleme hervorrufen, und nicht die Scheidung an sich. Falls Sie zu den Eltern gehören, die eigentlich gerne gesellig mit Freunden zusammen sind und nun befürchten, dass solche Treffen Zeit kosten, eine Zeit, die Sie stattdessen uneingeschränkt Ihren Kindern widmen sollten, dann sind die nun folgenden Ausführungen für Sie besonders wichtig: Mütter und Väter mit zuverlässigen Freunden, die diese regelmäßig treffen, haben wahrscheinlich auch sozial gut integrierte Kinder mit stabilen Netzwerken von Freunden. Und zum Beweis, dass das oben erwähnte Puzzle nicht vollständig gelöst werden kann: Vielleicht haben solche Eltern aber auch angeborene soziale Fähigkeiten, und selbst wenn sie aufgehört haben, ihre Freunde regelmäßig zu treffen, können ihre Kinder dennoch lernen (oder haben diese Fähigkeit vielleicht sogar zu einem gewissen Grad geerbt), wie sie es anstellen müssen, um von anderen gemocht zu werden.

Geschwister stehen in der Gunst von Kindern den Freunden nach: Fünfjährige bringen ihren Freunden mehr Zuneigung entgegen und reagieren stärker auf sie als gegenüber ihren kleinen Schwestern oder Brüdern.[47] Und Eltern, die über ein zweites Kind nachdenken, erhalten einen wichtigen Hinweis darauf, wie sich ihr Kind dem Bruder oder der Schwester gegenüber verhalten wird durch die Art, wie es sich den Freunden gegenüber gibt. So beobachteten Forscher eine Gruppe Vierjähriger bei der Interaktion mit ihren neugeborenen Geschwistern und ihren Freunden und wiederholten diese Beobachtung mehrere Male in größeren Zeitabständen. Der freundliche Umgang der Vorschulkinder mit ihren Spielkameraden ließ Rückschlüsse darauf zu, wie sie sich als Teenager zu ihren kleinen Geschwistern verhalten würden. Kinder, die anderen Kindern gute Freunde sind, werden sich also wahrscheinlich auch einem neuen Familienmitglied gegenüber freundlich verhalten.[48]

Das Klassenzimmer – eine Nahaufnahme

Auch Sie hatten wahrscheinlich, wie die meisten Kinder, Freunde, als Sie klein waren. Aber Sie und Ihre Freunde standen dennoch nicht allein, sondern gehörten zu einer Peergroup mit unterschiedlichen Rollen, die anscheinend ausgefüllt werden müssen, egal aus welchen Individuen das aufgrund geografischer Voraussetzungen und Geburtsdaten zusammengewürfelte soziale Ökosystem besteht.

Wenn in einem Film eine Schule mit ihren Schülern dargestellt wird, tauchen immer wieder dieselben Archetypen oder Charaktertypen auf, die man folgendermaßen beschreiben könnte: das hochnäsige, aber äußerst beliebte Mädchen, der Sportlertyp, das nette Mädchen von nebenan, der Rebell, das Opfer und das unsichtbare Kind. In der Entwicklungspsychologie wird die Charakterisierung solcher Beziehungen innerhalb einer Gruppe als »Soziometrie« bezeichnet. John Coie von der Duke University und sein Team untersuchten auf der Grundlage einer von ihnen erstellten Typologie die Zusammensetzung der Schüler in amerikanischen Klassenzimmern.[49] »Beliebte« Kinder machen etwa 15 Prozent der Schüler aus. »Akzeptierte« sind die »normalen« – sie haben Freunde, auch wenn sie nicht unbedingt bei der Mehrheit beliebt sind. Ihr Anteil beträgt 45 Prozent.

»Zurückgewiesene« Kinder wurden noch einmal unterteilt in »zurückgewiesen-zurückhaltend« (die schüchternen, ängstlichen) und »zurückgewiesen-aggressiv« (herrisch, aufbrausend). Die Zurückgewiesenen machen 10 Prozent der Schüler aus. Zurückgewiesenen Kindern ergeht es im Leben meist nicht gut, vor allem dann, wenn sie diese Rolle jahrelang einnehmen. Da unsere Welt heutzutage von Technikfreaks regiert wird, hat so etwas wie eine »Rache der Nerds« stattgefunden, sodass man zu der Annahme gelangen könnte, die sich in der Schulcafeteria und auf den Schulfluren formenden Schicksale könnten später umgekehrt werden. Aber während Nerds oft nerdige Freunde haben, stehen die Zurückgewiesenen manchmal ganz ohne Freund da oder wurden wiederholt abgewiesen, wenn sie versuchten, Beziehungen zu Gleichaltrigen aufzubauen. Es macht einen großen Unterschied, ob man Mitglied eines festen Schachclubs ist, über den die Footballspieler lästern, oder ob man ein schikaniertes Opfer ist, das zu gar keinem Club gehört. Die »Ich werd's ihnen noch zeigen«-Fantasie von zurückgewiesenen Kindern wird laut den mit diesem Thema befassten Forschungen traurigerweise wahrscheinlich nie umgesetzt werden.

Vier Prozent der Kinder in Coies Typologie gehören zu den »Nichtbeachteten«.[50] Niemand ärgert sie, aber sie werden auch von niemandem wirklich wahrgenommen. Die Lehrer empfinden sie als wohlerzogen und bemerken ihre Isolation oft gar nicht. Und schließlich gibt es noch die »kontroversen« Kinder, die vier Prozent ausmachen. Sie werden von einigen Klassenkameraden angehimmelt, von anderen gehasst. Denken Sie zum Beispiel an den Klassenclown oder den Anführer der Rebellen. In jeder Erhebung gibt es dann noch ein paar Kinder, die unter die Kategorie »nicht eindeutig zuzuordnen« fallen.

Es ist nicht das einzelne Kind, das bestimmt, wer in der Klasse der Zurückgewiesene zu sein hat. Die Zuordnung geschieht eher wie bei Tieren, die einander chemische Signale senden, um das Verhalten in der Herde zu steuern. »Tausend kleine Einzelheiten führen dazu, und jeder Situation folgt der Austausch von Klatsch: ›Hast du gesehen, was er gemacht hat?‹, ›Hast du gehört, was sie gesagt hat?‹, ›Ich kann nicht glauben, dass sie das getan hat!‹«, schreibt Thompson.[51] »Ob verbal oder stillschweigend, es wird ein Verständnis in der Gruppe hergestellt, dass das Kind gefährlich oder äußerst merkwürdig ist.« Ist jemand erst einmal zum Ausgeschlossenen erklärt worden, bleibt er von der durch Vorurteile gelenkten Wahrnehmung für immer in dieser Rolle gefangen; wenn es um ein identisches Verhalten mit negativen Konsequenzen geht, unterstellt man dem Zurückgewiesenen fünfmal häufiger eine negative Absicht als jemandem, der zur Gruppe der Beliebten gehört.

Einige Kinder scheinen bereits geboren zu sein, um zu den Beliebten zu gehören: In ihrem Buch *Connected!: Die Macht sozialer Netzwerke und warum Glück ansteckend ist* berichten James Fowler und Nicholas Christakis von einer Studie, in der zu etwa 46 Prozent genetische Faktoren für den Beliebtheitsgrad der Kinder festgestellt werden konnten.[52] »Im Durchschnitt«, schreiben sie, »hat eine Person mit fünf Freunden ein anderes Erbgut als eine Person mit einem Freund.« Es ist natürlich denkbar, dass die verschiedenen Gene, um die es hier geht, verschiedene Temperamente hervorbringen, und ebenso folgerichtig ist es, dass auch die Anzahl der Freunde, die ein Mensch benötigt, um sich wohlzufühlen, unterschiedlich ist.

»Jeder an unserer Schule hat eigentlich Freunde«, sagt Grace,[53] ein Mädchen aus der Gruppe der Acht- bis Zehnjährigen in

South Carolina. »Aber wir hatten ein Kind, das hieß Joshua«, ergänzt Ashley. »Der wusste nichts, absolut gar nichts. Ich glaube, er war zu Hause unterrichtet worden. Wir wollten uns mit ihm anfreunden, aber er redete nicht mit uns. Er war psychisch nicht ganz okay, und einmal hat er seine Medizin nicht genommen, und dann rannte er in der Klasse herum. Der Lehrer musste ihn fünfmal ins Sekretariat schicken! Eines Tages war er nicht mehr da, und wir haben uns alle gefreut und gesagt: ›Ja, endlich ist er für immer weg aus unserem Leben!‹« Joshua war zum Außenseiter in Ashleys Klasse erkoren worden, seine Verhaltensprobleme machten ihn zum geeigneten Kandidaten. Nicht einmal die Tatsache, dass die Kinder versucht hatten, sozial zu sein und sich mit ihm anzufreunden, konnte verhindern, dass ihm diese Rolle zugewiesen worden war.

Wegen solch gravierender Auswirkungen betrachtet es James P. Olsen von der University of Memphis als richtige Maßnahme (wie offenbar Joshuas Eltern auch), ein zurückgewiesenes Kind von der Schule zu nehmen. »Es ist sehr schwer für ein Kind in dieser Situation, aus seiner Rolle wieder herauszukommen«, sagt Olsen. »Ein Kind von der Schule zu nehmen, ist keine perfekte Lösung, denn schließlich gibt es einen Grund, warum es in diese Situation geraten ist. Trotzdem ist es ein richtiger Schritt. Als Nächstes sollten seine sozialen Fähigkeiten gestärkt werden. Karate zu lernen wäre zum Beispiel eine Methode, weil es bei der Emotionsregulierung hilft.«[54] Eine andere Lösung für einen Klassenaußenseiter wie Joshua könnte sein, sich mit einem coolen Klassenkameraden anzufreunden. »Das würde seinen Status verbessern«, sagt Olsen. »Aber andererseits würde der Status des populären Kindes dadurch sinken.« Also aufgepasst, das Ökosystem gleicht sich wieder aus.

Freundschaft ist etwas anderes als Beliebtheit, aber beides steht insofern miteinander im Zusammenhang, als beliebte Kinder mehr Freunde haben.[55] Freunde zu haben, stellt auf allen Beliebtheitsebenen ein erstklassiges Mittel gegen Einsamkeit dar (so mancher Star auf der Beliebtheitsskala fühlt sich vielleicht bewundert, aber nicht wirklich den anderen nah).[56] Rubin unterscheidet zwischen »Beliebtheit-als-Anständigkeit« – Kinder, die von den anderen gemocht werden, weil sie freundlich sind und es Spaß macht, mit ihnen zusammen zu sein – und »Beliebtheit-als-Dominanz« – diejenigen Kinder, die verehrt werden, weil sie gut aussehen, die richtigen Sachen anhaben oder Mannschaftskapitän sind.[57] »Ich würde mir bei meinen eigenen Kindern »Beliebtheit-als-Anständigkeit« wünschen«, sagt Rubin. »Und ich würde jederzeit Freundschaft vor Beliebtheit wählen.« Natürlich sagt sich so etwas leicht, wenn man erwachsen ist und sich nicht mehr in Peergroups behaupten muss.

Doch gibt es auch Erwachsene, die es sogar als Auszeichnung deklarieren, einst von der Clique der Beliebten ausgeschlossen gewesen zu sein. In ihrem Buch *The Geeks Shall Inherit the Earth* stellt die Journalistin Alexandra Robbins die These auf, dass Kinder, die wegen einer Eigenart oder aufgrund ihres fehlenden Bedürfnisses nach Dazugehörigkeit ausgeschlossen wurden, aufgrund genau desselben Verhaltens als Erwachsene sogar Ansehen genießen.[58] Robbins nennt es die »Sonderlingstheorie«. Ich halte das für eine nette (wenn auch manchmal nur gespielt bescheidene) Methode kluger, talentierter, aber eben etwas

117

merkwürdiger Erwachsener, ihre schlechten Kindheitserfahrungen umzudeuten. Trotzdem befürchte ich, dass der Junge, der in der Cafeteria immer alleine isst, nicht gerade stolz auf sein Einzelgängertum ist, auch wenn es ihn vielleicht eines Tages interessant macht, sich in irgendwelchen exklusiven Sphären zu bewegen.

Grace und ihre Freundinnen scheinen auf »Beliebtheit-als-Dominanz« eingestellt zu sein, aber auch den Wert von »Beliebtheit-als-Anständigkeit« zu schätzen. »Kleidung ist wichtig. Man will nicht zu modisch aussehen, aber auch keine alten, hässlichen Sachen anhaben«, sagt Ashley.[59)] »Es gibt Freundinnen, denen die Kleidung egal ist, aber es gibt auch andere, die so etwas sagen wie: ›Was hast du denn da heute an?‹«

»Und dann geht es auch um den ganzen Elektronikkram«, fügt Grace hinzu. »Wenn du keinen Nintendo DS hast, kannst du nicht zu dieser Gruppe gehören, wenn du keinen iPod hast, kannst du nicht zu jener Gruppe gehören. Oder manchmal, bei einer Gruppe, die versucht, schnell erwachsen zu werden, musst du in jemanden verknallt sein, sonst kannst du nicht mit ihnen befreundet sein. Oh, und wenn du Make-up verwendest, bist du automatisch beliebt.« Als ich die beiden fragte, ob es für sie wichtiger ist, eine Freundin zu haben, die sie gern mögen, oder beliebt zu sein, antwortete Grace: »Eine Freundin könnte von mir aus auch ein wenig verrückt sein, daraus würde ich mir nicht so viel machen, solange sie nett zu mir ist und wir Freundinnen sind.«

Kinder werden in Gruppen sozialisiert, aber idealerweise wenden sie sich Freunden zu, die ihnen helfen, innerhalb der Gruppe ihre Stellung zu halten und die außerdem eine Verschnaufpause von den rigiden Gruppenregeln bieten. Thompson beschreibt es so: »Gruppen sind die Autobahnen der Kindheit. Unsere Kinder werden darauf mitgerissen und bewegen sich in der gleichen Geschwindigkeit wie die Mehrheit des Verkehrs ... Freundschaften dagegen ähneln den Nebenstraßen der Kindheit. Freunde können in ihrer eigenen Geschwindigkeit gehen. Sie können anhalten, wenn sie wollen; sie können sich aus dem schnell dahinfließenden Verkehr lösen.«[60]

Manchmal kommen viele Faktoren zusammen und führen zu einer dramatischen Kindheitsepisode, die einen noch als Erwachsenen erschauern lässt, wenn man sich daran erinnert. Als Christine, heute 34, ihre Grundschulzeit in Kalifornien abgeschlossen hatte, gab sie in ihrem Garten eine Swimmingpool-Party. Sie lud alle Mädchen der Klasse außer Margo ein. »Margo war sehr beliebt, und ich hätte es toll gefunden, wenn sie gekommen wäre, aber ich wusste, dass sie schon am Tag vor meiner Party in ein Feriencamp gefahren ist«, erzählt Christine.[61] »Unglücklicherweise machte ich aber den Fehler, Melissa einzuladen, eine Freundin Margos, die mit ihr zusammen ins selbe Camp fuhr. Als Margo von meiner Party hörte, war ihr natürlich nicht klar, warum ich sie nicht eingeladen hatte, denn ich hatte ja dummerweise Melissa eingeladen. Ich wiederum ging davon aus, dass Margo wüsste, dass ich sie nicht ausschließen wollte. Niemals wäre ich auf die Idee gekommen, dass ich schüchterne, mäuschenhafte Person die Macht hatte, Margo zu verletzen.«

Christine fragt sich, ob ihr dieser Fauxpas passiert wäre, wenn ihre Mutter sozial klüger gewesen wäre und sie angehalten hätte, niemanden auszuschließen, aus welchem Grund auch immer.

Oder wenn ihre Mutter sie hätte beraten können, wie die Situation wieder hätte bereinigt werden können. »Ich weiß nicht, warum ich Margo nie einen Brief geschrieben oder warum ich sie nie eingeladen habe, an einem anderen Tag an unseren Pool zu kommen, um mich für dieses Partymissgeschick zu entschuldigen und um mich zu versichern, dass sie wusste, dass es sich um ein Versehen gehandelt hatte. Jedenfalls habe ich das Jahr danach, als wir uns auf der Mittelschule wiedertrafen, ordentlich dafür zahlen müssen. Margo gehörte dort sofort zur beliebtesten Clique, während ich mit einer anderen, sozial nicht so mächtigen Mädchengruppe zusammenhing. Für Margo war ich von Anfang an ihre Feindin, und sie nahm jede Gelegenheit wahr, richtig gemein zu mir zu sein. Vor allem im Bus war das hart für mich, weil ich auf dem Weg zur Schule keine Freunde hatte, aber Margo hatte welche. Sie tuschelte mit ihnen und machte sich lustig über mich. Ich fühlte mich schrecklich.«

Margo war eindeutig kein nettes Mädchen. »Aber wenn ich zurückblicke«, sagt Christine, »denke ich an den Schmerz, den ich hätte vermeiden können, wenn ich besser in der Lage dazu gewesen wäre, mich in der sozialen Welt zu bewegen, oder eine Mutter oder einen Vater gehabt hätte, die mir geholfen hätten. Ich glaube, meine Eltern haben gar nichts zu der Sache gesagt oder nur, dass Margo ein verwöhntes Kind zu sein schien, mit dem ich doch wohl sowieso nicht befreundet sein wollte. Vielleicht hatten sie in Bezug auf Margo recht, aber ganz offensichtlich verstanden sie die soziale Realität eines schüchternen Kindes nicht.«

Wo Licht ist, ist auch Dunkel

Kinderfreundschaften können einen Rückzugsort von einem problematischen Zuhause oder einer anstrengenden Clique bieten. Aber die Macht einiger Freundschaften, uns zu beeinflussen und uns Lehren fürs Leben zu erteilen, liegt nicht in deren warmen und kuscheligen Qualitäten, sondern in ihren weniger netten Zügen. Zuerst einmal »sind Freundschaften nicht immer symmetrisch«, sagt Rubin.[62] »Manche betrachten Eltern-Kind-Beziehungen als vertikal und Freundschaften als horizontal, aber das stimmt so nicht. In vielen Freundschaften gibt es eine dominante und eine weniger mächtige Person.« Kinder müssen sich dauernd mit Hierarchien auseinandersetzen – eine gute Vorbereitung für ihr späteres Leben. Ein Junge, der zu Hause von großen Brüdern herumkommandiert wird, bekommt vielleicht Auftrieb, wenn er das Gleiche außerhalb des Wohnzimmers mit seinen kleinen Freunden praktiziert. Und jemand, der seine Eltern tyrannisiert, kann in seiner Klasse zu den Letzten in der Hierarchie gehören und auch noch einen herrschsüchtigen Freund haben, der ihn herumschubst.

James P. Olsen von der University of Memphis hat eine merkwürdige soziale Struktur innerhalb der dunklen Seite der Freundschaft untersucht: einseitige Freunde. Diese asymmetrischen Beziehungen wurden früher als bedeutungslose Datenmenge abgeschrieben, sagt Olsen, aber als er angefangen hatte, sie zu zählen, war er von ihrer Häufigkeit doch überrascht. Er bat mehrere Hundert Kinder in den dritten bis sechsten Klassen, ihre

Freunde aufzulisten, und bei etwa 12 Prozent stellte sich heraus, dass eine Testperson dabei war, die jemanden als Freund angab, der seinerseits unabhängig davon behauptete, ebenjene Person nicht zu mögen.[63]

»Kinder, von denen andere denken, dass sie ihre Freunde sind, ohne dass sie selbst es so sehen, haben ein ausgeprägtes Sozialverhalten«, sagt Olsen.[64] Man könnte zu der Annahme gelangen, dass diese Kinder heucheln oder eine Art Machtkampf ausfechten, indem sie das andere Kind derart manipulieren, um es annehmen zu lassen, sie seien Freunde. Olsen sieht hinter dieser Ungleichheit jedoch keine böse Absicht. »Diese Kinder sind einfach nett, sie verhalten sich so, dass alle denken, sie wären ihr Freund. Dahinter steckt lediglich eine Form von Anpassungsfähigkeit; man hat einfach Vorteile davon, die Welt gut zu behandeln. »Diejenigen auf der anderen Seite der Asymmetrie – die armen Kinder, die fälschlicherweise denken, sie hätten einen Freund – haben dagegen oft soziale Defizite, zum Beispiel sind sie unfähig, Zeichen im Verhalten anderer richtig deuten zu können.

Ein anderer pikanter Beigeschmack von Freundschaften kann aus Rivalität bestehen, obwohl ein Rivale im Grunde häufig respektiert und gemocht wird, auch wenn er um seine Fähigkeiten auf einem bestimmten Gebiet beneidet wird. Ein Rivale kann ein Kind dazu bringen, härter zu arbeiten und erfolgreicher zu sein und ist daher im Allgemeinen eher nützlich, auch wenn man sich über ihn ärgert. Wenn aber der Rivale oder die Rivalin immer Erste sind, kann dieser Umstand es dem anderen Kind schwermachen, sich zu entfalten. Meine Freundin Nardiz, eine wunderbare Jazz- und Popsängerin, hatte das Pech, dass es in ihrem kleinen Heimatort eine gleichaltrige und etwas bessere Sängerin als sie gab. Jedes Jahr traten die beiden Mädchen bei lokalen Wettbewerben aufs Neue gegeneinander an, und jedes Jahr verlor Nardiz, bis das Verlieren schließlich Teil ihres Selbstbildes wurde und sie starkes Lampenfieber entwickelte. Erst als sie in eine größere Stadt zog und dort eine renommierte Musikakademie besuchte, wurde ihr klar, dass sie ihre einzigartigen Talente weiterentwickeln und Erfolg haben konnte – weit weg vom Schatten ihrer Rivalin.

Ein anderer Charakter, der das idealisierte Bild der Kindheit als einer unschuldigen Oase des Spielens und Lachens stört, ist der Feind. Ist er das Gegenteil des Freundes? Nicht ganz, behauptet die Expertin in Sachen Kinderfeindschaften Maurissa Abecassis vom Colby-Sawyer-College in New London, New Hampshire. Ebenso wie ein Freund, bietet auch ein Feind die Möglichkeiten für persönliches und soziales Wachstum. Abecassis fand heraus, dass bis zu 75 Prozent der von ihr Befragten bis ins junge Erwachsenenalter hinein einen Feind hatten. Bei einigen dieser »gegenseitigen Antipathien« geht es einfach um zwei Kinder, die sich nicht mögen, davon aber nicht weiter berührt sind. Andere Feinde können dagegen zu einer wahren Projektionsfläche für die Konflikte eines Kindes werden: »Eine Art, das entstehende Bewusstsein seiner selbst zu unterstützen, besteht darin, sich von anderen abzugrenzen«, erklärt Abecassis.[65] »Man könnte bei anderen einen Charakterzug ablehnen, den man selbst hat, aber nicht akzeptieren kann, oder eine Eigenschaft, die man nicht hat und auf die man neidisch ist.«

Eine zumeist quälendere Variante des Feindes ist der frühere Freund; in diesem Fall ist die Beziehung nicht einfach eingeschlafen, sondern aufgrund eines unangenehmen Ereignisses zerbrochen. Zwei Menschen, die einander vertraut und sich viel Persönliches mitgeteilt haben, können sich je nach Intensität der vorangegangenen Freundschaft sehr viel stärker verletzen als zwei lediglich gut bekannte, sagt Abecassis. Wenn man sich erst einmal vom anderen betrogen fühlt, kann der gegenseitige Hass so groß werden, wie die Liebe zwischen den Freunden es einst gewesen war. Wenn beide außerdem auch zum gleichen größeren Netzwerk von Gleichaltrigen gehören, ist das Zerwürfnis noch verheerender, da gemeinsame Freunde dadurch in die Zwickmühle geraten könnten, Partei zu ergreifen.

Die meisten Menschen haben irgendwann einmal einen Feind, aber Kinder, die häufig Feinde haben, sagt Abecassis, tragen offenbar auch selbst zu dieser Dynamik bei. Und auch wenn Feinde ein Anlass für Kinder sein können, den Umgang mit Konflikten zu lernen, sind dafür nicht unbedingt Feinde nötig, betont Abecassis. »Aber man braucht einen Freund«, sagt sie. »Ohne einen Freund *oder* einen Feind, gibt es keine Möglichkeiten zur Auseinandersetzung.«

Einen Feind zu haben muss nicht unbedingt Narben hinterlassen. Wenn Sie sich an unsere Typologie erinnern, haben zurückgewiesene Kinder manchmal eine ganze Klasse zum Feind und werden darüber hinaus oft auch noch drangsaliert. In diesen Fällen ergaben entsprechende Studien tatsächlich starke negative Auswirkungen. Lässt man jedoch die Personen unberücksichtigt, die diese breitere Form der Zurückweisung Gleichaltriger erfahren haben, dann stellt sich heraus, dass die langfristigen negativen Wirkungen gewöhnlicher Feinde sehr gering sind.[66]

Eine extreme Feindfigur der Kindheit ist der gefürchtete aggressive Typ, der andere tyrannisiert. Er ist natürlich keineswegs ein Freund, obwohl er und sein Opfer sich in Beziehung zueinander befinden, denn diese Beziehung ist durch Dominanz und Unterwerfung gekennzeichnet. Eine kürzlich durchgeführte Studie mit Drittklässlern in Massachusetts ergab, dass sich innerhalb der vorangegangenen Monate 47 Prozent der Kinder wenigstens einmal tyrannisiert gefühlt hatten, während 52 Prozent sagten, dass sie mit einem negativen Ausdruck belegt oder auf kränkende Weise aufgezogen worden waren.[67] 51 Prozent gaben an, dass man sie ausgeschlossen hatte oder dass Freunde sie nicht beachtet hatten. Auch wenn diese Zahlen auf den ersten Blick alarmierend erscheinen, lässt die Studie eine Tendenz erkennen, normales Verhalten innerhalb von Peergroups (sich hänseln oder gelegentliche Nichtbeachtung) mit wirklichem Schikanieren in einen Topf zu werfen. Eine über lange Zeit andauernde Beziehung zwischen Schikanierer und Opfer hat allerdings einen sehr schädigenden Einfluss (und kann sogar zu Selbstmord führen). In diesen Fällen ist das Einschreiten von Erwachsenen unbedingt erforderlich. Sich mit Kränkungen, Machtkämpfen und starken Persönlichkeiten auseinandersetzen zu müssen gehört dagegen zu den Lernprozessen, die der Vorbereitung auf das spätere Leben dienen und weitestgehend ohne Beteiligung Erwachsener vonstattengehen sollten.

Entsprechend werden Klatsch und Sticheleien genauso oft eingesetzt, um einen Kontakt zu Freunden herzustellen, wie sie dazu dienen, Gegnerschaft zu schüren. Diese sogenannte Beziehungsaggression beginnt schon sehr früh:[68] Vorschulkinder schließen regelmäßig Spielkameraden von Aktivitäten aus und benutzen Drohungen, um zu erreichen, was sie wollen, zum Beispiel: »Wenn du nicht den Vater spielst, kannst du nicht in unserer Gruppe sein.« Erwachsene setzen solche Beziehungsaggressionen fort, wenn auch subtiler und ausgefeilter. »Unsere Mütter sagen uns, wir sollen nicht klatschen«, erzählt Grace.[69] »Aber sie selbst tun es dauernd mit ihren Freundinnen! Es ist nicht leicht, es sein zu lassen.«

Sogar dem gewissenhaftesten Kind fällt es schwer, die Zunge im Zaum zu halten, weil das Klatschen tatsächlich in unserer Natur liegt. Es ist das menschliche Äquivalent zu tierischen Primaten, die sich stundenlang gegenseitig pflegen, und es fördert den für die Gruppe wichtigen Zusammenhalt. Dies ist einer der Bereiche, in dem Instinkt und Sozialisation nicht zusammenpassen: Nur wenige Eltern klatschen selbst nicht, und doch müssen alle Eltern ihren Kindern vermitteln, dass sie sich nicht am Klatschen beteiligen sollen – um ihr Kind dazu zu bringen, seiner natürlichen Neigung auf möglichst zivile Art nachzugehen. Denn Kinder sind sozial gut angepasst, wenn sie gerade genug klatschen, um weiterhin zu den anderen zu gehören, aber dann doch wieder nicht so ausgiebig, dass sie als grausam gelten oder dem Objekt des Klatsches wirklichen Schaden zufügen. Den Kindern zu sagen, sie sollen überhaupt nicht klatschen, ist die einzige Methode, sie zu dieser gemäßigten Art des Klatschens zu bringen, die für sie in der Erwachsenenwelt wahrscheinlich optimal sein wird. Für Kinder stellen subtile Unterscheidungen oft eine

Überforderung dar, daher kann man einer Mutter kaum vorwerfen, wenn sie ihrem Kind sagt »Klatschen ist schlecht«, anstatt ihm umständlich zu erklären: »Klatschen ist natürlich und auch nützlich, aber du musst dich ständig selbst überwachen, wenn du über andere herziehst, damit du nicht zu weit gehst.«

Im Gegensatz zu der verbreiteten Ansicht, dass Jungen ihre Streitigkeiten mit den Fäusten austragen, sind es nicht nur Mädchen und Frauen, die ihre Zungenfertigkeit benutzen, um soziale Macht auszuüben. Eine Studie aus dem Jahr 2008 hat ergeben, dass Jungen zwar eher zu physischer Gewalt neigen, aber genauso häufig wie Mädchen auch psychische und verbale Methoden gegen Gleichaltrige einsetzen.[70]

Inzwischen spielen sich Beziehungsaggressionen häufig im Internet ab. »Früher war das Zuhause ein Zufluchtsort, in dem man vor Peinigern und Tyrannen Ruhe hatte«, sagt Abecassis. »Jetzt sind diese überall. All diese Websites von sozialen Netzwerken sind wie ein großes, ausgeklügeltes Telefonspiel – ein einziger gezielter Stich oder eine Beleidigung entwickelt ein Eigenleben, und das gesamte Peer-Netzwerk kann zusehen.«

Als Ella nach »gemeinen Mädchen« an ihrer Schule gefragt wurde, erinnerte sie sich nur an eine hässliche Situation, bei der sie zum Schluss eine wichtige Rolle spielte. Ein Mädchen namens Rachel hatte sich mit ihrer besten Freundin gestritten, die daraufhin nichts mehr mit ihr zu tun haben wollte. Aber anstatt die Freundschaft einfach abzubrechen, sammelte das andere Mädchen Verbündete und begann Rachel vor allen zu verhöhnen und sie als Loserin zu bezeichnen. »Es war hart, sie so allein und traurig zu sehen«, sagt Ella. »Aber es schien, als sei ich die Einzige, die sich deswegen schlecht fühlte. Also ging ich zu Rachel. Nachdem ich mich ihr zugewandt hatte, schlossen sich andere Mädchen an, und jetzt sind wir alle Freundinnen.«

Ellas Geschichte ist ein Beweis für die schützende Macht, die bereits eine einzige Freundin für ein schikaniertes Kind bedeuten kann.[71] Aber ein Kind wird auch weniger schnell zum Opfer, wenn es einen Freund hat; und wer einen besten Freund hat und ein Jahr lang von anderen drangsaliert wird, entwickelt deswegen wahrscheinlich trotzdem keine psychischen Probleme wie Ängste oder Aggressionen. Dagegen entstehen bei Opfern, die überhaupt keinen Freund haben, nach einem Jahr wesentlich häufiger die genannten negativen Auswirkungen.[72]

Sogar normale soziale Unstimmigkeiten werden durch einen guten Freund abgemildert. Wie eine kanadische Studie des Cortisolniveaus im Speichel von Fünft- und Sechstklässlern herausfand – das Cortisolniveau ist ein Stressindikator –, hatten die Jungen und Mädchen, welche einen guten Freund an ihrer Seite wussten, nach einer aufreibenden sozialen Interaktion (wenn sie zum Beispiel auf dem Spielplatz geärgert wurden) niedrigere Cortisolwerte als diejenigen, die allein waren.[73]

Jedes Kind hat eine eigene Persönlichkeit und darüber hinaus Eltern, die einen Einfluss darauf haben, ob es Freundschaften schließt oder nicht. Seine Beziehungen zu Freunden werden sich immer im Kontext einer größeren Gruppe abspielen, an die es sich anpassen muss, wenn es keine negativen Folgen erfahren will. Wahrscheinlich wird es in seiner sozialen Welt auch Sticheleien und Spott erleben und sogar Angriffe der engsten Spielkameraden durchstehen müssen. Ob seine soziale Welt eine relativ glückliche Mischung aus Freude und Herausforderungen beinhaltet oder zum beständig bedrohlichen Albtraum geworden ist, auf jeden Fall ist diese Zeit nicht einfach für immer ganz und gar vorbei, sondern stellt vielmehr den Prolog zum Leben als Erwachsener dar.

Vielleicht könnte es so manches Kind ermutigen, darum zu wissen, dass kaum ein Mensch die Regeln der sozialen Navigation vollständig beherrschen kann. Das gilt sogar für diejenigen unter den Erwachsenen, die zugewandt und locker durchs Leben gehen, sich in den Schlachten des Spielplatzes erfolgreich geschlagen und das Glück hatten, zu engen Freunden eine mitfühlende Beziehung aufbauen und mit ihnen Konflikte lösen zu können. Doch selbst diese Erwachsenen können trotzdem noch mit 40 oder 50 oder noch später von aggressiven Rivalen im Büro aus der Ruhe gebracht werden und noch immer unter der Kränkung durch Freunde oder den unangenehmen Folgen eines Missverständnisses leiden. Unser Leben findet nun einmal in einer sozialen Gemeinschaft statt (auch hartgesottene Einsiedler werden irgendwann mit dieser Tatsache konfrontiert), und in die vielen Freuden mischt sich immer auch ein wenig Schmerz.

Jugendliche Vertraute und Mittäter

Es war in den 1980er-Jahren in Kanada. Lydia war zwölf, als die schöne, respektlose, schauspielernde und tanzende Rachel aus Toronto nach London, Ontario, zog und an Lydias Schule kam. »Alle Neuen aus Toronto beeindruckten uns sowieso«, erzählt Lydia,[1] »und ich war total fasziniert von ihr.« Rachel stieg sofort in den Kreis der Beliebten auf und schüchterte andere mit ihrer scharfen Zunge ein. »Sie konnte Leute in einer Sekunde fertigmachen«, erinnert sich Lydia, die selbst zu einer Mädchengruppe mit guten Schulleistungen gehörte und von Rachel noch nicht einmal wahrgenommen wurde. Lydias Schwärmerei für Rachel entwickelte sich aus der Distanz.

Lydia war das klügste Kind der Schule, und ihr Ziel war es lange Zeit gewesen, den Lehrern zu gefallen und Bestnoten zu erzielen. Dieser Ehrgeiz war zum Teil auf ihren Wunsch zurückzuführen, Frieden und Glück in ihr Zuhause zu bringen. Lydias Mutter war ausgezogen, und ihr Vater, ein Professor, kämpfte sich als Alleinerziehender durch. Aber in diesem Sommer, zwischen der achten und neunten Klasse, musste Lydia erkennen, dass ihr Plan nicht funktionierte. Lydias glänzende Zeugnisse brachten weder ihre Eltern wieder einander näher, noch kamen diese deswegen Lydia näher. Also änderte sie ihr Verhalten. »Ich beschloss, von da an dafür zu sorgen, zu den Beliebten zu gehören und Spaß zu haben.« Und ihr Hauptziel dabei war, sich mit Rachel anzufreunden.

Als ein Skater sich in Lydia verliebte (sehr zu ihrer Überraschung), nahm Rachel sie schließlich wahr, weil sie selbst an genau diesem Jungen interessiert war. »Damit änderte sich alles«, sagt Lydia. »Als die Jungen anfingen, sich für mich zu interessieren, mussten Rachel und ihre Freundinnen sich auch für mich interessieren.«

»Die neunte Klasse war das stressigste Jahr meines Lebens, weil ich in jedem Moment bewusst versuchte, am richtigen Ort zu sein, mit den richtigen Leuten zu sprechen und die richtigen Dinge zu sagen«, fährt Lydia fort. »Rachel war ein bisschen wie ein verrückter König, und ich brachte sie zum Lachen – ich war ihr Hofnarr.« Lydias ganzes Verhalten war Strategie, und trotzdem hatte sie nie das Gefühl, an Authentizität zu verlieren. »Indem ich versuchte, zu Rachel zu passen, fand ich heraus, wer ich selbst war.« Als die beiden begannen, sich auch zu zweit zu treffen, war Lydia von einer Aufregung ergriffen, die alles überstieg, was sie bis dahin für einen Jungen empfunden hatte. Und sie erreichte ihr Ziel: Rachel und sie kamen sich in der Highschool immer näher, obwohl Lydias Vater gegen diese Verbindung war.

»Mein Vater hasste Rachel geradezu leidenschaftlich. Er meinte, sie hätte einen schrecklichen Einfluss auf mich. Das kränkte mich tief, denn er wusste doch überhaupt nichts von ihr. Vielleicht war es eine Ironie des Schicksals, denn einerseits wurde ich tatsächlich unglaublich von ihr beeinflusst, aber was Rauchen und Trinken anging – das hätte ich sowieso getan. Mein Vater verstand nicht, warum ich so begeistert von ihr war.« Rachel trug provozierende Kleidung und stellte ihre stark entwickelte Figur zur Schau. Sie war nicht belesen, aber sie war klug, und die

Schule war ihr völlig egal. Aufs College wollte sie nie gehen. Und sie war frech zu ihren Eltern.

Aber Rachels tatsächlicher Einfluss bestand darin, dass sie für Lydia zum Verhaltensmodell wurde, das diese genau studierte. »Sie hatte ein ganz tolles Lachen, das ich nachahmte. Ich fragte mich: ›Warum mögen alle Jungen Rachel?‹ Ich analysierte ihr Verhalten. Es war ihre Koketterie und die Art, wie sie sie abblitzen ließ.« Durch Rachel kam Lydia zu der für sie wichtigen Überzeugung, dass einige Leute interessant waren und andere nicht, dass man aber lernen konnte, sich interessant zu machen. Rachel schärfte auch Lydias ohnehin schon ziemlich stark ausgeprägten Sinn für Humor. »Ich entwickelte mehr und mehr Antennen für Ironie und lernte, humorvoll zu sein, um die Leute zu unterhalten und um ihren Respekt zu gewinnen.« Lydia imitierte Rachel nicht offen erkennbar – das hätte ihr nur deren Verachtung eingebracht. Es war eher so, dass sich Lydia aufgrund der Beobachtung Rachels gestattete, lockerer zu erscheinen, um die Aufmerksamkeit anderer bewusst auf sich zu ziehen.

Als Lydia ihrem Vater verkündete, dass sie, bevor sie aufs College gehen würde, ein Jahr lang mit Rachel in den Westen Kanadas reisen wollte, sprach der Vater mehrere Monate lang nicht mit ihr. Rachels nachgiebige Eltern sprangen dann ein, fuhren die Mädchen zum Flughafen und versorgten sie großzügig mit Geld.

Nachdem die beiden 18-jährigen Mädchen sich in einem Jugendhotel in Vancouver einquartiert hatten, verwandelte sich ihr romantischer Traum in eine eher nervenaufreibende Realität. »Ich erinnere mich, wie ich merkte, dass Rachel nicht so stabil war, wie ich gedacht hatte«, sagt Lydia. »Und sie empfand mich verklemmter, als sie sich das vorgestellt hatte. Ich war die Spaß-bremse, weil ich morgens um fünf nicht mehr mit ihr in die sie-bente Bar gehen wollte. Für mich gab's eine Grenze, für sie nicht. Gleichzeitig brauchte sie mich immer mehr, um auf sie aufzu-passen.«

Einmal hörte Lydia zufällig mit, wie Rachel sich am Telefon bei ihrer Mutter darüber beschwerte, dass Lydia so langweilig sei. »Was sie sagte, hörte sich an, als sei ich 70 Jahre alt«, erinnert sich Lydia. Sie stellte Rachel zur Rede und löste damit den heftigsten Streit aus, den die beiden bis dahin gehabt hatten. »Ich sagte: ›Ich bin einfach anders als du. Ich mache nichts falsch, und ich bin nicht unsozial. Ich bin einfach nicht du.‹ Ich habe gelernt, ihr die Meinung zu sagen. In meiner Familie hatte es immer so ge-wirkt, als würden die Mauern fallen, wenn man sich aussprach.«

Nach Monaten mit wechselnden Jobs beschlossen die beiden Mädchen, eine Bahnreise quer durchs Land zu unternehmen. In Winnipeg wurden ihnen alle Sachen gestohlen: ihre Ausweise, Zugfahrscheine, Lydias Brille. Das war das traurige Ende einer aufregenden Zeit. Sie fuhren zurück nach Ontario, und im Herbst ging Lydia aufs College. Rachel kehrte nach Vancouver zurück und geriet in eine harte Drogenszene. Schon bald hatte sie Tat-toos im Gesicht und arbeitete als Stripperin. »Wir entwickelten uns in total verschiedene Richtungen«, stellt Lydia fest. »Es war schwierig, mit ihr in Kontakt zu bleiben, aber wenn wir mitein-ander sprachen, hatte ich immer noch das Gefühl, ihr nahe zu sein, so, als würden wir ähnliche Sachen erleben.«

Die Geschichte von Lydia und Rachel spiegelt die starken Bin-dungen und das dramatische Angezogensein und Abgestoßensein, das für Freundschaften im Teenageralter typisch ist, wider. Lydia hatte in Rachel eine charismatische Persönlichkeit gefunden, die sie imitieren konnte, aber indem sie das tat, lernte sie ihr eigenes Wesen kennen und schätzen.

Rachel war emotional und extrovertiert und zeigte Lydia eine Art zu leben, die anders war als alles, was Lydia bei sich zu Hause kennengelernt hatte. Eine Zeit lang ersetzte sie sogar Lydias Familie. Und Lydias Vater unterschätzte zwar die Fähigkeit seiner Tochter, ihre eigene Wahl zu treffen, hatte aber recht mit seiner Einschätzung, welchen Weg Rachel schließlich nehmen würde – immer eine sehr enttäuschende Erfahrung für Teenager, die es nur allzu gern sähen, dass die Eltern falschgelegen hatten. So war für Lydia die Freundschaft mit Rachel eine perfekte Arena für das Austragen der Kämpfe mit den Hauptproblemen der Adoleszenz: das Ausprobieren von Grenzen, das Finden einer eigenen Identität, die Annäherung an das andere Geschlecht, die Ablösung von den Eltern. Wenn man die Bedeutung des Einflusses von Freundschaften dem Alter des Kindes nach einteilen wollte, würden die Teenagerjahre wohl an erster Stelle stehen.

Kindliche Bindungen hinter sich lassen

Ein wichtiges Kriterium für Kinderfreundschaften ist, dass man mit Freunden gut spielen kann. Neun- bis Zwölfjährige beginnen dann, tiefgründige und geheime Gedanken mit ihren Freunden zu teilen, und für Teenager stellen Intimität und emotionale Unterstützung die wesentlichen Komponenten von Freundschaften dar. Jugendliche brauchen Freunde, die ihnen helfen können, das zu werden, was sie werden möchten und nicht nur Freunde mit tollen Unterhaltungsspielen und technischen Geräten. Auch als Erwachsener will man, dass die Freunde die eigene Identität (oder die eigene Wunschidentität) spiegeln, aber bei Jugendlichen ist dieses Bedürfnis wahrscheinlich stärker ausgeprägt.

Tatsächlich können Freunde einen durchschnittlichen 13-Jährigen emotional genauso unterstützen wie dessen Eltern, und das gilt sogar in noch höherem Maße für einen 17-Jährigen.[2] Eine kanadische Studie bestätigt die Wichtigkeit von Gleichaltrigen für Teenager und vergleicht sie mit der ihrer Eltern. Dabei wurden College-Studenten über ihr bisheriges Leben befragt. Eine Frage lautete: »Was hat dich mehr als alles andere unglücklich gemacht?« Während neun Prozent von einer für sie traurigen Begebenheit mit ihren Eltern berichteten, beschrieben 37 Prozent eine schmerzliche Erfahrung mit Gleichaltrigen.[3]

Etwa ab dem zehnten Lebensjahr beginnen Kinder, mit ihren Freunden über die schwierigeren Aspekte ihres Familienlebens zu sprechen. »Kinder unter zehn Jahren sind in Bezug auf ihre Eltern sehr loyal«, schreiben die Autoren von *Best Friends, Worst Enemies* (Beste Freunde, schlimmste Feinde), Michael Thompson, Lawrence J. Cohen und Catherine O'Neill-Grace.[4] Etwa ab 13 Jahren fangen sie an, die Schwächen ihrer Eltern bewusst wahrzunehmen, und tauschen scharfsinnige Beobachtungen darüber mit ihren Freunden aus. Bei Kindern ab etwa 15 Jahren sind lange psychologische Gespräche mit Freunden sogar noch häufiger – besonders bei den Mädchen.

Wenn die Jugendlichen anfangen, romantische Beziehungen einzugehen, kann es sein, dass diese Vorrang vor ihren Freundschaften haben. Aber auch das ist Teil eines kontinuierlichen Prozesses: Die Fähigkeiten, die die Kinder und Jugendlichen für ihre gleichgeschlechtlichen Freundschaften einsetzen, werden in ihren romantischen Bindungen weiterentwickelt.[5] Und während die Freundschaften der Jüngeren oft innerhalb von festen Cliquen verortet sind, lösen sich diese später auf, und die Teenager bewegen sich eher zwischen verschiedenen Gruppen hin und her. In den meisten Oberschulen lassen sich größere Gruppen identifizieren. Kenneth Rubin beschreibt, dass diese Gruppen »ein auf Ansehen beruhendes Kollektiv aus Individuen mit ähnlichen Zuschreibungen sind. Die Jugendlichen werden aufgrund von Übereinstimmungen der einen oder der anderen Gruppe zugeordnet, weil sie dieselbe Klasse oder dieselbe Schule besuchen. Auch wenn sich innerhalb einer solchen Großgruppe durch Freundschaft verbundene Subgruppen bilden, sind die Mitglieder im Allgemeinen nicht unbedingt gute Freunde und verbringen vielleicht noch nicht einmal viel Zeit miteinander.«[6]

Wenn Sie sich anschauen, was aus Ihrem Leben geworden ist, sehen Sie dann das Sprichwort vom Apfel, der nicht weit vom Stamm fällt, bestätigt?

Die Forscherin Judith Rich Harris argumentiert dagegen und behauptet: Außer dem genetischen Material, das von den Eltern stammt, üben diese wenig Einfluss auf ihre eigenen Kinder, die hauptsächlich von Peergroups sozialisiert und geformt werden, aus. Sogar Freunde haben nach Harris' Meinung wenig Einfluss, wobei sie allerdings als Mitglieder der Peergroup wirken können. Harris' Ansicht wird von anderen Forschern allerdings entkräftet, die aufgezeigt haben, dass Freunde sehr wohl einen nachhaltigen Einfluss auf Teenager ausüben. Aber Harris' Hauptthese – dass nämlich das Verhalten der Eltern das Schicksal der Kinder nicht bestimmt – ist in unserer Zeit durchaus bedenkenswert; heutzutage glauben ja viele Mütter und Väter, sie könnten ihre Teenager mit Willenskraft und durch all das, was sie ihnen anbieten, in eine bestimmte Richtung drängen.

Falls Sie eine schwierige Kindheit hatten, haben Sie vielleicht Ihre Freunde (und deren Zuhause) als einen Hort der Sicherheit und Ruhe in Erinnerung. Für Jugendliche mit problematischer Elternbeziehung können Freunde tatsächlich eine wertvolle Unterstützung darstellen.[7] Kinder mit hilfreichen besten Freunden leiden weniger unter negativer Selbstwahrnehmung als Kinder in vergleichbar trostlosen Familiensituationen, die keine Freunde haben. Bei guten Freunden können Teenager, die zu Hause schlecht behandelt werden, auch soziale Fähigkeiten lernen und ein Vorbild angeboten bekommen, wie man eine positive Beziehung führt.[8]

Weil es in der Forschung schwierig ist, den Einfluss von Freunden von dem der Eltern (und vielen anderen Faktoren) zu trennen, schlägt James P. Olsen von der University of Memphis vor, sich als gedachte Hilfskonstruktion eine Fläche mit vier Quadranten vorzustellen:[9] In der unteren linken Ecke haben wir die Teenager mit einem problematischen Zuhause und keinen oder schlechten Beziehungen zu Gleichaltrigen. Diese armen Kinder besitzen keinerlei Ausgleich zu ihrem Auf-sich-gestellt-Sein und zu der Zurückweisung, die sie erfahren, sodass diese beiden negativen Umstände sich über die Jahre wahrscheinlich gegenseitig verstärken werden. Im unteren rechten Quadranten befinden sich die Kinder mit schlechten Familienbeziehungen, aber guten Freunden, die eine ausgleichende Wirkung auf ihre psychische Gesundheit ausüben. Diese Teenager könnten unabhängige Menschen werden, die einen Weg gefunden haben, sich nicht in die negative häusliche Dynamik verstricken zu lassen, oder sie haben vielleicht in der Schule eine stabilisierendere soziale Rolle inne als zu Hause am Küchentisch. In der oberen linken Ecke sind die Kinder mit einem warmherzigen, unterstützenden Zuhause, aber schlechten Beziehungen zu Gleichaltrigen. »Vielleicht liegt es daran, dass bei ihnen zu Hause nicht die gleichen Dinge geschätzt werden wie bei den Gleichaltrigen im Ort«, sagt Olsen. »Vielleicht ist die Familie religiös oder interessiert sich nicht für Sport oder die Statusobjekte, die nötig sind, um zu den anderen zu gehören.« In der oberen rechten Ecke sind die glücklichen Teenager, die in verständnisvollen, funktionierenden Familien aufwachsen *und* starke Bindungen zu Freunden haben.

Niemand möchte in seiner Jugend allein sein, stellt der klinische Psychologe und Jugendexperte Carl Pickhardt fest. »Aber wenn man wenigstens einen Freund oder nur ein paar gute Freunde hat, braucht man tatsächlich nicht mehr.« Ich selbst hatte in meinem ersten Highschool-Jahr nur eine enge Freundin, Annika. Wir kamen auch mit den anderen gut aus und wurden nicht ausgegrenzt, obwohl wir ein bisschen streberhaft waren; wir gehörten einfach zu keiner der größeren Gruppen. Wir hatten eine Menge Spaß, wenn wir mittags zusammen aßen oder uns an den Wochenenden trafen, um unser Einkaufszentrum auf der Suche nach süßen Jungen von anderen Schulen zu durchstreifen – ich glaube, wir haben nie auch nur mit einem gesprochen. Wir sahen uns »Vom Winde verweht« und andere Filme an, die ganz sicher nicht dem Geschmack unserer Mitschülerinnen entsprachen, aber auch nicht völlig daneben waren. Ich glaube, wir hatten beide nie das Gefühl, wegen unserer Zweierfreundschaft benachteiligt oder ausgeschlossen zu sein.

Im Teenageralter gibt es bei den Kindern ein Freundschaftsmuster, das auf drei Variablen beruht, sagt Pickhardt.[10] »Ist der Jugendliche schüchtern oder kontaktfreudig? Ist er unsicher oder selbstsicher? Ist er ein Einzelgänger oder gesellig?« Diese drei Verhaltenszüge sind nicht immer so miteinander verknüpft, wie man es auf den ersten Blick vermuten würde. Zum Beispiel gibt es kontaktfreudige und selbstsichere Jugendliche, die trotzdem lieber allein sind, anstatt dauernd am Partyleben teilzunehmen. Probleme können aus einer Kombination entstehen, die dazu führt, dass der Jugendliche seine Bedürfnisse nicht erfüllen kann: der schüchterne, unsichere Jugendliche, der gern überall dazugehören würde, ist zum Beispiel unglücklicher als der Schüchterne, der nur ein paar Freunde braucht, um sich mit den anderen verbunden und von den Gleichaltrigen akzeptiert zu fühlen. Schüchternen, unsicheren und einzelgängerischen Teenagern fällt es sehr viel schwerer, Freunde zu gewinnen, aber auch sie können es schaffen.

Schon wenn ein Jugendlicher nur ein paar enge und auf Gegenseitigkeit beruhende Freundschaften hat, macht ihn das altruistischer, empfindsamer und unabhängiger;[11] außerdem wird er dann nicht so schnell ängstlich, depressiv oder aggressiv. Und wenn ein Jugendlicher von Gleichaltrigen zurückgewiesen wird, kann ein enger Freund wie ein Puffer wirken und verhindern, dass der Jugendliche seine soziale Stellung als steil abfallend wahrnimmt.[12] Die Testpersonen von John Coies Studie, die als Kinder der Kategorie »zurückgewiesen-aggressiv« zuzurechnen waren, entwickelten sich als Jugendliche eher zu Straftätern. Zwar äußert Pickhardt die Hoffnung, dass jeder Teenager seine soziale Situation verändern kann; befindet sich jedoch jemand seit der Kindheit in einer negativen sozialen Kategorie, wird es aufgrund der zunehmend sich verfestigenden psychischen Auswirkungen schwer, sich wieder daraus zu befreien.[13]

Entwicklungspsychologen scheinen sich darin einig zu sein, dass gute Freunde sehr viel wichtiger sind als allgemeine Beliebtheit. Eine weit verbreitete falsche Vorstellung von Teenagern ist die, dass man nur allgemein beliebt sein muss, um eine Menge Freunde zu haben. »Aber wenn du beliebt bist, merkst du, dass eine Menge Leute mit dir befreundet sein wollen, nur weil du beliebt bist«, sagt Pickhardt. »Umgekehrt ist es wie eine soziale Krankheit, wenn einer zu den ›Uncoolen‹ gehört. Die anderen haben das Gefühl, als würden sie sich anstecken, wenn sie sich mit ihm abgeben.«

Erwachsene fürchten im Allgemeinen nicht, dass es auf sie zurückfällt, wenn sie nett zu jemandem sind, der es schwer hat oder auf der sozialen Leiter weiter unten steht. Eher wirft das ein positives Licht auf sie. Aber Teenager mit ihrem noch nicht gefestigten Ich verhalten sich, als gäbe es eine Durchlässigkeit zwischen ihnen und demjenigen, zu dem sie nett sind. Es braucht einen reifen und starken Erwachsenen, um hinüberzugehen und sich neben den krankhaft fettleibigen Einzelgänger in der Ecke zu setzen, einen Erwachsenen, der nicht befürchtet, dass er geringer geschätzt wird, weil er sein Tablett neben das des Außenseiters stellt. Wenn ein Kind es fertigbringt, sich mit einem unbeliebten Kind anzufreunden, ohne dass sein eigener sozialer Status deswegen sinkt, wird es für andere leichter, das Gleiche zu tun. Dieses Thema wird häufig in Teenagerfilmen behandelt, ein Zeichen dafür, dass es Jugendliche tatsächlich bewegt: Zwei Freundinnen sind außerhalb der Schule glücklich, wenn sie zusammen sind; sie sind das perfekte Freundinnenpaar. Aber sobald sie die Schule betreten und sich unter dem kollektiven Blick der Peergroup befinden, zieht sich diejenige mit dem höheren Sozialstatus von der anderen zurück, weil für das grausame Urteil der Peergroup der Sozialstatus wichtiger ist als individuelle Bindung und ebensolches Glück.

Beim Heranwachsen von Kindern zu Teenagern scheint zu allen Zeiten und an allen Orten das Gleiche nach den Maßgaben der Entwicklungspsychologie zu gelten. Aber daneben entfalten sich Jugendliche auch abhängig von spezifischen kulturellen Erwartungen und in Reaktion auf soziale und technische Veränderungen. Zum Beispiel sind amerikanische Jugendliche besonders stark an Gleichaltrigen orientiert, verglichen mit Jugendlichen in anderen Ländern.[14] In den Vereinigten Staaten und Europa verbringen Teenager ein Drittel ihrer Zeit mit Freunden. In ostasiatischen Ländern dagegen – so Daniel Hruschka – haben Jugendliche weniger Zeit zur Verfügung, um mit Freunden zusammen zu sein.[15] Eine Studie mit Elftklässlern ergab, dass amerikanische

Jugendliche 18,4 Stunden in der Woche mit Freunden außerhalb der Schule verbrachten, während es bei japanischen Jugendlichen zwölf Stunden und bei taiwanesischen nur 8,8 Stunden waren.

Das Internet und die weitverbreitete Nutzung von Computern und elektronischen Mobilgeräten vermitteln manchem Erwachsenen den Eindruck, dass die Teenager von heute einen vollkommen neuen Menschentyp verkörpern – digitale Eingeborene, die in einer für andere nicht verständlichen Geheimsprache miteinander kommunizieren. Immerhin versendet die Hälfte der amerikanischen Teenager an einem Tag 50 oder mehr SMS-Nachrichten.[16]

Das Kapitel »Freunde im Netz« ab S. 257 befasst sich damit, wie sich die technische Revolution auf Freundschaften auswirkt. Meiner Einschätzung zufolge hat sich die Art der Interaktion von Teenagern nach diesem Quantensprung nicht grundsätzlich verändert; sie wird dadurch lediglich erweitert, weil die Jugendlichen heute über soziale Netzwerke, SMS oder andere einfache Wege miteinander in Kontakt treten und bleiben können. Die Tendenz von Teenagern, schnelle, unüberlegte Entscheidungen zu treffen, kann allerdings mit den sozialen Netzwerken des Internets eine gefährliche Liaison eingehen, da Klatsch und Gehässigkeiten sich dort rasend schnell und unendlich weit verbreiten können. Soziale Aggressionen können jederzeit in Gang gesetzt werden, nicht nur während der in der Schule verbrachten Zeit, und kleine Sticheleien und Dramen können mit einem einzigen Knopfdruck den Umfang einer Seifenoper annehmen. Wenn aber ein sozial benachteiligtes Kind nur Online-Freunde hat, bei denen es seine Identität ausleben kann, dann ist das immer noch besser, als hätte es überhaupt keine Freunde.

Und 35 Prozent der Teenager in den USA reden noch immer jeden Tag persönlich mit ihren Freunden, auch wenn sie zusätzlich über viele elektronische Wege mit ihnen kommunizieren.[17] So können sich in unserem Zeitalter die guten Aspekte des sozialen Lebens sogar noch verbessern, aber ebenso können sich die negativen Aspekte auch verstärken.

Wer ist Freund von wem?

Neben den positiven Funktionen der Freundschaft, Jugendlichen durchs Leben zu helfen und ihre Entwicklung zu fördern, kommt ihr auch die Ehre zu, am Entstehen von drei der erfolgreichsten Rockgruppen der Geschichte beteiligt gewesen zu sein:[18] von U2 (Larry Mullen, 14, hing in der Schule einen Zettel aus, dass er Musiker suchte, die in der Larry Mullen Band mitmachen wollten), von den Beatles (Paul McCartney, 15, überzeugte seinen Freund John Lennon, 16, eine Gruppe mit George Harrison zu bilden, einem 14-Jährigen, der in einer Konkurrenzgruppe an der Highschool für Jungen am Liverpool Institute spielte), und von den Rolling Stones (Keith Richards und Mick Jagger gingen beide in die Wentworth Primary School, in der Mick ein strebsamer Schüler war und Keith gerne mal den Schulbesuch schwänzte). Andere mittlerweile berühmt gewordene und aus Schulfreundschaften entstandene Musikgruppen sind zum Beispiel: Live, Wu-Tang Clan, Maroon 5, Red Hot Chili Peppers, Beastie Boys, Fishbone und Linkin Park.

Jede dieser Gruppen verkörpert eine bestimmte Haltung und

Ästhetik; indem die Mitglieder sich mit Musikern, die ein ähnliches Profil besaßen, zusammentaten, gewannen sie nicht nur eine Stärkung ihrer Identität, sondern auch ein künstlerisches Mittel, um sich auszudrücken und ihre Haltung und Ästhetik weiter zu kultivieren. Abgesehen von der Freude an der Musik, scheint es für Teenager auch wichtig zu sein, sich um Musikgruppen zu scharen – seien sie nun berühmt oder zunächst noch in der nächsten Garage beheimatet. In diesen Formierungen sehen sie ihren Stil und ihr Aussehen gespiegelt und können mit einer großen Gruppe von Freunden oder potenziellen Freunden zusammen sein, die von denselben Darstellern angezogen werden. Diese verkünden dann laut für alle: »Dies ist, was wir sind!« Erwachsene hören Musik vielleicht nur wegen der darin vermittelten Stimmung oder der Melodie oder weil ihnen die Texte gefallen; wenn Teenager zu Fans einer Band werden, ist das oft so, als würden sie dadurch gleichzeitig zu Mitgliedern einer bestimmten sozialen Gruppe.

Eine holländische Studie bestätigt, dass Jugendliche sich Freunde suchen, deren Persönlichkeitsstil und musikalische Vorlieben den ihren entsprechen.[19] Gleichzeitig fand das Forscherteam heraus, dass junge Leute sich aufgrund ihrer eigenen Wahrnehmung eines potenziellen Freundes zu ihm oder ihr hingezogen fühlen, nicht aufgrund von dessen tatsächlichem Charakter. Teenager projizieren Vorstellungen auf andere und machen damit die freundschaftliche Anziehung zu einem Produkt ihres eigenen Egos und zu einem Spiel, in dem beide Parteien zueinanderpassen. Diese Projektionen können sehr präzise sein, auch wenn sie nur auf nonverbalen Hinweisen beruhen wie zum

Beispiel der Kleidung.[20)] Angela Bahns vom Wellesley College fand heraus, dass zwei Menschen sehr schnell feststellen, dass sie die gleichen Ansichten haben, und zwar aufgrund von Faktoren wie persönlicher Stil oder Kleidung. Mehrere Gesichtspiercings zum Beispiel machen noch keine besten Freunde, aber sie kommunizieren offenbar potenziellen Freunden mehr als nur: »Ich mache mir gern Löcher in mein hübsches Gesicht.«

Jesse Rude und Daniel Herda verglichen in einer Studie ein Jahr lang die Freundschaften von Oberschülern, die sich während dieser Zeit auflösten, mit denen, die erhalten geblieben waren.[22)] Es zeigte sich, dass die Jugendlichen mit den dauerhafteren Freundschaften sich in Bezug auf Schulnoten, Schulverhalten und Alkohol- und Zigarettenkonsum ähnlicher waren als die Schüler der Vergleichsgruppe. Erstaunlicherweise gab es bei den sogenannten besten Freunden eine hohe Instabilität: Bei drei Viertel der Versuchsgruppe waren diese Zweierbeziehungen nach einem Jahr auseinandergebrochen. Dieses Ergebnis unterstreicht nach Meinung der Autoren die Notwendigkeit, mehr Forschung über die Faktoren zu betreiben, welche Freundschaften stabil erhalten, sowie über diejenigen, die eine Freundschaft überhaupt erst entstehen lassen.

Ruda und Herda untersuchten auch die Stabilität von Freundschaften zwischen Menschen verschiedener Hautfarbe. Es lagen bereits Forschungsergebnisse vor, nach denen Unterschiede in der Hautfarbe ein größeres Hindernis für das Zustandekommen einer Freundschaft darstellen als Klassenunterschiede: Schüler derselben Hautfarbe, bei deren Müttern ein extrem großer Unterschied in Bezug auf Bildungsabschlüsse besteht (bis zu

20 Jahren), freunden sich eher miteinander an als ein schwarzer und ein weißer Schüler. Wenn sich jedoch zwischen Kindern verschiedener Hautfarben entgegen allen Erwartungen Freundschaften bilden, so hat sich gezeigt, dass negative Einstellungen gegen Andersfarbige abgebaut werden und sich die Chancen für Minoritäten in Schule und Arbeitswelt erhöhen. Da Freundschaften zwischen verschiedenfarbigen Menschen also offenbar ein mächtiges Werkzeug für einen sozialen Wandel sein können, argumentieren Herda und Rude, ist es wichtig zu erfahren, welche Rolle sie bei Teenagern spielen. In ihrer Untersuchungsgruppe waren diese Freundschaften jedoch über die Dauer eines Jahres gesehen weniger stabil als Freundschaften zwischen Teenagern derselben Hautfarbe, auch wenn die Ähnlichkeiten der Gruppen in anderen Bereichen gleich hoch waren.

Wenn durch Freundschaften die Geschlechterkluft überbrückt wird, sieht Pickhardt darin allgemeine Vorteile für die beteiligten Teenager. »Freundschaften zwischen den Geschlechtern kommen eher in kleineren privaten Schulen vor, in denen das soziale Leben nicht so festgeschrieben ist wie an großen Highschools. Was Jugendliche von ihrem eigenen Geschlecht über das andere hören, sind sehr stereotype Informationen. Das ist eine sehr eingeengte Sicht«, sagt er.[23)] Folglich, so Pickhardts These, werden diejenigen, die von Freunden direkte Einblicke in das Erleben und Empfinden des anderen Geschlechts erhalten, später bessere Erfahrungen mit romantischen Beziehungen machen.

Alexys Vorbe, eine 17-Jährige aus Port-au-Prince, Haiti, ist häufig zu Besuch bei ihren Verwandten in den Vereinigten Staaten und hat einen kulturellen Unterschied in Bezug auf geschlechtsübergreifende Freundschaften festgestellt. »Wenn man hier in den Vereinigten Staaten mit einem Jungen ausgeht, sieht es sofort aus wie ein Date«, sagt sie. »Bei uns mischt sich das mehr. Wenn ich ausgehe, zu einer Party oder so, holt mich immer ein Freund ab, mit dem ich aber nicht zusammen bin. Und ich höre mir gern an, was meine männlichen Freunde über andere Mädchen sagen, also zum Beispiel, was sie an ihnen stört.«[24]

Alexys hat auch das Gefühl, dass sich Freunde in Haiti näher stehen, teilweise weil sich das soziale Leben dort um Familien dreht, die mit anderen Familien zusammenkommen. Alexys kennt viele ihrer Freunde und Freundinnen, schon seit sie zurückdenken kann, und ihre Eltern haben zu den meisten Eltern ihrer Freunde eine enge Beziehung. Dadurch werden die Freundschaftsbande nochmals gefestigt und vertieft. »Wir machen Partys, gehen Pizza oder Eis essen, aber meistens hängen wir alle bei einem von uns zu Hause rum, weil es nicht viel anderes zu tun gibt. In Haiti gibt es keine Kinos oder Einkaufszentren. Unsere Beziehungen sind auch deshalb enger, weil wir mehr miteinander reden«, erzählt Alexys.

Das schreckliche Erdbeben im Januar 2010, das Haiti verwüstete, wirbelte Alexys' soziale Welt durcheinander. Glücklicherweise verlor sie niemanden, der ihr sehr nahestand, aber einige Cousins und Cousinen wurden schwer verletzt, und viele Klassenkameraden zogen fort. Da ihre Schule zu zerstört war, um darin Unterricht abzuhalten, zogen auch Alexys, ihr Bruder und ihre Mutter für sechs Monate in die Vereinigten Staaten nach Miami, Florida. (Alexys' Familie ist mit mehr Wohlstand gesegnet als die durchschnittlichen Haitianer.) Die Familie nahm Alexys' beste Freundin Chloe mit, mit der Alexys von klein auf eng befreundet war – die beiden Mädchen waren nur zwei Tage nacheinander geboren worden und hatten immer ihre Geburtstage zusammen gefeiert. »Als wir in Florida zusammenwohnten, war das eine gute Erfahrung für uns beide. Dann kamen wir wieder nach Hause, und sie fing an, mir Sachen zu verheimlichen. Sie sagte anderen Dinge über mich, anstatt sie mir ins Gesicht zu sagen. Sie war sogar mit einem Jungen zusammen, aber ich habe es von jemand anderem gehört, sie hat's mir nicht erzählt.«

Die Zeit in Florida hatte für Alexys das Verbundenheitsgefühl mit Chloe noch verstärkt, daher war für sie die plötzliche Veränderung der Freundschaft – die sich Alexys niemals wirklich erklären konnte – umso schmerzhafter. Obwohl Teenagerfreundschaften oft instabil sind, glauben viele Jugendliche ebenso wie Kinder, dass ihre Freundschaft immer und ewig bestehen bleibt. Das Wissen darum, dass solche Dauerhaftigkeit eher selten vorkommt, könnte ihnen helfen, mit schmerzhaften Erfahrungen besser fertigzuwerden.

»Sie war diejenige, mit der ich immer zusammen war«, sagt Alexys. »Als unsere Freundschaft auseinanderging, konnte ich anfangs nicht schlafen und nicht aufhören zu weinen. Wir sehen uns noch immer, weil unsere Eltern eng miteinander befreundet sind, aber sie hat sich verändert. Früher sind wir zu jeder Party zusammen hingegangen. Jetzt rufe ich sie an und frage, ob sie auf eine Party geht, aber sie sagt immer Nein.« Alexys fängt jetzt ihr letztes Highschool-Jahr an und hat andere enge Freundschaften – darunter mit einem Jungen, der schon auf dem College ist. »Wir reden nicht oft miteinander, aber wenn wir es tun, ist es, als hätten wir unser letztes Gespräch gar nicht unterbrochen. Seit dem Erdbeben weiß ich, welche Freunde wirklich da sind, wenn ich sie brauche.«

Freunde, Schulen und Wohnviertel

Wenn ein Jugendlicher Freunde hat, denen gute Zensuren wichtig sind, kann sich sein eigener Notendurchschnitt dadurch verbessern.[25] Schüler, die neu an der Oberschule sind und sich mit Schülern anfreunden, die die Klassenregeln respektieren, schneiden bei ihren Schulaufgaben besser ab. Das Gegenteil trifft aber ebenso zu – wer sich mit Problemschülern anfreundet, dessen Noten verschlechtern sich innerhalb eines Jahres. Überraschend war allerdings das Ergebnis einer Studie der University of Oregon Child and Family Center:[26] Hier schnitten Mädchen, die in der sechsten Klasse keine guten Schulleistungen aufwiesen und sich mit leistungsstarken Schülerinnen anfreundeten, am Ende des Jahres noch schlechter ab. Als Grund hierfür nahmen die Autoren der Studie an, dass der Vergleich mit den leistungsstarken Freundinnen ihr Selbstvertrauen noch mehr untergrub. Mädchen, die bereits gut waren und sich mit sehr leistungsstarken Freundinnen zusammentaten, wurden im Laufe der Zeit noch besser. Sie konnten mit der Herausforderung einer auf gute Zensuren bedachten Peergroup gut umgehen und blühten in dieser Umgebung noch auf. Einer der Autoren, Thomas Dishion, betont die große Bedeutung des Übergangs von der Grund- zur Oberschule: In einer anderen Studie untersuchte er die Beziehungen

149

zu Gleichaltrigen von 13-, 15- und 17-jährigen Jungen und verglich sie damit, wie gut angepasst die Jungen mit 24 Jahren waren (auf der Grundlage ihres Arbeitsniveaus, ihres Schulengagements und der Tatsache, ob sie im Gefängnis gewesen waren oder nicht).[27] Die Einflüsse bei den 13-Jährigen erwiesen sich als diejenigen, welche für den Status als Erwachsener am vorhersagekräftigsten waren.

Die Forscherin Judith Rich Harris, deren Auffassung nach die Eltern keinen aktiven Einfluss auf ihre Kinder nehmen können, führt für ihre These eine wichtige Ausnahme an: Die Eltern entscheiden, wo ihre Kinder wohnen und zur Schule gehen und bestimmen damit auch weitgehend die Peergroup, welche wiederum die Kinder beeinflusst.[28] »Indem die Eltern eine Wohngegend wählen, können sie die Chancen erhöhen oder verringern, dass ihr Kind später zum Schulabbrecher wird, Verbrechen verübt, Drogen konsumiert oder ungewollt schwanger wird«, schreibt Harris.[29]

Nehmen wir als Beispiel eine sogenannte Risikofamilie mit afroamerikanischen Kindern ohne Vater, in der die Mutter über ein geringes Einkommen verfügt. Harris berichtet von einer Studie, die ergeben hat, dass Kinder mit diesem Risikoprofil, die in einer armen Gegend wohnten, aggressiver waren als diejenigen, die in einer Mittelschichtgegend wohnten.[30] Die Kinder mit dem gleichen Risikofamilien-Profil, welche in einer Mittelschichtgegend wohnten, waren nicht aggressiver als der Durchschnitt dort. Harris zieht daraus nun den Schluss, dass diese Teenager die Normen der Gleichaltrigen um sich herum übernahmen, ohne dass ihr Zuhause eine Rolle spielte.

Wenn Kinder in einer Peergroup festhängen, die nicht dieselben Werte wie ihre Eltern vertritt, könnte ein Umzug für sie vielleicht eine Art »Heilmittel« darstellen. Andererseits ist genau diese Verbindung mit einer Peergroup der Grund, warum Umzüge – vor allem wenn sie häufig stattfinden – im Allgemeinen für Teenager schwer zu verkraften sind. Neue Freunde zu finden und in die richtige Gruppe aufgenommen zu werden, braucht auf jeden Fall Zeit, aber ein Umzug birgt für Teenager oft eine zusätzliche Aufgabe: das Analysieren einer neuen Subkultur mit anderen Regeln und winzigen Signalen, die an einem anderen Ort vielleicht überhaupt nichts bedeutet hätten. Jeder neue Schauplatz erfordert, dass sie sich neue Verhaltensweisen angewöhnen und ihren Platz in einer anderen sozialen Ordnung finden. »Kinder, die viel umgezogen sind – ob sie nun einen Vater haben oder nicht – werden eher von Gleichaltrigen zurückgewiesen; sie haben mehr Verhaltensprobleme und mehr schulische Probleme als diejenigen, die an einem Ort blieben«, schreibt Harris. Weil geschiedene oder von ihrem Mann verlassene Mütter oft einen finanziellen Einbruch erleben und deswegen in eine weniger teure Gegend ziehen müssen, könnte der Umzug und nicht das Wegfallen der männlichen Person im Haushalt erklären, warum die Kinder von allein lebenden Elternteilen oft schlechter in der Schule abschneiden als diejenigen mit einem intakten Zuhause. Der Grund wäre dann nicht darin zu sehen, dass der Vater fehlt, sondern dass sein Einkommen nicht mehr da ist und die Kinder deswegen in einer raueren Wohngegend mit raueren Freunden landen, die entsprechenden Einfluss auf sie ausüben.

Andy, 17, geht in die letzte Klasse einer Highschool in einem schicken New Yorker Vorort. Andy lebt bei der alleinerziehenden Mutter und wohnt in einer Wohnung, die nach allgemeinen Standards als sehr hübsch und geräumig eingestuft würde, in dieser Villengegend aber zu den kleinsten gehört. Indem die Mutter sich dafür entschieden hat, als kleiner Fisch in einem Schwarm von großen Fischen zu leben, hat sie ihrem Sohn einen wesentlichen Vorteil in unserer Konkurrenzgesellschaft verschafft. An der öffentlichen Schule, auf die er geht, sind den Schülern die Leistungen sehr wichtig. Andy schreibt seinen eigenen Erfolg (er hat nur die besten Zensuren, gehört zur Leichtathletikmannschaft, ist schon an einem renommierten College angenommen) nicht dem Einfluss der Gleichaltrigen zu. Er glaubt, dass es für ihn selbstverständlich ist, für seinen Erfolg zu arbeiten, weil seine beiden Eltern und sein großer Bruder aufs College gegangen sind. Natürlich hat auch der Ausbildungsstandard in der Familie (abgesehen von der genetischen Veranlagung) eine Auswirkung, aber ebenso wichtig ist die Tatsache, dass an Andys Schule alle das Ziel haben, »es aufs beste College zu schaffen«. Tatsächlich gehen alle in Andys Klasse aufs College, »es sei denn, sie fahren vorher ein Jahr ins Ausland«, erzählt Andy.[31] Diese Quote ist noch höher als die der durchschnittlich 67 Prozent Highschool-Abgänger, welche sich in New York State für ein College anmelden.[34] Andy ist klug und fleißig und hat in seinen Eltern und Geschwistern gute Beispiele vor Augen, aber dass er von Gleichaltrigen umgeben ist, die sich ganz selbstverständlich anstrengen, um auf ein Spitzencollege gehen zu können, macht es Andy sehr viel leichter, seinen schon vorhandenen Antrieb und seine Fähigkeiten gezielt einzusetzen.

Es überrascht nicht, dass es in armen Wohnvierteln mehr Jugendkriminalität und -gewalt als in besseren Gegenden gibt. Wenn eine Person Freunde hat, die ein nicht akzeptiertes Sozialverhalten zeigen, steigt die Wahrscheinlichkeit, dass sie später in ernsthafte kriminelle Delikte verwickelt sein wird – was die Wahl eines Wohnbezirks noch wichtiger macht.[32]

In einer Untersuchung wurde der Einfluss von Elternverhalten und abweichendem Sozialverhalten von Freunden auf die Neigung zu kriminellem Verhalten Jugendlicher, welche in armen, benachteiligten Wohngegenden in Philadelphia und Phoenix wohnten, untersucht.[33] Wieder stach der Einfluss der Freunde den der Eltern aus: Das Zusammensein mit Unruhestiftern ließ kriminelles Verhalten wahrscheinlich werden, das Elternverhalten – ob nun positiv oder negativ – hatte keine merklichen Auswirkungen. Und während man annehmen sollte, dass der stärkere »soziale Zusammenhalt« in einer ärmlichen Gegend etwas Positives ist, führte dieser Faktor nur zu fester zusammenhängenden Peergroups und damit zu verstärktem kriminellem Verhalten.

Als Greg Dimitriadis sich noch als Doktorand an der Universität von Illinois befand – heute lehrt er als Professor für Erziehungs- und Politische Wissenschaften an der Universität Buffalo –, arbeitete er in einem Stadtteilzentrum im Herzen einer armen, von Verbrechen geplagten Gegend außerhalb Chicagos.[34] Dort lernte er zwei 15-Jährige kennen, Rufus und Tony, die beste Freunde waren. Dimitriadis verfolgte ihr Leben über eine Dauer von fünf Jahren und verarbeitete seine Erfahrungen in dem Buch *Friendship, Cliques, and Gangs: Young Black Men Coming of Age in Urban America,* das die Klischees über Jugendliche in sozialen Brennpunktsiedlungen unter die Lupe nimmt. »Es gibt zwei Identifikationsstereotypen«, sagt Dimitriadis, »für die zwei Filme und deren Titel stehen können: *Hoop Dreams* (der Traum, sich aus dem Ghetto herauszuarbeiten) und *Menace II Society* (ein cooler Gangsta werden).«[35)] Dimitriadis' Buch unterstreicht die tragische Realität, dass ein »guter« Abschluss der Zeit als Heranwachsender für junge Männer in diesem Viertel vor allem bedeutet, nicht im Gefängnis zu landen und nicht getötet zu werden, und somit nichts zu tun hat mit dem »guten« Abschluss der Jugendzeit, um das es Sozialwissenschaftlern normalerweise in ihren Studien über Jugendliche geht.

Dimitriades beschreibt in seinem Buch, wie Rufus und Tony sich selbst als einer Clique zugehörig betrachteten, die von der Gang des Viertels unabhängig war. Tony war drei Jahre Mitglied der Gang, und in dieser Zeit war die Clique für ihn ein Rückzugsort von dem Stress, der Gewalt und schließlich sogar der Verfolgung durch Rivalen, deren Rache er fürchten musste. Tony drängte seinen Freund Rufus nicht, sich ebenfalls der Gang anzuschließen, sondern war im Gegenteil stolz darauf, dass dieser sich nicht in deren Aktivitäten hineinziehen ließ. Rufus sorgte allein für seine kränkliche Mutter, was eigentlich eine zu große Verantwortung für einen Jugendlichen darstellte. In Tony hatte er jemanden, der ihm ganz praktisch half und ihn bei seinen Aufgaben unterstützte.

Wenn Jugendliche sich Gangs anschließen, wird als Grund dafür oft ein Bedürfnis nach Zugehörigkeit und Liebe angenommen. Tatsächlich, so Dimitriadis, »sind es eigenständige Jugendliche, die sich Gangs anschließen. Ihre Motivation ist eigennützig – sie suchen Schutz, Respekt, Mädchen, Geld. Die Bindung an die Gang ist nicht besonders stark, und die Mitgliedschaft ist außer auf den Führungsebenen formal nicht festgeschrieben. Wenn Probleme auftauchen, ist es mit der Loyalität nicht weit her.«[36]

Tonys Erfahrung ist typisch: Nicht die Gang bot ihm emotionale Unterstützung, sondern Rufus und die Clique. Aber die Zugehörigkeit zur Gang war ein Mittel, in einem größeren Rahmen in die Gemeinschaft des Viertels integriert zu sein, auch wenn er sonst davon kaum einen Vorteil hatte. Rufus seinerseits war es oft peinlich, dass die Erwachsenen ihn lobten, weil er einem kriminellen Leben widerstand; er wurde als das »gute« Kid dargestellt. Dimitriadis kommt zu dem Schluss, dass das Stadtteilzentrum bei der Freundschaft von Rufus und Tony eine wichtige Rolle spielte. »In der Schule werden Kinder oft abgestempelt; das war in diesem Stadtteilzentrum nicht der Fall«, sagt er. »Im Zentrum schätzten wir Tonys Fähigkeit, mit jüngeren Kindern umzugehen. So war das Zentrum für ihn ein Ort, wo sein besseres Ich zum Vorschein kommen konnte; und dort konnten sich auch Freundschaften entwickeln.«

Jugendliche betrachten Erwachsene oft sehr kritisch, und viele Erwachsene ärgern sich über Heranwachsende, fühlen sich von ihnen eingeschüchtert oder sind ihnen gegenüber gleichgültig eingestellt. In unserer Kultur sind die verschiedenen Altersstufen stark voneinander abgegrenzt. Daher interessierte mich an Dimitriadis' Geschichte auch die Freundschaft zwischen Greg, dem Akademiker Ende 20, und Rufus und Tony, den toughen Großstadtkids. Wie entwickelte sich diese Beziehung zwischen einem

155

viel älteren Weißen aus der Mittelschicht und den schwarzen Unterschichtjugendlichen? »Die Verbindung entstand daraus, dass wir uns gegenseitig einen Gefallen erwiesen«, sagt Dimitriadis.[37] »Ich fragte sie, ob ich sie für meine Arbeit interviewen durfte, und sie fingen an, mich für alltägliche Erledigungen zu beanspruchen. Bei ihnen ging es mehr um Sachen, die ihnen fehlten und um die täglichen Herausforderungen, mit denen sie klarkommen mussten. Welche Hilfe man braucht, hängt davon ab, wo man im Leben gerade steht. Manchmal braucht man die moralische Hilfe eines Freundes, wenn man aber Lebensmittel kaufen muss und kein Auto hat, ist Letzteres in dem Moment das vordringlichste Bedürfnis.«

Ich wollte wissen, ob Greg sich wie jemand vorgekommen war, der gute Taten verrichtete, als er diesen Kids bei der Bewältigung ihrer miesen Lebensumstände half, oder ob er sich selbst als jemanden gesehen hatte, zu dem sie aufschauen konnten, jemand, der ihnen einen Eindruck davon vermitteln konnte, wie die Welt außerhalb ihrer brutalen Gegend aussah. »Ich würde niemals behaupten, dass ich ein Vorbild war. Das wäre anmaßend«, sagt Greg. »Eher hatten sie Vorbildcharakter für mich, denn ich bekam mit, was sie jeden Tag durchzumachen hatten. Ich fühlte mich nicht edel; es war wie das gute Gefühl, das man hat, wenn sich eine echte Freundschaft entwickelt.« Dass Greg im Stadtteilzentrum arbeitete, legitimierte ihn in den Augen der Erwachsenen im Viertel; ansonsten »hätten die Leute vielleicht Bedenken gehabt wegen dieses älteren weißen Typen, der da dauernd rumhing«, sagt Dimitriadis. Die drei stehen noch immer in Kontakt – Rufus und Tony sind jetzt in ihren Dreißigern und haben Kinder. Könnten denn offizielle Mentorenprogramme nun ähnliche Ergebnisse erzielen? Dimitriadis bezweifelt das: »Freundschaft muss von beiden Seiten gewollt sein. Deswegen dürfte es mit zugewiesenen Mentoren schwierig sein. Das ist kein gutes Modell.«

Etwa um dieselbe Zeit, aber auf der anderen Seite des soeben beschriebenen ökonomischen Spektrums, entwickelte sich an der Elite-Internatsschule Froton mit Kindern aus der weißen Mittelschicht eine Freundschaft zwischen einem 15-Jährigen und einem 59-jährigen Geistlichen. »Jack Smith war mein Bibelkundelehrer«, sagt Matt Hutson, heute 33, »und ich war offen bekennender Atheist.«[38] Am zweiten Tag des Unterrichts zählte Hutson sämtliche Widersprüche in der Schöpfungsgeschichte auf, und Smith, der der Episkopalkirche angehörte, war beeindruckt von dem Mut des Jungen.

»Matt hat größere intellektuelle Fähigkeiten als ich. Die hatte er damals schon«, sagt Smith, heute 77 Jahre alt. »Wir sprachen über einfache Dinge, zum Beispiel über den Besuch des Unterrichts, aber bei ihm wurde aus allem eine große Sache, man landete ganz schnell bei ernsthaften Themen wie der Erderwärmung. Für mich ist es faszinierend, wie er denkt.«[39]

»Er blieb nicht nur mein Lehrer, sondern wurde mein Freund«, sagt Hutson, der Smith für den Rest seiner Highschool-Jahre zum Beratungslehrer wählte. Während dieser Zeit litt Hutson unter Depressionen und musste deswegen für kurze Zeit in eine Klinik. »Im letzten Jahr verpasste ich eine Menge Unterricht, weil ich dauernd verschlief. Wegen eines Antidepressivums, das ich nehmen musste, fiel es mir schwer, morgens aus dem Bett zu kommen. Jack fing an, mich vor dem Frühgottesdienst zu wecken.«

»Wenn ich in sein Zimmer ging, um ihn zu wecken«, erzählt Smith, »bat mich Matt, ihm eine Textaufgabe zu geben, um sicher zu sein, dass er wirklich wach war. Das war nicht einfach für mich, weil ich Mathe hasse, und ich fing an, mich davor zu graulen, mir jeden Morgen für ihn eine Textaufgabe auszudenken! Aber wir haben das Jahr gut überstanden. Solche Sachen festigen eine Freundschaft.«

»An einem Samstagmorgen war mir nicht danach, der Welt ins Auge zu sehen. Also schlief ich wieder ein, nachdem Jack mich geweckt hatte«, sagt Hutson. »Als wir später darüber sprachen, sagte er ›Du bist kein Arschloch, aber du hast dich wie eins verhalten.‹ Ich dachte ›Ja, genau so ist es.‹«

»Matt hat einmal zu mir gesagt ›Wer bin ich? Ich bin der Junge, dessen bester Freund an seiner Highschool der Geistliche ist!‹ Er wurde von den anderen akzeptiert und sogar bewundert. Aber er gehörte nicht wirklich zu ihnen«, sagt Smith.

Hutson erinnert sich, dass er zu selbstkritisch war, um sich in dem Maße ins Sozialleben einzubringen, wie er es gern gewollt hätte. »Es war nicht so, dass die anderen mich ablehnten«, sagt er, »ich hab mich selbst rausgehalten. Ich wünschte, ich wäre besser integriert gewesen, aber ich wusste nicht wirklich, wie man Risiken eingeht oder wie ich mich in Interaktionen einbringen sollte. Jack bot mir damals Stabilität. Er ist sehr weise, und er verstand, was in einem Jugendlichen vorgeht, deswegen konnte er gut auf mich eingehen.«

Die beiden tauschen heute regelmäßig E-Mails aus, und Hutson besuchte Smith, der jetzt im Ruhestand ist, schon ein paarmal in Cape Cod. Wenn Smith nach New York kommt, wo Hutson als wissenschaftlicher Autor tätig ist, gehen sie zusammen essen. »Als Geistlicher merke ich manchmal, wenn Leute Hilfe brauchen«, sagt Smith. »Aber mit einer solchen Freundschaft ist es ausgeglichener. Und ich habe sowieso immer mehr von Matt bekommen als er von mir. Es war nie so, dass nur ich ihm etwas gegeben hätte, nicht einmal damals. Ich bewundere ihn sehr – er hat diese Depressionen, aber er hält sich großartig.«

»Jack hat mir gesagt, ich sei einer der tapfersten Menschen, die er kennt«, sagt Hutson. »Ich kann dieses Kompliment noch immer nicht ganz akzeptieren. Dass jemand, den ich so sehr respektiere, diese hohe Meinung von mir hat, ist wirklich etwas ganz Besonderes.« Hutson meint, dass er ohne die Unterstützung von Smith – einschließlich seines Weckservices – seinen Highschool-Abschluss vielleicht gar nicht geschafft hätte, wodurch sein Leben sicher weniger positiv verlaufen wäre. Gleichaltrige sind äußerst wichtig für Jugendliche, aber nicht nur unter ihnen können sie einen wahren Freund finden – und dadurch auch ein gewisses Seelenheil (sogar Nichtgläubige).

Wie Freunde einander beeinflussen: Ansteckung, Druck und Training

Wir wissen, dass der Einfluss Gleichaltriger während der Teenagerzeit besonders groß ist.[40)] Als Sie in jenem Alter waren, haben sich Ihre Eltern wahrscheinlich auch Sorgen gemacht, ob Ihre Freunde womöglich das süße, unschuldige Kind, das Sie in ihren Augen immer noch waren, zu »schlechtem« Verhalten anstiften würden. Mit diesem Thema befasst sich auch ein großer Teil der Jugendforschung. Tatsächlich breitet sich in Freundesgruppen oft ein unvernünftiges Verhalten aus, einer ansteckenden Krankheit nicht unähnlich. Aber wie kommt es nun dazu? Passiert es wie in den klischeehaften nachmittäglichen Fernsehsendungen für Jugendliche, in denen ein aufdringlicher Teenager einen stilleren dazu verführt, mit ihm zu rauchen oder andere verbotene Sachen anzustellen? Vielleicht erinnern Sie sich noch an die wilden Partys während Ihrer eigenen Schulzeit und ahnen bereits, dass der Weg zum unerlaubten Verhalten mit sehr viel feineren Hinweisen an Ihr Gewissen gesäumt war als lediglich dem großen Schild mit der Aufschrift »Alle tun es!«

Betrachten wir dazu den in der englischsprachigen Jugendforschung verwendeten Begriff »Einübung abweichenden Verhaltens« (deviancy training) und seine Bedeutung.[41] Dabei geht es um einen der Mechanismen, die den Einfluss der Teenager aufeinander zu erklären versuchen. Es wird angenommen, dass die Beeinflussung stattfindet, während die Jugendlichen zusammensitzen und sich über abweichendes Verhalten austauschen; sie sagen zum Beispiel: »Als ich neulich dieses Ding gedreht habe …« oder: »Wäre es nicht cool, in den und den Laden einzubrechen?« Diese Art Unterhaltung gefällt den Teilnehmern (sie lachen, lächeln oder nicken einverständig) und fördert gleichzeitig abweichendes Verhalten. Thomas Dishion von der University of Oregon hat das Einüben von abweichendem Verhalten über Jahre hinweg beobachtet und schreibt in einer seiner Arbeiten, dass es den Teenagern dabei natürlich nicht um den Prozess des Einübens abweichenden Verhaltens geht – dieser ist ihnen gar nicht bewusst. Ihre Motivation für solche Unterhaltungen besteht in dem Wunsch, einer Zuhörerschaft von Freunden zu gefallen und auch noch deren Freunde dazuzugewinnen. Die Taten selbst, die Inhalt der Unterhaltungen sind, spielen eine untergeordnete Rolle.

Dishion und seine Kollegen fanden sogar heraus, dass man aufgrund der Länge einer derartigen Unterhaltung zwischen miteinander befreundeten Jugendlichen die Wahrscheinlichkeit vorhersagen konnte, ob sie »früh antisozial«, »spät antisozial« oder »erfolgreich« wurden. Diejenigen Freunde, die nicht mehr aufhören wollten, über ihre Normverstöße zu reden, und die auch gar nicht mehr zu anderen Gesprächsthemen übergehen konnten, neigten eher dazu, den Rest ihrer Teenagerzeit ein problematisches Verhalten zu zeigen. Wenn Sie also eine 14-Jährige sehen (in diesem Alter ist der Widerstand gegen den Peergroup-Druck am geringsten), die aufgeregt und wiederholt über abweichendes Verhalten redet, so brauchen Sie laut Dishions Untersuchung nicht überrascht zu sein, wenn dieselbe Person sich im Alter von 24 antisozial verhält.[42] Je mehr Praxis ein Heranwachsender in der Kunst des Redens über abweichendes Verhalten erwirbt, desto eher muss er Material und Geschichten sammeln, um diese Stärke beizubehalten.[43]

Nun könnte man annehmen, dass es vielleicht nicht das Gespräch an sich ist, das die Freunde darin trainiert, Dummheiten zu machen, sondern dass sich Teenager zusammenfinden, die bereits eine Disposition für abweichendes Verhalten haben. Nach Ansicht von Laurence Steinberg, Psychologieprofessor an der Temple University, verhält es sich hier wie mit der Anlage-Umwelt-Diskussion: Wir werden die Gründe für die Auswahl der

Freunde und die Sozialisation innerhalb der Freundschaft nicht klar voneinander trennen können. Daher geht man am besten davon aus, dass hier mehrere Kräfte am Werk sind. »Die Eltern sollten wissen, dass ihr Kind kein Engel ist, das von der Gruppe verdorben wird. Es hat selbst etwas damit zu tun«, sagt Steinberg.[44]

Steinberg und sein Team untersuchten kürzlich den Druck der Peergroup aus einer weiteren Perspektive. Ihre Fragestellung dabei lautete, ob die Tendenz, in Gegenwart von Freunden höhere Risiken einzugehen, mit dem Belohnungssystem im Gehirn und/oder einem kognitiven Kontrollsystem zu tun hat, das die Impulskontrolle und den Abgleich von Wahlmöglichkeiten steuert.[45] Mit bildgebenden Verfahren maßen sie die Gehirnaktivität in diesen Hirnregionen, während Jugendliche und Erwachsene mittels eines Videospiels ein Auto durch den Verkehr steuerten. Um eine Motivation zu schaffen, Risiken auf sich zu nehmen, wurde den Teilnehmern für das Erreichen des Ziels in der vorgegebenen Zeit ein Geldpreis in Aussicht gestellt. Die Testpersonen wurden gebeten, zu dem Experiment Freunde gleichen Alters und gleichen Geschlechts mitzubringen. Nun spielten sie zunächst allein und dann in dem Wissen, dass ihre Freunde in einem anderen Raum das Spiel auf einem Monitor verfolgten.

Bei Erwachsenen stellte man keinen Unterschied in der Belohnungsregion des Gehirns fest; es spielte keine Rolle, ob ihre Freunde zusahen oder nicht. Sie waren auch nicht risikofreudiger, fuhren nicht bei Gelb und gingen keine anderen Risiken ein, um schneller zu sein. Jugendliche dagegen zeigten eine erhöhte Aktivität des Belohnungszentrums, wenn ihre Freunde zusahen, und nahmen entsprechend höhere Risiken in Kauf.[46] (Mädchen waren grundsätzlich weniger risikofreudig als Jungen, aber die Zunahme der Risiken, die sie eingingen, wenn ihre Freunde zusahen, entsprach der der Jungen.)

Allein das Zusammensein mit Gleichaltrigen hat bereits eine besonders belohnende Wirkung auf Teenager, sagt Steinberg. Sinnvoll ist es, hier von einer komplexen Wirkung auszugehen, da »einige Untersuchungen zeigen, dass das Aktivieren des Hirnschaltkreises mit einer Art Belohnung, zum Beispiel Drogen, den Schaltkreis derart ankurbelt, dass er anderen Belohnungen, zum Beispiel Geld gegenüber sensibler wird«, sagt Steinberg.[47] Die Studie, fügt er hinzu, veränderte seine Sichtweise darauf, wie der Druck innerhalb von Peergroups funktioniert. »Es ist nicht so, dass die Jugendlichen ihre Freunde ausdrücklich zu etwas drängen. Bei unserer Untersuchung waren sie noch nicht einmal im selben Raum. Die im Hirn sichtbare Belohnung für das Eingehen eines Risikos war einfach stärker, wenn Freunde zusahen.«

Eine andere Form der Kommunikation, durch die vor allem Freundinnen sich gegenseitig beeinflussen, ist das gemeinsame »Wiederkäuen« des immer gleichen Themas – sie sitzen herum und reden zwanghaft lang und breit über ein Problem, als würde das viele Reden es zum Verschwinden bringen. Frauen erinnern sich sicher daran, wie sie genau das seinerzeit mit ihren Teenagerfreundinnen taten – und vielleicht auch heute noch, wenn auch in geringerem Ausmaß, mit ihren Freundinnen tun.[48] Jungen (und Männer) neigen sehr viel weniger zum gemeinsamen Wiederkäuen, und das ist auch gut für sie, denn bei Mädchen führt es zu verstärkten Depressionen und Angst. Amanda Rose,

Psychologieprofessorin an der University of Missouri, Columbia, ist Expertin für dieses gemeinsame Wiederkäuen, das im englischen Sprachraum als »co-rumination« bezeichnet wird. Sie verweist darauf, dass Mädchen glauben, das gemeinsame Reden über ihre Probleme führe dazu, sich besser zu fühlen.[49] Vielleicht stimmt das kurzfristig sogar, aber wenn es längere Zeit andauert, drückt es sie eher nieder. Die positive Seite ist, dass Mädchen durch die gemeinsame Grübelei sich einander näher fühlen. Wenn Mädchen wüssten, dass ständiges gemeinsames Wiederkäuen ihrer Probleme dazu führt, sich nur noch schlechter zu fühlen (oder wenn ihre Eltern das erkennen würden), könnten sie vielleicht davon überzeugt werden, anstelle der dauernden Grübelei lieber hinauszugehen und etwas zu unternehmen oder sich mit anderen Freundinnen zu treffen, um den Marathon des »Warum hat er Becky gefragt, ob sie mit ihm ausgeht und nicht mich?« zu unterbrechen.

Als Rose Jungen befragte, was diese davon hielten, sich Freunden gegenüber zu öffnen und mit ihnen über ihre Probleme zu sprechen, nahm sie an, dass Jungen es zwar gerne tun würden, es ihnen aber zu peinlich wäre oder sie sich nicht dazu aufraffen konnten. Es stellte sich jedoch heraus, dass sie es einfach nicht für eine kluge Strategie hielten. »Ich denke, da könnte es einen gesunden Mittelweg geben«, sagt Rose. Männliche Freunde könnten lernen, sich von anderen ein paar Vorschläge oder unterstützende Worte in Bezug auf ihre Probleme anzuhören, während Freundinnen versuchen sollten, ihr Augenmerk stärker auf Lösungen zu richten, anstatt ihr Problem endlos und sorgenvoll zu sezieren.

Mit dem gemeinsamen Wiederkäuen von Problemen hängen, wie bereits beschrieben, Depressionen zusammen, die sich ihrerseits zwischen Freunden ebenfalls als »ansteckend« erwiesen haben. Wenn ein Teenager mit jemandem befreundet ist, der depressiv ist, steigt nämlich die Wahrscheinlichkeit, dass er selbst Depressionen entwickelt.[50)] Forscher spekulieren, dass diese Entwicklung auf den Attributionsstil des Depressiven zurückzuführen ist, also auf dessen Art, Ereignissen Ursachen zuzuordnen. Anstatt zu sagen: »Ich habe eine schlechte Zensur bekommen, nächstes Mal tue ich mehr für die Arbeit«, sagt er: »Ich habe eine schlechte Zensur bekommen, weil ich in Mathe einfach eine totale Niete bin, und sowieso läuft bei mir immer alles schief.«

Auch das Reden mit Freundinnen über Körperwahrnehmung und Essverhalten kann im Laufe der Zeit zu einer gemeinsamen gestörten Sicht darauf führen. Wenn eine Freundin sich auf eine bestimmte Art verhält, um einen extremen Gewichtsverlust zu erreichen, steigt die Wahrscheinlichkeit, dass das andere Mädchen sich später genauso verhält, und zwar unabhängig von seiner eigenen körperlichen Disposition.[51)] Auch Fettleibigkeit verbreitet sich über die Netzwerke von Teenagern, und auch hier ist der Grund wahrscheinlich die unterschwellige Übernahme von Einstellungen (»Es ist völlig in Ordnung, jeden Tag Fast Food zu essen«), die sich verstärkt, wenn noch mehr Freundinnen das gleiche ungesunde Verhalten übernehmen.

Es wird Sie sicher nicht überraschen, dass 18-Jährige, die Zimmerkollegen mit ähnlich starkem Trinkverhalten wie sie selbst zugewiesen bekommen haben, innerhalb eines Jahres in Gesellschaft noch sehr viel mehr Alkohol getrunken haben.[52)] Aber eine

165

kürzliche Studie zu sozialen Netzwerken ergab noch eine Besonderheit in Bezug auf den Zusammenhang zwischen Gruppendruck und dem Konsum von Alkohol:[53] Während der Freund
oder die Freundin eines Jugendlichen Einfluss darauf haben, wie
viel dieser trinkt, ist der Einfluss der Freundinnen der Freundin oder der Freunde des Freundes auf ihn sogar noch größer.
Wenn Ihre Tochter sich also mit einem Jungen anfreundet, dessen Freunde Wetttrinken betreiben, dann ist die Wahrscheinlichkeit, dass sie selbst es auch tun wird, um 81 Prozent erhöht.
Und wenn Ihre Tochter nur einseitig in einen solchen Jungen verliebt ist, hat das Trinkverhalten seiner Freunde auf sie sogar noch
mehr Einfluss – ihre Motivation, durch gleiches Verhalten eine
Zugehörigkeit zu der Gruppe zu schaffen, ist dann noch größer.

Eine andere komplexe Untersuchung zu Netzwerkverhalten
untersuchte den Zusammenhang von Schlaflosigkeit und Mari-
huanakonsum. Wenn sich in einer Gruppe von Freunden Schlaflosigkeit ausbreitete, so das Ergebnis, wurde die Wahrscheinlichkeit für alle höher, Marihuana zu konsumieren. Man könnte
annehmen, dass der Drogenkonsum für schlechte Schlafgewohn-
heiten verantwortlich sei, aber das Untersuchungsteam kam zu
einem anderen Schluss. Jugendliche, die im Mittelpunkt der Gruppe standen, schlafen weniger, was wiederum damit korreliert, wie
viel Marihuana sie konsumieren, dann ihre Freunde beeinflusst,
ebenfalls weniger zu schlafen und mehr Marihuana zu rauchen.
Wenn eine Person weniger als sieben Stunden schläft, erhöht das
die Wahrscheinlichkeit um elf Prozent, dass der Freund oder die
Freundin ebenfalls weniger als sieben Stunden schläft. Wenn eine
Person Marihuana konsumiert, erhöht sich die Wahrscheinlich-

keit, dass der Freund oder die Freundin Marihuana konsumieren, um 110 Prozent. Alles zusammengenommen kann man also feststellen: Wenn eine Person weniger als sieben Stunden pro Nacht schläft, ist die Wahrscheinlichkeit für einen mit ihr befreundeten Teenager um 19 Prozent erhöht, Marihuana zu konsumieren. Stellen Sie sich eine Anti-Drogen-Politik vor, bei der die Teenager einfach gezwungen werden, früher ins Bett zu gehen ...

Und da wir gerade bei offizieller Politik sind: Die gegenseitige »Ansteckung« von Teenagern hat gleichzeitig die unglückliche Wirkung, dass einige Jugendprogramme nicht nur ineffektiv sind, sondern den Jugendlichen sogar schaden. Wenn sie das Programm durchlaufen haben, hat sich ihr negatives Verhalten noch verstärkt. So hatte zum Beispiel das Cambridge-Somerville-Jugendprogramm in den Vereinigten Staaten, bei dem in den 1980er Jahren Jugendliche mit abweichendem Verhalten in ein therapeutisches Camp geschickt wurden, nachweislich keine kriminalitätsverhindernde Wirkung, sondern eher einen gegenteiligen Effekt.[54] Im Nachhinein vermutet man, dass das Einüben abweichenden Verhaltens noch intensiver stattfindet, wenn alle Kinder mit Problemverhalten an einem Ort zusammenleben. Dishion fand auch heraus, dass Jugendliche, die für eine therapeutisch-psychologische Hilfsmaßnahme in einer Gruppe zusammengefasst waren, noch drei Jahre später einen Anstieg beim Rauchen und bei delinquentem Verhalten aufwiesen.

Teenager mit hoher Selbstkontrolle (der Fähigkeit, ihren Impulsen nicht unkontrolliert nachzugeben, auch nicht angesichts einer Belohnung, die in Steinbergs Experiment im Belohnungszentrum der Teenager eine erhöhte Aktivität verursacht hatte) widerstehen einigen dieser Ansteckungseffekte in Peergroups. »Und Erwachsene, die auf ihre Kinder achten und ihnen eine stabile Struktur bieten«, verringern ebenfalls die Anfälligkeit ihrer Kinder für die negativen Einflüsse der Peergroup.[55]

Die positive Seite des Gruppendrucks

Erwachsene werden ständig von ihren Freunden beeinflusst, aber es ist ihnen selten bewusst, oder sie würden es nicht als »Druck der Peergroup« bezeichnen. Ein Mensch (erwachsen oder jugendlich), der für diesen Druck Gleichaltriger überhaupt nicht empfänglich ist, hat wahrscheinlich ein sehr schwieriges und wenig erfülltes Leben. Zwar mag es in manchen Situationen angebracht sein, sich gegen die Gruppe zu stellen, und manchmal ist ein solches Verhalten für die Gesellschaft sogar nützlich, die sich dadurch korrigiert oder weiterentwickelt; im Allgemeinen jedoch geben Gruppennormen uns eher ein Gemeinschaftsgefühl und schaffen einen ethischen Zusammenhang, als dass sie uns einschränken und unsere Moral unterdrücken.

Joe Allen, Professor an der University of Virginia, betrachtet den Einfluss, den Teenager aufeinander ausüben, aus einer sehr erfrischenden Perspektive und untermauert seine Ansicht mit einer groß angelegten Längsschnittstudie.[56] »Das Problem in der Jugendzeit ist nicht, dass sozialisierende Einflüsse existieren, sondern dass sie mehr und mehr von anderen Jugendlichen kommen, deren Werte manchmal mit denen der Eltern und anderer Erwachsener nicht übereinstimmen«, schreibt er. »Aber sogar in der Jugendzeit können Gleichaltrige positive sozialisierende Einflüsse ausüben; sie bringen sich gegenseitig alles bei – von der Art, sich in Gruppendiskussionen fair zu verhalten, bis zum Bereitstellen von Informationen über positive Freizeitaktivitäten.« Allen und seine Kollegen kommen zu dem Schluss, dass »die Stärkung der positiven Verbindungen der Jugendlichen sowohl zu Gleichaltrigen als auch zu Erwachsenen helfen kann, diese Einflüsse in die richtigen Bahnen zu lenken«.

Jugendliche, die bei den anderen beliebt sind, und zwar nicht nur, weil sie Macht haben, sondern weil sie wirklich gemocht werden, sind sehr gut angepasst – von ihren Einstellungen bis hin zu ihren sozialen Fähigkeiten. Sie scheinen auch von den vorherrschenden Werten in ihrer Gruppe stärker beeinflusst zu werden. Mit einigen dieser Werte mögen Erwachsene verständlicherweise nicht einverstanden sein – zum Beispiel dem Trinken von Alkohol, um älter zu erscheinen. Andere Werte wie das weniger aggressive Verhalten anderen Jugendlichen gegenüber, werden jedoch von den Erwachsenen gebilligt. Die am besten angepassten Jugendlichen sind also diejenigen, die am ehesten die Normen ihrer Gruppe befolgen – ein Zeichen gelungener Sozialisation. Ihre Fähigkeit zu erspüren, was die Gruppe erwartet, zeigt Sensibilität, argumentiert Allen. Vielleicht verhalten sich diese Jugendlichen manchmal etwas rebellisch, aber sie können auch positives Vorbild sein, zum Beispiel für etwas so Äußerliches wie gute Körperpflege oder dafür, jeden in der Gruppe zu Wort kommen zu lassen.

Dominante Jugendliche, die ihre Meinung und Ideen mit Nachdruck vortrugen, schnitten in Bezug auf ihr psychisches Wohlbefinden im Allgemeinen gut ab, dagegen bekamen diejenigen eher psychische Probleme, zum Beispiel Depressionen, die immer gehorsam und leicht davon zu überzeugen waren, sich von Gleichaltrigen mit höherem Status leiten zu lassen. Dieses Ergebnis legt nahe, dass es für die Psyche Jugendlicher besser ist, sich anderen gegenüber zu behaupten und dem Gruppendruck nicht allzu sehr nachzugeben.

Angesichts der Tatsache, dass Jugendliche einander Werte weitergeben, schlägt Allen ein bestechendes Mittel gegen die weniger angenehmen Aspekte dieses Sozialisationsprozesses vor: Wir könnten dabei mithelfen, dass Jugendliche günstigere Werte annehmen, indem wir ihnen erlauben, sinnvolle Beiträge für die Gesellschaft an der Seite von Erwachsenen zu leisten. Obwohl Heranwachsende im Allgemeinen über starke mentale und physische Kräfte verfügen (Allen verweist darauf, dass sie in früheren Zeiten große Armeen kommandierten und Regierungen führten), werden sie heute von der Gesellschaft der Erwachsenen getrennt, und man lässt sie hypothetische Aufgaben lösen, die keine wirklichen Auswirkungen haben. Allen und seine Kollegen wiesen nach, dass es bei Jugendlichen, die ehrenamtlich in einem Programm für die Gemeinde arbeiteten und in diesem Rahmen auch an Gruppendiskussionen teilnahmen, in dem Jahr nach ihrer Tätigkeitsaufnahme im Vergleich zu der Kontrollgruppe 50 Prozent weniger Schulversagen, Schulschwänzen und ungewollte Schwangerschaften gab.[57] Jugendliche, die anderen helfen und spüren, dass sie etwas Wichtiges tun, könnten so der effizienten Gleichaltrigen-Ansteckungsmaschinerie positive Werte hinzufügen.

170

Diana Marino, eine 13-Jährige aus der New Yorker Bronx, ist ein gutes Beispiel für die vielen positiven Aspekte der »Ansteckung« Jugendlicher.[58] Sie arbeitet ehrenamtlich an einem Kunst- und Pädagogik-Zentrum, der »Casita Maria«. Wie die Teilnehmer in Allens Untersuchung, kommt Diana durch ihre Aushilfstätigkeit im Zentrum mit älteren Mitarbeitern und Bewohnern ihres Viertels in Kontakt. Diana ist aufgeschlossen und beliebt.

Im letzten Jahr fing ihre engste Freundin Elena an, sich selbst zu verletzen, um ihre Angstzustände zu lindern. »Es war hart für mich, weil sie wollte, dass ich es niemandem erzähle«, sagt Diana. »Das Schuldbewusstsein und der Stress machten mich völlig fertig. Nach ein paar Monaten wurde es schlimmer, und Elena musste immer einen Mantel tragen.« Schließlich vertraute sich Diana einer der Erwachsenen in der Casita Maria an. Elena war zunächst wütend, doch nachdem man sie überzeugt hatte, zu einer Beratung gehen, war sie dankbar. »Es war hart, weil ich das Gefühl hatte, Elena so oder so im Stich zu lassen, ob ich es nun jemandem erzählte oder nicht«, erinnert sich Diana.

Die beiden Mädchen gingen auf eine Problemschule, in der sich viele Mitschülerinnen in den Pausen regelmäßig prügelten. »Ich habe nie mitgemacht, obwohl meine Freundinnen sagen ›Herrgott nochmal, Diana, warum kämpfst du nicht?‹ Ich wollte keinen Ärger oder eine Eintragung bekommen. Viele von unserer Schule kamen ins Jugendgefängnis, und das wollte ich nicht.«

Diana gab Elena Nachhilfe in Sozialkunde, um ihr bei ihrem Mittelschulabschluss zu helfen. »Ich hab sie gedrängt und gedrängt. Ich hab immer wieder gesagt: ›Du musst das machen!‹« Diana fängt jetzt in der Highschool an, und ihre älteren Freunde von der Casita Maria raten ihr zur Authentizität, um gute Freunde zu finden. Nach der Highschool will sie vielleicht aufs College gehen. »Viele meinen, ich sei zu reif für mein Alter«, sagt sie und fügt hinzu, dass sie in ihrem Wohnviertel vielleicht ein bisschen heraussticht. Von ihrer Peergroup unterscheidet sie auch, dass sie nicht verrückt nach Facebook ist. »Ich guck mal kurz rein, wenn ich nach Hause komme, aber dann spiele ich Gitarre oder lese.« Ob Diana in der Highschool weiterhin eine gute Freundin sein wird, die andere positiv beeinflusst und selbst negativen Einflüssen widerstehen kann, ist noch offen, aber angesichts ihrer Lebendigkeit und dem Selbstvertrauen nach, würde ich darauf wetten.

Lesen, Schreiben, Erzählen

»In seiner Jugend einen guten Freund oder eine gute Freundin zu haben ist Gold wert. Es versetzt einen in die Lage, andere Beziehungen im Leben aufzubauen, auch Liebesbeziehungen«, sagt der Krankenhausarzt Carl Pickhardt.[59] »Aber unsere Kultur ist merkwürdig – solche Sachen werden den Kindern und Jugendlichen nicht beigebracht. Wir denken, sie wissen einfach, wie man eine Freundschaft führt, aber das stimmt nicht immer.« Wenn Pickhardt Teenagern einen Kurs in Freundschaft geben sollte, würde er ihnen zunächst erläutern, dass ein guter Freund jemand ist, auf den man sich verlassen kann, dem man sich anvertrauen kann, bei dem man sich so geben kann, wie man wirklich ist, mit dem man Interessen teilen sollte und mit dem man

Spaß hat. Er würde den Teenagern Fragen stellen, um sie so zum Nachdenken über einen bestimmten Freund oder eine Freundin anzuregen und um diese Person besser einschätzen zu können: Gefällt es dir, wie du die andere Person behandelst? Gefällt es dir, wie sie dich behandelt? Wie behandelst du dich selbst in dieser Beziehung? Und gefällt es dir, wie die andere Person sich selbst in der Beziehung behandelt?

Wenn Eltern sich Gedanken machen, wie sie ihre Heranwachsenden dazu ermutigen können, Freundschaften zu schließen, müssen sie sich klarmachen, dass es keine vorherbestimmten Eigenschaften ihres Kindes gibt, die das Schließen von Freundschaften verhindern könnten. Freunde gewinnt man durch Verhaltensweisen, die man üben kann, sagt Pickhardt. »Ein Kind in dieser Situation sollte seine eigene Angst zurate ziehen, und dann genau das tun, wovor es sich fürchtet. Die Angst flüstert ihm ein, niemandem in die Augen zu sehen, mit niemandem zu sprechen. Das ist eine gute Methode, um *keine* Freunde zu finden. Das Kind muss sich überwinden, genau diese angsterzeugenden Handlungen auszuführen, dann wird alles bald besser werden.«

Neue Verhaltensweisen auszuprobieren, ob bewusst oder unbewusst, ist etwas, worin gerade Teenager wahre Meister sind. Vielleicht erinnern Sie sich, wie Sie sich zu jener Zeit mit einer Gruppe einließen, die nicht so ganz zu Ihnen passte, oder daran, Anführerin einer Clique gewesen zu sein und in Sachen Mode und Freizeitbeschäftigungen den Ton angegeben zu haben. So oder so haben Sie vielleicht Ihre eigenen Theorien, wie diese jugendlichen Experimente Ihr Leben geprägt haben. Wie oft wandern unsere Gedanken zu diesen intensiven, amüsanten und erkenntnisreichen Teenager-Freundschaften zurück – auch wenn wir heute keinen Kontakt mehr zu den Freundinnen haben, die unseren Geschmack, unsere Gewohnheiten oder unsere Ansicht der Welt mitgeprägt haben. Die Jugend ist die Zeit, in der man vieles zum ersten Mal fühlt und erlebt – so gesehen ist das Leben von Jugendlichen lebendiger, beglückender, aber auch schmerzlicher – und die Freunde, die uns durch diese bunte und aufregende Zeit begleitet haben, sind oft in unser Gedächtnis und unser ganzes Wesen eingebrannt.

Der absolute Hauptgewinn:
Ein guter Freund!

In den letzten 40 Jahren ist kaum ein Tag vergangen, an dem der Strafverteidiger Richard Levinson nicht mit seinem Freund und Kollegen John telefoniert hätte. Seit 1957, als sie sich bei der Armee kennenlernten, hatten sie mindestens einige Male pro Woche Kontakt zueinander. Und seit 1972 haben sie bei jedem Football-, Golf- und Basketballspiel im Fernsehen Wetten abgeschlossen. »Dieses Jahr haben wir für insgesamt 100 000 Dollar gewettet. Wir glauben, dass einer von uns letztendlich vielleicht 50 Dollar gewonnen hat. John meint, der einzige Gewinner bei diesem Unternehmen ist die Telefongesellschaft«, sagt Levinson, der heute 80 ist und noch immer als Partner einer Anwaltskanzlei in New Jersey arbeitet.[1]

Richard und John diskutieren über Bücher, Politik und ihre Gerichtsfälle. »Wir sind sehr verschieden«, sagt Richard. »Ich bin ein überschwänglicher, gefühlsbetonter Mensch, und John ist der gelassene, eher zynische Typ. Aber tief drinnen sind wir uns ähnlich, weil uns die Menschen am Herzen liegen, die einzelnen, aber auch die Menschheit im Ganzen. Und ich denke, diese Grundhaltung ist es, die uns zusammenhält, auch wenn wir uns manchmal im Scherz streiten.«

John ist keineswegs Richards einziger enger langjähriger Freund. Man könnte Richard geradezu als einen »Superfreund« bezeichnen. Da gibt es zum Beispiel den Mediziner, der einen Nobelpreis gewonnen hat. Richard kennt ihn seit der sechsten

Klasse, er verstand sich auf Anhieb mit ihm und geht noch immer in jedem Frühling einmal mit ihm essen. Dann gab es diesen zum Brüllen komischen Freund, der leider vor 15 Jahren verstorben ist – seitdem treffen sich dessen Witwe und Richard etwa einmal pro Woche zum Essen und erinnern sich gemeinsam an seine Possen. Und dann ist da noch sein Freund aus Kindheitstagen, den er jedes Jahr am siebten Dezember trifft – zur Erinnerung an den schicksalhaften Tag, an dem ihre beiden Väter sie 1941 zu einem Footballspiel der New York Giants mitnahmen. Während die Jungen, damals neun und elf Jahre alt, auf den Tribünen saßen, wurden über die Lautsprecher mehrere Male und jedes Mal dringlicher im Stadion anwesende Armeeangehörige aufgefordert, sich außerhalb des Stadions zu versammeln.

Wie hat Richard es bloß geschafft, all diese Verbindungen über so lange Zeit aufrechtzuerhalten? Bescheiden weist er darauf hin, dass Freundschaft eine auf beide Seiten beruhende Beziehung ist, und dass er das Glück hat, Freunde zu haben, die sich genau wie er selbst um die Freundschaft bemühen – und es schaffen, größere Konflikte zu vermeiden. Auch Sentimentalität macht er dafür verantwortlich: Er denkt gern an Vergangenes zurück, und in diesen schon so lange bestehenden Freundschaften kann er auch seine Nostalgie ausleben. Außerdem hat Richard seine Frau Susan erst geheiratet, als er schon 49 war. In den vielen Jahren, in denen er allein lebte, obwohl die meisten damals schon mit Anfang 20 heirateten, waren diese Freundschaftsbeziehungen für Richard besonders wichtig.

In den letzten 30 Jahren, glaubt Richard, haben seine Freundschaften sogar seine Ehe bereichert. »Wir gehen mit einem anderen Paar oder anderen Leuten zwei- oder dreimal die Woche aus«, erzählt er. »Ich sehe gern, wie Susan auf andere reagiert und andere auf sie – und wir genießen es sehr. Wir sind sehr kontaktfreudig, und uns mit Freunden zu treffen trägt zu unserem Glück bei.« Richard streitet sogar mit Susan darüber, wer von ihnen beiden *ihren* alten Freunden nähersteht.

Richard und Susan haben den Wert einer lange andauernden Freundschaft an ihren heute 30-jährigen Sohn weitergegeben. »Er ist fest in seiner College-Gruppe verankert. Über die Jahre hat er auch viel von der Gesellschaft unserer Freunde profitiert. Viele von ihnen sind interessante Persönlichkeiten oder haben großartige Dinge erreicht.« Und sicher war es auch ein Gewinn für den jungen Levinson, im Haus seiner Eltern unterschiedliche erwachsene Rollenbilder zu erleben.

»Mir bedeutet Freundschaft alles«, sagt Richard. Zwar hat er glücklicherweise nie größere Arbeitskrisen oder ernsthafte Gesundheitsprobleme verkraften müssen, aber seine stabilen Freundschaften haben ihm immer ein Gefühl der Sicherheit gegeben, weil er wusste, dass andere in einer Notsituation für ihn da wären. Er war auch froh, seinen Freunden helfen zu können, wenn diese Probleme hatten, und ebenso ihren Kindern mit Rat und Tat zur Seite zu stehen. Und vielleicht die größte Freude haben ihm die vielen angenehmen Gespräche mit seinen Freunden bereitet. »Mit diesen Menschen zu reden ist, als schlüpfte ich in ein Paar alte Hausschuhe. Ich muss mir keine Sorgen machen, was sie von mir denken, oder was ich von ihnen denke. Keiner versucht, dem anderen etwas zu beweisen. Freundschaften waren einer der erfreulichsten Aspekte meines Lebens.«

Virginia Woolf drückte es so aus: »Manche Menschen gehen zu Priestern; andere wenden sich der Poesie zu; ich gehe zu meinen Freunden.« Freunde können uns eine Hauptquelle moralischer Unterstützung sein, Hebammen unserer Träume und großzügige Lieferanten von Liebe, Humor und Verständnis. Der Mann, der dem todkranken Freund eine Niere spendet, oder die Frau, die der Freundin, die keine Kinder bekommen kann, als Leihmutter dient – solche dramatischen Freundschaftsbeziehungen sind Stoff für Zeitungsgeschichten. Viel häufiger jedoch sind die positiven Einflüsse der Freundschaft zwar keine Schlagzeilen wert, aber trotzdem äußerst wertvoll: das tägliche Telefongespräch und die Sportwette, die klärende E-Mail einer Freundin, die ihre Bedenken gegen eine neue Beziehung äußert, oder der kleine, nicht eigens erbetene Gefallen, der einen in einem dunklen Moment daran erinnert, dass man nicht allein auf dieser Welt ist. Wir nehmen diese Gesten wahr und erinnern uns später dankbar an sie. Aber gleichzeitig haben Freundschaften auch ständig solche Auswirkungen auf uns, die uns vielleicht nie bewusst waren – und zwar sowohl in emotionaler als auch in physischer und ebenso auch in intellektueller Hinsicht.

Den Geist schärfen

Es leuchtet ein, dass es einen mit der Zeit klüger macht, wenn man mit einer Intelligenzbestie befreundet ist; Studien haben aber auch ergeben, dass es die kognitiven Funktionen bereits verbessert, lediglich einige Minuten mit einem alten Freund zu reden. Forscher der University of Michigan fanden heraus, dass schon ein kurzer Plausch die Punktzahl der Versuchspersonen in Tests der Gedächtnisleistung und Konzentrationsfähigkeit erhöhte.[2] Interessanterweise erzielten jedoch Gespräche eher konkurrenzbetonter Natur diese Vorteile nicht – wenn Sie also zu einem Bewerbungsgespräch unterwegs sind, dann besser nicht als Beifahrer im Auto Ihres Rivalen!

Die Forscher vermuten, dass ihre Ergebnisse auf eine neurale Überschneidung sozialer Funktionen und allgemeiner Intelligenz zurückzuführen sind. Das ist insofern ein bedenkenswerter Punkt, weil er die Vorstellung stützt, dass die Fähigkeit, Freundschaften aufzubauen und aufrechtzuerhalten, die gleiche ist, die einen erfolgreich sein lässt, und dass der IQ nicht derart unabhängig vom EQ (Emotionalquotient, steht hier für emotionale Intelligenz) gesehen werden kann, wie wir vielleicht annehmen.

Kreativität ist sehr viel schwieriger zu messen als der IQ, das Arbeitsgedächtnis oder andere mentale Fähigkeiten, aber viele Wissenschaftler sind der Ansicht, dass jeder lernen kann, kreativ zu sein – also selbst trainieren kann, mit neuartigen Methoden Probleme zu lösen.[3] Auch bei dieser Form des Denkens können Freunde behilflich sein, es anzuregen und in Gang zu halten. Während viele die romantische Vorstellung eines einsamen Genies hegen, sind es tatsächlich oft Freundschaften, die in Kunst und Wissenschaft die Kreativität beflügeln. Vor 30 Jahren begann Michael Farrell, Soziologieprofessor an der University of Buffalo, Fälle von Freundesgruppen zu sammeln, die neuartige Konzepte und Projekte schufen. »Kreativität bringt zwei

179

Ideen zusammen, die vorher nicht miteinander verbunden waren«, sagt Farrell. »Ich interessiere mich für die Art Kreativität, die aus sozialer Interaktion entsteht. Diese stammt nicht aus einem einzigen Kopf, sondern von mehreren Menschen, die ihre Ideen austauschen.«[4]

Farrells Interesse an dem Thema, wie Freunde sich gegenseitig zu intellektuellen oder künstlerischen Durchbrüchen verhelfen, geht auf seine eigene Erfahrung anlässlich einer Untersuchung von Gruppentherapien zurück. Er beobachtete Therapiesitzungen, in denen Freunde sich gegenseitig Feedback und Einblicke in ihr Inneres gaben, wodurch Abwehrhaltungen abgebaut wurden. Als Ergebnis fühlten sich die Mitglieder der Gruppe stärker mit ihrer Arbeit verbunden, und zwar unabhängig von der Art der Arbeit.

In seinem Buch *Collaborative Circles: Friendship Dynamics and Creative Work* beschreibt Farrell eine Gruppe französischer Impressionisten – Sisley, Renoir, Monet und Bazille –, die ein Beispiel dafür ist, wie Freundeskreise zum Nährboden für künstlerische Leistungen werden können. Bazille, schreibt Farrell, war der Katalysator, der in jedem der jungen Maler etwas Besonderes sah. Monet wurde zum charismatischen Führer, der die Künstler davon überzeugte, im Freien zu malen, was einen bedeutenden Schritt für die Ateliermaler darstellte. Bald begannen sie, eine gemeinsame Vision ihrer Arbeit zu formulieren, mit der sie eine Position außerhalb des künstlerischen Establishments einnahmen.

Farrel stellte bestimmte Interaktionen zwischen den Freunden fest, die ihren kreativsten Leistungen vorausgingen. Ein Paradebeispiel für einen solchen Prozess ereignete sich im August 1889, als Renoir und Monet nebeneinander an einem Fluss saßen und die Landschaft malten. Kunstgeschichtler nehmen an, dass dies der Moment war, in dem die beiden den Impressionismus entdeckten. »Renoir und Monet sahen einander über die Schulter«, sagt Farrell, »und waren in ein Miteinander vertieft, das ich ›instrumentelle Intimität‹ nenne – die Fähigkeit, seine wildesten, verrücktesten Ideen miteinander zu teilen und sie von der anderen Person so reflektiert zu bekommen, dass neue Ideen entstehen, auf die einer der Freunde allein nicht gekommen wäre.«

Diese instrumentelle Intimität dürfte zwischen Nur-Kollegen schwer herzustellen sein, welchen das unter Freunden übliche gegenseitige Vertrauen und Wohlwollen fehlt. Farrell verweist auf akademische Einrichtungen, in denen große Denker möglicherweise »befürchten müssen, dass man sie wegen einer anfangs vielleicht naiv wirkenden Idee demütigen oder dass andere ihnen ihre noch nicht ausgereiften aber guten Ideen stehlen könnten«.

Die beiden Giganten der klassischen Moderne, Matisse und Picasso, sind ein anderes Beispiel, wie die Freundschaft zwischen Künstlern deren Arbeit beeinflusst und vorangebracht hat. Die Ausstellung *Matisse Picasso,* die erstmals 2002 in der Tate Modern in London gezeigt wurde, bevor sie ins MOMA nach New York kam, erforschte die kreative Dynamik zwischen den beiden von 1906 an, als sie sich trafen, bis zu Matisses Tod 1954. »Wenn einer von uns stirbt«, schrieb Picasso an Matisse, »dann wird es einige Dinge geben, über die der andere niemals mehr mit jemandem sprechen kann.«[5]

»Für Künstler im Allgemeinen und Picasso und Matisse im Besonderen ist der Austausch ungeheuer wichtig«, sagt Elizabeth Cowling von der University of Edinburgh, Autorin des Buches *Interpreting Matisse Picasso*. »Jeder betrachtete schließlich den anderen als den wichtigsten Künstler neben sich selbst. Jeder hatte ein starkes Gespür für sein eigenes Genie und die Tatsache, dass der andere ihm ebenbürtig war.«[6] Picasso äußerte sogar einmal, dass »Matisse der Einzige ist, dessen Meinung zählt«. Und, sagt Cowling, »sie waren gleichermaßen verletzt, wenn der eine etwas Abschätziges über den anderen sagte«.

Wie wir wissen, suchen Menschen sich Freunde, die ihnen selbst ähnlich sind, und Picasso und Matisse haben im jeweils anderen ihr Äquivalent in Bezug auf ihre Begabung und ihre Ambitionen gefunden. Sie werden als unterschiedliche Persönlichkeiten geschildert, aber Cowling kommt zu dem Schluss, dass sie dennoch viel gemeinsam hatten. »Wir stellen uns Picasso als impulsiv und leidenschaftlich vor, Matisse dagegen als nüchtern, zurückhaltend und vernünftig«, sagt sie. »Aber Matisse war ein gepeinigter Mensch. Er hatte ein hitziges Temperament und Schlafprobleme, und bei ihm gab es genauso viel Dramatik wie bei Picasso. Ich glaube, sie erkannten jeweils im anderen die Dringlichkeit und die getriebene Natur.«

Die Unterschiedlichkeit ihrer Stärken war den beiden vollkommen bewusst. Picasso sah in Matisse ein »Genie, was Farbe betraf«, und Matisse hielt Picasso für einen meisterhaften Zeichner, sagt Cowling. Picassos Einfallsreichtum wurde von Matisse bewundert, aber er war sich auch mit anderen darin einig, dass diese Fülle an Ideen manchmal in bloße Spielerei ausartete. Cowling bemerkt, dass beide Künstler Themen und Stile wählten, die den jeweils anderen ansprachen. Wahrscheinlich war das auch der Grund, warum Matisse auf den Bildern der Ausstellung weniger ordentlich als sonst, Picasso dagegen ordentlicher als üblich aussah. Diese Besonderheit ist eine hübsche Metapher für viele Freundschaften: Menschen gehen Bindungen ein, weil sie ähnliche Einstellungen haben, dann nähern sie sich mit der Zeit weiter an und übernehmen Eigenschaften des anderen.

Der gegenseitige Einfluss der beiden Maler aufeinander begann schon früh, als Matisse 1912 anfing, mit dem für Picasso typischen Kubismus zu experimentieren. »Die großartigsten Bilder, die er je gemalt hat, waren diejenigen, in denen er sich mit dem Kubismus auseinandersetzte«, sagt Cowling. Dies wiederum veranlasste Picasso, den Kubismus noch weiter voranzutreiben. Nach dem Zweiten Weltkrieg begann Matisse, mit Scherenschnitten zu arbeiten. Nach Matisses Tod schuf Picasso in den 1960er-Jahren aus Blech geschnittene Flachskulpturen, eindeutig eine Reaktion auf Matisses Scherenschnitte. »Man weiß nicht, ob Picasso dieser Einfluss bewusst war oder nicht«, sagt Cowling. »Ich habe mit Künstlern gesprochen, bei denen ich einen bestimmten Einfluss überdeutlich fand, aber sie versicherten mir, dass sie daran überhaupt nicht gedacht hatten. Die Wirkung von Einflüssen ist ein mysteriöser Prozess.« Picasso malte auch Atelierbilder in dem Bewusstsein, dass das Künstleratelier ein mit Matisse zusammenhängendes Thema war. »Er arbeitete mit einer monochromen Farbpalette, eine berührende Art, seinen Freund zu ehren«, sagt Cowling.

Auch hinter einigen der wichtigsten Untersuchungsergebnisse, die in diesem Kapitel dargestellt werden, stehen besonders produktive Freundschaften. 2002 begannen Nicholas Christakis, Physiker und Soziologe sowie Professor an der Harvard University, und James Fowler, Politikwissenschaftler und Professor an der University of California, San Diego, ihre Zusammenarbeit. Auf der Grundlage ihrer beiden Spezialgebiete erforschten sie soziale Netzwerke und veröffentlichten das Buch *Die Macht sozialer Netzwerke: Wer uns wirklich beeinflusst und warum Glück ansteckend ist,* das in weiten Teilen auf ihrer Analyse der Framingham-Herzstudie beruht. Die beiden zeichneten auf, wie 5124 Bewohner von Framingham, Massachusetts, von 1971 bis 2003 in Beziehung zueinander standen, und erweiterten damit die Forschung um eine neue Sichtweise der Art, wie Freunde, Nachbarn und Eheleute sich gegenseitig in ihrem Verhalten, ihren Emotionen und der gesamten Richtung, die ihr Leben nimmt, beeinflussen.

»Das war die fruchtbarste berufliche Zusammenarbeit meines Lebens«, sagt Fowler. »Ich bin stärker mit der Arbeit mit Zahlen befasst, und Nick schreibt mehr. Aber wenn ich ihm eine statistische Aufstellung vorlege, versteht er sie sofort. Ich andererseits merke, wenn eine sprachliche Wendung verändert werden muss. So können wir dem anderen seinen Verdienst lassen, verstehen dessen Stärken aber genügend, um uns wirklich gegenseitig zu helfen.«[7]

Glücklicher sein

Dass Freunde uns glücklich machen, ist keine neue Erkenntnis. Meliksah Demir, Professorin an der Northern Arizona University, hat darüber hinaus erforscht, was genau an einer Freundschaft uns das Herz erwärmt. Es ist vor allem die Gemeinschaft – einfach die Tatsache, dass man Dinge zusammen tut –, die uns am meisten Glück beschert. Und der Grund dafür, schlussfolgert Demir, liegt darin, dass das Zusammensein mit Freunden uns das Gefühl vermittelt, wichtig zu sein.[8]

Demir hat auch herausgefunden, dass US-Amerikaner im Vergleich mit Probanden aus 15 anderen Ländern den Wert ihrer Freundschaften am höchsten einstuften. Das könnte heißen, dass die Betonung persönlicher Unabhängigkeit in den USA in Wirklichkeit eine Unabhängigkeit von der Familie ist, nicht jedoch von Freunden und Bekannten. Denn der Trend bei jungen Erwachsenen in den USA, nicht mehr bei den Eltern, aber als Singles oder Geschiedene allein zu wohnen (diese Gruppe macht mittlerweile in den USA mehr als die Hälfte der Haushalte aus), hat zur Folge, dass sie immer mehr und ständig Freunde brauchen, um unterschiedliche soziale Rollen auszufüllen.

Für diejenigen, die immaterielle Werte gern mit einem Preis versehen, errechnete Nattavudh Powdthavee, Ökonom an der University of London, dass es 85 000 britische Pfund mehr an Lebenszufriedenheit wert ist, mehr Zeit mit Freunden und Verwandten zu verbringen. (Einkommenssteigerungen machten dagegen die britischen Teilnehmer an dieser Studie nicht viel glücklicher.)

Der mit einem Nobelpreis ausgezeichnete Daniel Kahneman von der Princeton University und seine Kollegen führten vor einem Jahrzehnt eine Untersuchung durch, bei der das im jeweiligen Moment bestehende Glücksgefühl von Menschen während ihres ganz normalen Alltags festgehalten wurde. Es stellte sich heraus, dass die mit Freunden verbrachte Zeit im selben Moment sogar glücklicher machte als das Zusammensein mit Ehepartnern oder Kindern – ein widersprüchliches Ergebnis.[9] Denn bei der Frage nach den wichtigsten Menschen im Leben einer Person geben die meisten, die Ehepartner oder Kinder haben, diese an. Das bedeutet jedoch nicht, dass man glücklich dabei ist, Wäsche zu waschen, zu arbeiten, um Rechnungen zu bezahlen, oder Windeln zu wechseln. Nun sollte Kahnemans Arbeit nicht dazu führen, dass man die Verantwortung für eine Familie aufgibt, um stattdessen den ganzen Tag mit Freunden zu verbringen – das würde einen langfristig nicht glücklicher machen, als wenn man anstelle vernünftiger Nahrung nur noch Donuts essen würde. Aber das Ergebnis verdeutlicht einmal mehr, wie wichtig es ist, Zeit mit Freunden zu verbringen. Die Momente mit ihnen sind eine Erholung von den fortwährenden Pflichten und dem ständigen Druck des Alltagslebens. Kinder geben dem Leben vieler Menschen Sinn und Bedeutung; Freunde sind wie erfrischende Oasen, an denen man neue Energie schöpft, um die Anforderungen des Familienlebens zu bewältigen.

Kahneman hat auch herausgefunden, dass das Pendeln zur Arbeitsstätte – im Allgemeinen eine Quelle von Unzufriedenheit – zusammen mit einem Freund sehr viel leichter zu ertragen war.[10] Ein Beweis mehr dafür, dass die langweiligen und mühseligen

Pflichten des Lebens gemeinsam mit Freunden angenehmer zu bewältigen sind. Tatsächlich sind starke soziale Beziehungen einschließlich Freundschaften der beste Faktor, um das allgemeine Glücksniveau einer Person vorherzusagen.[11]

Es leuchtet ein, dass es glücklich macht, jemanden zu haben, den man gerne hat, der einen auch gerne hat, mit dem man erfreuliche Gespräche führt und Aktivitäten teilt. Aber Freunde vermitteln durch einen weiteren Mechanismus zusätzlich Zufriedenheit, nämlich durch emotionale Ansteckung. Die Menschen haben sich in ihrer Geschichte dahin entwickelt, dass sie die Gefühle anderer schnell wahrzunehmen vermögen, und emotionale Ansteckung könnte in früheren Zeiten ein Mittel dargestellt haben, eine Person zu einer für das Überleben wichtigen Handlung anzutreiben. Wenn ein Stammesangehöriger erschrocken aussah, bekam man selbst auch einen Schrecken und fing an zu rennen. Wenn jemand glücklich aussah, übernahm man dessen Gefühl auch und verband sich darüber mit ihm – schließlich konnte von Stammesangehörigen das eigene Leben abhängen.

In ihrer Analyse sozialer Netzwerke fanden Fowler und Christakis heraus, dass die Probanden mit einer um 15 Prozent höheren Wahrscheinlichkeit glücklich waren, wenn einer ihrer Freunde es auch war.[12] Sogar das Glück eines Freundes des Freundes führte zu einer um zehn Prozent höheren Wahrscheinlichkeit, selbst zufrieden zu sein. »Wir fanden heraus, dass jeder glückliche Freund uns um neun Prozent glücklicher macht, während uns ein unglücklicher Freund um sieben Prozent unglücklicher macht«, schreiben sie. Da diese Zahlen aussagen, dass Glück ansteckender ist als Unglück, schließen die beiden Forscher daraus, dass hier das Sprichwort »je mehr, desto fröhlicher« zutrifft, obwohl im Allgemeinen die Qualität von Freundschaften höher bewertet wird als die Anzahl von Freunden.

Fowler und Christakis untersuchten auch die Wirkung von Freunden auf das Gefühl, einsam zu sein. Das Ergebnis lautete: Jeder zusätzliche Freund bedeutete, dass man sich innerhalb eines Jahres zwei Tage weniger einsam fühlte. »Da sich die Menschen in unserer Erhebung im Durchschnitt an 48 Tagen im Jahr einsam fühlten, sorgen zwei oder drei zusätzliche Freunde für eine Verringerung der Einsamkeit um zehn Prozent gegenüber dem Durchschnitt. Interessanterweise hat die Anzahl der Familienmitglieder keinerlei Auswirkung auf dieses Gefühl.« (Wer sich über mit der Familie verbrachte Feiertage beklagt, wird zustimmen, dass man sich in der Gesellschaft von Verwandten sehr einsam fühlen kann.) Nach Fowler und Christakis schützen noch nicht einmal Ehepartner so gut vor Einsamkeit wie Freunde. Und ob man Geschwister hat, berührt den Grad an Einsamkeit überhaupt nicht. »Dies beweist erneut, dass sich das Gefühl der Einsamkeit nicht auf unsere Bluts-, sondern auf unsere Wahlverwandtschaften bezieht«, schreiben sie.

Vielleicht haben Sie schon einmal gehört, dass religiöse Menschen glücklicher sind. Bei allem schuldigen Respekt für die Freude, die eine persönliche Beziehung zu dem Großen Herrn im Himmel bescheren kann: Sozialwissenschaftler haben jedoch den Grund dafür herausgefunden, dass religiös Engagierte zufriedener mit ihrem Leben sind. Es liegt an – Trommelwirbel! – den Freunden! »Freundschaften, die innerhalb der Kirchengemeinde entstehen, sind die heimliche Zutat der Religion, die deren Anhänger glücklich macht«, schlussfolgern die Forscher Chaeyoon Lim und Robert Putnam (bekannt durch ihr Buch *Bowling Alone*). »Unmittelbar religiöse Faktoren wie Theologie oder private religiöse Ausübung führen nicht zu größerem Lebensglück.«[13]

Enge Freundschaften mit Glaubensbrüdern oder -schwestern wirken sich darauf aus, wie oft man die Kirche besucht und wie stark man an Gott glaubt.[14] In seinem Buch *Vital Friends: The People You Can't Afford to Live Without* stellt Tom Rath die Theorie auf, dass es in Kirchen und anderen Glaubensinstitutionen ebenso wie in allen Arten von Clubs, Sportmannschaften oder bürgerlichen Gruppen »darum geht, Freundschaften zu pflegen, ob sich die Mitglieder dessen bewusst sind oder nicht.« Vielleicht sind wir der Meinung, dass der Grund für unseren Beitritt zu einer Gruppe eine reinere Seele, ein gesunderer Körper oder die Liebe zu einem Hobby ist, aber die wirklich zugrunde liegende Motivation und unsere Belohnung könnten die Freunde sein, die wir dort treffen, und das so wichtige Gefühl der Zugehörigkeit, das sie uns vermitteln.

Sich selbst besser kennenlernen

»Ich hatte eine sehr schwierige Kindheit«, sagt Charlotte Cook,[15] aufgewachsen in den 60er-Jahren in Kalifornien und Tochter einer polnischen Mutter und eines deutschen Vaters, beide Überlebende des Holocaust. »Meine Eltern haben ihre schrecklichen Erlebnisse nie überwunden.« Die Mutter war psychisch krank, und Charlotte wurde zu Hause misshandelt. Sie wohnte in einer kleinen Straße, in der es keine anderen Kinder gab. »Als ich aufs College kam, wusste ich überhaupt nicht, wie man Freundschaften schließt.«

In Berkeley traf sie Terry Looper. »Sie hat mich zivilisiert«, sagt Charlotte, die extrem schüchtern und misstrauisch anderen gegenüber war. »Sie nahm mich mit in die Gesellschaft anderer und drängte mich dazu, mich ihnen anzuschließen. Sie lud mich sogar zu sich nach Hause ein, wo tatsächlich eine Familie um einen Tisch herum saß und sich unterhielt. Das war für mich ein erstaunliches Bild. Terry hatte Maßstäbe, und sie wollte, dass es mir gut ging. Sie übte einen tiefgreifenden Einfluss auf mich aus.«

Terry hatte ursprünglich Kunst studiert, wurde aber schließlich Sozialarbeiterin, war warmherzig, hatte Stil, war auf charmante Art theatralisch und jede Art kreativer Tätigkeit bereitete ihr Freude. Sie unterstützte Charlottes Entwicklung durch lange Gespräche, jedoch nicht durch Vorträge, wie sie sich zu verhalten habe. »Terry zeigte mir, wie man Freunde gewinnen und selbst eine Freundin sein kann, wie man an Dingen, die einem Angst machen, wachsen und wie man sich über Unerwartetes freuen kann«, sagt Charlotte. »Wenn mich jemand in meiner Welt enttäuschte, besprach Terry mit mir alles, was mir zu schaffen machte. Sie hob die einzigartigen Qualitäten der anderen Person hervor und wies auf die erstaunlichen Ähnlichkeiten und Andersartigkeiten zwischen uns hin. Das Ergebnis war, dass ich das Potenzial von Menschen schätzen lernte und ihre Qualitäten bemerkte. Schließlich war ich fähig, in jedem Individuum Welten zu sehen.«

Als Charlotte Terry kennenlernte, befand sie sich in einer sehr leichtlebigen Phase und experimentierte mit Drogen – was zu

190

dieser Zeit zwar ziemlich verbreitet, aber trotzdem selbstzerstö-
rerisch war. Wieder predigte Terry nicht, sondern wandte eine
sanfte Argumentationsmethode an, um Charlotte herauszu-
fordern. »Sie zwang mich, wenigstens mit mir selbst ehrlich zu
sein.« Als Charlotte einmal eine für Heranwachsende typische
Identitätskrise durchmachte und sich fragte, wer sie wirklich war
und woran sie glaubte, sagte Terry etwas wie: »Denke an all die
Dinge, die du magst, die dir etwas bedeuten. All diese Dinge leben perfekt in deinem Innern. *Du* bist der integrierende Faktor.«

»Ich weiß noch, dass mich eine tiefe Erleichterung erfasste,
als sie das sagte«, erzählt Charlotte. »Aber das ganz große Geschenk kam erst noch – die Freiheit, Ideen und Einstellungen
zu übernehmen und sie in mein Gefühl von Kunst und von mir
selbst einzufügen. Heute lebe ich in einem Haus in Kalifornien,
das mit Kunst aus Japan, Korea, China und Vietnam angefüllt ist,
außerdem mit Kunst aus Indien und dem Südwesten, mit Rock-
postern aus den 1960er-Jahren und schwedischen und italieni-
schen modernen Einsprengseln. Und in meinem Kopf erfreue
ich mich an einem Miteinander der entsprechenden Gedanken
und Philosophien.«

Die beiden Frauen blieben über die Jahre in engem Kontakt, bis
Terry tragischerweise 1991 an Krebs starb, als sie Anfang 40 war.
»Sie war ein Gewächshaus für meine Persönlichkeit«, sagt Char-
lotte von ihrer Freundin, deren Geist in Charlottes Welt von ihren
Möbeln bis zu ihren Werten und ihren Vorstellungen spürbar ist.

Freunde wie Terry können uns helfen herauszufinden, wer
wir wirklich sind, und uns ermutigen, uns zu wandeln und mehr
aus uns zu machen. Besonders als junge Erwachsene können

gute Freunde uns helfen, unsere Identität auszubilden und eine schmerzhafte Vergangenheit zu überwinden, oder einfach den steinigen Übergang zum Erwachsensein besser zu bewältigen.

Die Periode zwischen der Jugendzeit und dem Erwachsenenalter hat sich immer weiter ausgedehnt, was darauf zurückzuführen ist, dass junge Menschen beruflich immer später die Verantwortlichkeiten Erwachsener übernehmen und die Ehe weiter hinausschieben. So hat sich eine ganz neue Alterskategorie gebildet – die der ›emerging adults‹, derjenigen zwischen 18 und 29, die sich weder als Jugendliche noch als Erwachsene fühlen. In dieser Zeit ist das Freundesnetzwerk am größten, und es wird dann wieder kleiner, wenn Karriere und Liebesleben mehr Raum einnehmen. Die Psychologinnen Carolyn McNamara Barry und Stephanie D. Madsen schreiben, dass während dieser Zeit »Freundschaften ein Gefühl der Wertigkeit vermitteln sowie Gelegenheiten, sich Geschichten zu erzählen und offene Diskussionen über Religion, Erwartungen an das Leben, moralische Fragen und Beziehungen zu führen.«[16]

Diese noch nicht ganz Erwachsenen berichten, dass sie sich ihren Freunden näher als ihren Geschwistern fühlen. Ein Grund dafür könnte sein, dass sie sich von ihren Freunden nicht abgrenzen müssen, wie das bei Brüdern und Schwestern oft der Fall ist.[17] (Es gibt noch eine andere, evolutionspsychologische Erklärung für das Phänomen der Geschwisterrivalität: In der Geschichte der Menschheit standen Geschwister im Konkurrenzkampf um Ressourcen und um die Aufmerksamkeit der Eltern. Sogar heute gibt es selbst in wohlhabenden Familien, in denen jedes Kind ein eigenes Zimmer, eigene Unterhaltungsgeräte und eine College-Finanzierung hat, die Tendenz, sich im Vergleich zu Geschwistern hervorzutun. Daher ist es nicht verwunderlich, dass junge Erwachsene mit all ihren Unsicherheiten und Ängsten sich lieber Personen gegenüber öffnen, die nicht zur eigenen Familie gehören.)

Freunde können aber für Erwachsene jeden Alters ein existenziell lohnendes Geschenk darstellen: Sie kennen uns oft wirklich, manchmal besser als wir uns selbst. Insbesondere können Freunde unsere Verhaltenseigenschaften besser beschreiben als wir selbst, sagt Simine Vazire,[18] Psychologin und Leiterin des Personality and Self-Knowledge Lab an der Washington University in Saint Louis. »Freunde können besser als wir selbst einschätzen, ob wir lustig, dominant oder charmant sind«, sagt sie. »Vermutlich sind sie nicht besser darin zu wissen, was wir fühlen und denken, aber sie können unseren IQ besser als wir selbst bewerten.« (Wir selbst schätzen uns übrigens oft als *weniger* intelligent ein, als wir sind.)

Der Grund dafür, dass unsere Freunde unsere Verhaltenseigenschaften und unseren IQ besser als wir kennen, könnte einfach darin liegen, dass wir uns aus der Eigenperspektive nicht so klar sehen können und/oder dass bestimmte Selbstbeurteilungen unser Selbstwertgefühl bedrohen, sagt Vazire. Es hat sich gezeigt, dass diejenigen, die sich ihres eigenen Verhaltens stärker bewusst sind, beliebter sind. So können Freunde auch in dieser Beziehung hilfreich sein – indem sie unser Bewusstsein von uns selbst verbessern (und damit wahrscheinlich auch unsere Beliebtheit).

Meine Freundin Adelle und ich diskutieren häufig über diesen wertvollen Aspekt der Freundschaft, der gleichzeitig aber auch ein Minenfeld darstellen kann. Eine sensible, mitfühlende Person wird sich alle Mühe geben, die Gefühle ihrer Freunde nicht zu verletzen, und dies bedeutet manchmal, auf harmlose Art zu lügen. (Eine Untersuchung ergab, dass enge Freunde pro sozialer Interaktion weniger lügen als andere, dass sie aber immer noch ziemlich oft lügen.[19]) Doch Lügen unter Freunden sind im Allgemeinen eher altruistische Lügen als solche, die einem selbst nutzen sollen – diese Art Lügen setzen wir häufiger bei Bekannten und Fremden ein.) Während Adelle und ich die Schwächen anderer diskutieren, fallen häufig die Worte: »Aber du würdest mir sagen, wenn ich etwas Derartiges täte, oder?« Würden wir das tun? Ich denke, wir *sind* ehrlich miteinander – das ist eine große Stärke unserer engen Beziehung. Aber Adelle ist so freundlich und hilfsbereit und hat die Fähigkeit, eher die Komplexität der Motive und Handlungen anderer zu sehen, anstatt sie als gut oder schlecht zu beurteilen. Daher kann ich mir nur schwer vorstellen, dass sie mir irgendwelche Illusionen ausreden würde, die ich mir über meine hässlicheren Seiten mache, auch wenn sie weiß, dass ich dieses Feedback schätzen würde – jedenfalls in der Theorie.

Ich erinnere mich noch gut an eine Situation während meiner Highschool-Zeit. Schnellen Schrittes lief ich den beiden Mädchen aus der Schule voraus, die mit mir im Orchester spielten; es war mir peinlich, mit ihnen auf dem gut gefüllten Parkplatz gesehen zu werden. Geige zu spielen, war ein wichtiger Teil meines Lebens, und meine Mitspielerinnen waren kluge, witzige und wunderbare Mädchen – aber sie waren nicht gerade cool. In dem Moment gaben sie mir das bestmögliche Feedback. Sie lachten mir ins Gesicht und sagten: »Schau mal, Carlin ist es peinlich, mit uns gesehen zu werden!« Ihre Ehrlichkeit, ihr gleichzeitiger Sinn für Humor und jegliches Fehlen von Beleidigtsein bewiesen, dass sie keine Probleme mit irgendwelchen Rangordnungen hatten und rissen mich sofort aus meinem snobistischen Verhalten. Ich erkannte, welches Glück es bedeutete, mit diesen beiden eine Verbindung zu haben.

Wie stellt man es also an, mehr und ehrliches Feedback über sein Verhalten und seine Persönlichkeit von einem Freund zu bekommen? »Direkt nach der Information zu fragen wird nicht funktionieren«, sagt Vazire. »Stattdessen könnte man etwas über sich selbst sagen und dann die Reaktion des Freundes beobachten. Ich habe einmal zu einem Freund gesagt: ›Die meisten Leute finden mich zu ernst.‹ Mein Freund saß einfach nur kommentarlos da und bestätigte dadurch meine Aussage. Vielleicht widersprechen manche aus Höflichkeit, aber wahrscheinlich wird man merken, ob sie nur höflich sind, oder ob sie eine solche selbst geäußerte Vermutung ehrlich zurückweisen.«[20] Wenn man sich bemüht, seine Freunde besser kennenzulernen (und deren Erkenntnisse nutzt, um mehr über sich selbst herauszufinden), gestaltet sich die Beziehung dadurch weniger enttäuschend und auch weniger konfliktbeladen.[21] In engen Freundschaften kann Ehrlichkeit manchmal aus einer verschlüsselten Form der Kommunikation bestehen; die Fähigkeit, solche Botschaften zu senden und zu empfangen, unterscheidet »Superfreunde« wie unseren am Anfang des Kapitels beschriebenen Richard von anderen.

Inspirieren und sich inspirieren lassen

Oft ist eine Freundschaft der Katalysator, den wir brauchen, um unsere Ziele zu erreichen. Ob man einen College-Abschluss machen oder einen Marathon laufen will, mit einem Freund an der Seite, der das gleiche Ziel verfolgt, ist die Reise leichter und geht vielleicht auch schneller. Eine diesbezügliche Studie liefert dazu eine anrührende Metapher: Die Forscher ließen ihre Versuchspersonen mit einem Rucksack bepackt am Fuße eines Berges stehend einschätzen, wie steil dieser Berg war. Einige der Testpersonen standen allein, andere neben Freunden. Wenn die Personen neben einem Freund standen, schätzten sie den Berg weniger steil ein; befanden sie sich neben einem langjährigen Freund, erschien ihnen die Steigung noch geringer.[22]

Tom Rath beschreibt eine Studie, die er in den frühen 1990er-Jahren für das Meinungsforschungsinstitut Gallup mit Obdachlosen durchführte. »Es war klar, dass Alkoholismus oder eine Abhängigkeit von Methamphetaminen eher Symptome als Ursachen waren. In den meisten Fällen ging der Beziehung zur Flasche oder zur Nadel der Abbruch einer engen Beziehung mit einem Freund oder einer geliebten Person voraus. Die Männer und Frauen, die jahrzehntelang obdachlos blieben, hatten etwas gemeinsam: das Fehlen solider Freundschaften. Sie waren in einem höheren Maß ›freundschaftslos‹ als irgendetwas anderes zu entbehren – kein Zuhause zu haben, war nur der sichtbarste Teil ihrer Misere.« Rath schildert dann die Geschichte einer Frau, die ihre Notlage überwand, nachdem sie sich mit einer Frau angefreundet hatte, die »von mir erwartete, dass ich jemand bin«.[23)]

Sich mit Freunden zu umgeben, die einen hohen Maßstab an einen anlegen und viel von einem erwarten, kann die beste Art sein, im Leben weiterzukommen, ob man von ganz unten anfängt wie diejenigen, die Rath untersuchte, oder ob man etwas Besonderes erreichen und aus seinen Talenten und Fähigkeiten das Beste machen möchte.

Aber ob die Freunde nun Großes von einem erwarten oder nicht, allein die Tatsache, sie um sich zu haben, kann dabei helfen, produktiv zu werden. »Es gibt ein Konzept bei der Behandlung von ADHS (Aufmerksamkeitsdefizit-Syndrom mit Hyperaktivität), das »body double« genannt wird«, sagt David Nowell, Neuropsychologe aus Worcester, Massachusetts.[74)] »Leicht ablenkbare Menschen schaffen mehr, wenn jemand anders anwesend ist, auch wenn dieser ihnen nicht hilft.« Wenn Sie also eine Aufgabe vor sich haben, die langweilig ist oder Ihnen schwerfällt, zum Beispiel das Aufräumen Ihrer Schränke oder das Zusammenstellen von Quittungen für die Steuererklärung, bitten Sie eine Freundin, Ihr Body Double zu sein. »Sie braucht nur die Martinis umzurühren«, sagt Nowell. »Sie muss nicht wirklich helfen, um eine Unterstützung zu sein.«

Ein prägnanter Kommentar eines Freundes kann ausreichen, uns zu inspirieren, um uns unsere Situation in einem anderen Licht sehen zu lassen oder uns sogar aus einer besonders schlimmen Situation herauszuziehen. Ian Anderson, ein Brite, der in Norwegen lebt, arbeitete in den späten 1990er-Jahren als Entwicklungshelfer im ländlichen Uganda. »Manchmal war ich einfach erschlagen von der offensichtlichen Vergeblichkeit unserer Arbeit und der verzweifelten Lage dort«, erinnert er sich.[25)] Einmal kam eine Gruppe Menschen zu Ians Haus und bat ihn, einer kranken Verwandten zu helfen. »Ich sah die alte Frau an, sie war nur noch Haut und Knochen, und ich lud sie in den Wagen«, sagt er. »Auf dem halben Weg zum Krankenhaus hörte ich auf dem Rücksitz Geräusche, und sie starb.«

Ian, der in einem Projekt arbeitete, das Gesundheitsstationen für Mütter errichtete, befürchtete, dass diese Tragödie die abweisende Haltung der Anwohner gegen westliche Medizin bestärken würde. Außerdem waren die Bedingungen in dem Dorf so schlecht, dass fast jeden Tag jemand starb. Inzwischen war Mark Allies zu dem Projekt gestoßen und Ians Freund geworden, und eines Nachts erzählte er dem verzweifelten Ian, was er tat, um selbst gesund zu bleiben. Er besah sich kleine Dinge ganz von Nahem. »Wann hast du dir zum letzten Mal ganz genau ein Blatt angeschaut, eine Spinnwebe, eine Erdbeere oder ein Vogelnest?«, fragte Mark.

»Das war wie eine Offenbarung für mich und veränderte mein Leben vollständig, auch wenn sich das schwärmerisch anhört«, sagt Ian. »Ich hatte aufgehört, vertraute Dinge überhaupt noch zu bemerken und die Schönheit zu schätzen, die uns umgibt. Zu sehen, dass das Perfekte existiert, ließ mich weitermachen, vor allem angesichts all des Leides, dessen Zeuge ich war. Mark lehrte mich, dass es in der Welt tatsächlich eine Ordnung gibt, wenn man danach Ausschau hält.«

Sosehr Freunde unser Leiden erleichtern können, sosehr sind wir oft bereit, für sie zu leiden, vielleicht sogar mehr, als wir um unserer selbst willen ertragen könnten. Freya Harrison von der Oxford University ließ Versuchspersonen Wandkniebeugen machen.[26] Dafür gab es eine geringe Bezahlung – entweder die Testpersonen erhielten das Geld selbst, oder es ging an vier verschiedene Personen, zu denen Bekannte und Freunde gehörten. Wenn es enge Freunde waren, die das Geld erhalten sollten, führten die Testpersonen die anstrengende Übung anderthalb Mal länger aus, als wären sie selbst die Empfänger. Eine frühere Untersuchung Harrisons hatte ergeben, dass die Versuchspersonen nicht bereit waren, für entferntere Verwandte mehr Wandkniebeugen zu machen als für sich selbst – was uns einmal mehr den besonderen Status von Freunden für uns belegt.

Anstrengungen und Strapazen werden relativ empfunden. Zum Beispiel, wenn man stundenlang für Tickets ansteht, um die Lieblingsband einer Freundin zu hören, oder kunstvolle Dekorationen für eine Party zu ihren Ehren anfertigt – etwas, das man für sich selbst oder sogar für eine Verwandte nicht tun würde. (Vielleicht auch deswegen, weil wir von Verwandten erwarten, dass sie uns bedingungslos lieben, während wir Freunden unsere Liebe beweisen wollen; schließlich können uns diese auch leichter fallen lassen oder in der Rangordnung ihrer Freunde herabstufen.)

Jeder Psychologe wird Ihnen sagen, dass das beste Mittel gegen Traurigkeit und um positive Gefühle zu empfinden, darin besteht, etwas für andere zu tun. Freunde geben uns die Möglichkeit, sie zu beschenken, ihnen zu helfen, ihnen zuzuhören, ihre Interessen wahrzunehmen und ihnen unsere Zeit, unsere Energie und unsere Ressourcen zu opfern. Und das ist ein weiteres

Geschenk, das sie uns bieten: die Möglichkeit, uns beständig um sie zu kümmern und dafür die Belohnung zu ernten, durch dieses Tun unsere Persönlichkeit zu erweitern.

Lange leben und gesund bleiben

Die Nachweise für die gesund erhaltende Wirkung von Freundschaften sind so überzeugend und stehen in einem so deutlichen Zusammenhang mit weitverbreiteten Todesursachen wie Herzkrankheiten, Krebs und Fettleibigkeit, dass es eine der klügsten gesundheitspolitischen Maßnahmen wäre, eine Initiative zur Förderung und Pflege von Freundschaften zu starten. Und wie jeder bestätigen wird, der mit Joggen oder Gymnastik erst anfing, als ein Freund oder eine Freundin mitmachte, kann unsere Verpflichtung Freunden gegenüber weitaus wirksamer sein als die uns selbst gegenüber.

Nehmen wir die Krise der Fettleibigkeit. Die meisten US-Amerikaner sind heute übergewichtig oder fettleibig, und der Antrieb, die überflüssigen Pfunde wieder loszuwerden, kann von Eitelkeit bis zur Angst vor dem Tod reichen. Die Analyse sozialer Netzwerke von Christakis und Fowler hat interessante Ergebnisse zu diesem Sachverhalt hervorgebracht.[27] Wenn die Freundin einer Person fettleibig wird, steigt das Risiko dieser Person, ebenfalls fettleibig zu werden, fast um das Dreifache. Sogar weit entfernt wohnende Freundinnen können einen Einfluss auf unser Gewicht haben, was bedeutet, dass diese Wirkung nicht nur darauf beruht, dass man in derselben Umgebung lebt oder die gleichen Sachen tut. Allerdings muss man selbst aktiv an der Beziehung beteiligt sein, um sich mit der Fettleibigkeit der Freundin »anzustecken« – wenn man eine Person nicht als Vertraute betrachtet, diese das jedoch umgekehrt schon tut, wird sie stärker beeinflusst als die weniger stark Engagierte.

Vermutlich verbreitet sich die Gewichtszunahme durch Freundinnen über einen Prozess der Veränderung von Normen. Wenn wir viel Zeit mit einer Freundin verbringen, die zehn Pfunde mehr als wir selbst mit sich herumträgt, ist es möglich, dass wir langsam unsere Ansicht darüber ändern, welcher Körperumfang akzeptabel ist. Wenn sich alle unsere Freunde jeden Freitagabend in einem Fast-Food-Restaurant treffen, halten wir das nach und nach für ein normales Verhalten, während es für andere Gruppen in derselben Stadt völlig inakzeptabel ist.

Natürlich wirkt dieser Einfluss auch in die andere Richtung: Freundinnen, die anfangen, gesund zu leben, animieren uns dazu, uns um den eigenen Körper zu kümmern. »Eine Freundin muss Ihnen gar nicht erzählen, wie gut sie sich fühlt, seit sie mit dem Joggen angefangen hat«, sagt Fowler. »Sie merken es mit der Zeit selbst. Und auch wenn Sie sie nicht direkt kopieren und auch anfangen zu laufen, essen Sie vielleicht weniger. Das Verhalten ist anders, aber das Ergebnis ist das gleiche.«[28]

Fowler empfiehlt übrigens nachdrücklich, die übergewichtigen Freundinnen nicht fallen zu lassen. »Eine Freundin zu haben ist mehr wert, als keine zu haben – ihr möglicher Einfluss auf Ihr Gewicht ist zweitrangig. Versuchen Sie, den Prozess umzudrehen und einen guten Einfluss auf Ihre Freundin auszuüben. Helfen Sie ihr, positive Entscheidungen zu treffen, und denken

Sie daran, dass Ihre Handlungen sich sogar auf die Freundinnen Ihrer Freundin auswirken.«

Die Vorstellung von einem Verhalten, das sich gleichsam über Freundschaftsnetzwerke ausbreitet, ist jedoch nicht unumstritten: Ein grundsätzliches wissenschaftliches Problem besteht nämlich darin, dass das gleichzeitige Auftreten zweier Faktoren noch nicht bedeuten muss, dass beide einander bedingen. So ist die Wirkung von Freunden auf die Testpersonen von der Wirkung der Umwelt auf diese nur schwer zu trennen. Andere Studien untermauerten jedoch den Zusammenhang von Freundschaften und Gewicht. Zum Beispiel ergab eine kürzliche Online-Untersuchung des Massachusetts Institute of Technology, dass die Testpersonen eher dazu bereit waren, ein »Diättagebuch« zu führen, wenn andere Personen in ihrem Online-Netzwerk, die dieses Tagebuch führten, ihnen ähnlich waren.[29] Dies ist ein Hinweis darauf, dass es der Aufnahme gesundheitsfördernder Strategien förderlich ist, wenn ein Freund, der einem ähnelt, dasselbe tut.

Auch der Erfolg der Anonymen Alkoholiker oder ähnlich strukturierter Gruppierungen wird von vielen auf die sozialen Bindungen der Teilnehmer zurückgeführt. Häufig sind alte Freunde der Auslöser dafür, das Suchtverhalten wieder aufzunehmen; regelmäßige Treffen mit Gleichgesinnten können dagegen neue Freundschaften entstehen lassen, die das Vakuum nach dem Verlust der alten Bindungen füllen. Auch Menschen, die sich von einer psychischen Krankheit erholen, können Beistand durch Freunde erfahren, die sich mit den gleichen Problemen auseinandersetzen müssen. Der bekannte Radiosprecher und Moderator Jeff Bell aus San Francisco berichtet, dass eine Freundin, die er vor 14 Jahren kennengelernt hatte, ihm dazu verhalf, eine schwere Zwangsneurose zu besiegen, eine Krankheit, unter der sie selbst litt. »Es gibt keinen Ersatz für Freundschaften, die durch gemeinsame Herausforderungen geformt werden«, sagt er. »Carole und ich haben unsere tiefsten Ängste miteinander geteilt, unsere Triumphe und Rückschläge, unsere von Herzen kommende Verpflichtung, uns gegenseitig in guten wie in schlechten Zeiten zu unterstützen.«[30]

Allein die mit Freunden verbrachte Zeit kann Stress abbauen helfen. Vor allem bei Frauen werden dadurch Ängste gedämpft, was auf einen Anstieg des Hormons Progesteron zurückzuführen ist; es wird bei ihnen vermehrt gebildet, wenn sie sich einer Freundin nahe fühlen.[31] Und mit Freunden zu lachen kann sogar physische Schmerzen um etwa zehn Prozent verringern.[32] Auch wird der Blutdruck gesenkt, wenn man mit einem Freund zusammen ist, diese Wirkung tritt sogar bei der bloßen Vorstellung davon auf.[33] Ältere Menschen, die sich um ein schwindendes Gedächtnis sorgen, sollten ihre Freunde anrufen: Bei Senioren mit einem aktiven Sozialleben ist die Wahrscheinlichkeit geringer, geistig nachzulassen oder an Demenz zu erkranken.[34]

Das vielleicht stärkste Argument für Freundschaften ist aber ihre lebensverlängernde Wirkung. Eine Studie, an der Patientinnen mit Brustkrebs teilgenommen hatten, ergab dazu Folgendes: Sozial isolierte Frauen hatten ein um 66 Prozent höheres Sterberisiko als diejenigen, die sich von anderen Menschen unterstützt wussten.[35] Erstaunlicherweise sinkt das Sterberisiko durch das Vorhandensein eines Ehepartners nicht. Zu diesem Ergebnis kam jedenfalls eine über sechs Jahre durchgeführte Studie mit schwedischen Männern: Hatten diese eine Partnerin, verringerte sich ihr Risiko eines Herzinfarkts nicht, Freundschaften dagegen reduzierten es.[36)]

Julianne Holt-Lunstad, Psychologieprofessorin an der Brigham Young University im Bundesstaat Utah, stellte in einer Metaanalyse von 148 Studien fest, dass das Fehlen sozialer Unterstützung sich auf alle zum Tode führenden Erkrankungen auswirkt.[37)] Menschen mit einer stabilen Freundesgruppe haben eine um 50 Prozent höhere Überlebenswahrscheinlichkeit als solche ohne diese Unterstützung. Holt-Lunstad errechnete, dass das Fehlen sozialer Bindungen das Sterberisiko im gleichen Maß erhöht, als würde man täglich 15 Zigaretten rauchen. Und diese gesundheitliche Gefährdung ist sogar größer als bei Fettleibigen oder Menschen, die keinen Sport treiben!

Freunde können einem dabei helfen, Gewicht zu verlieren, aber selbst wenn das nicht der Fall ist und sie uns Extrapfunde bescheren, können sie deren Folgeschäden längerfristig in Bezug auf gesundheitliche Probleme wieder wettmachen.

Warum nun ist Freundschaft ein so starker Widersacher des Sensenmannes? Es gibt darauf nicht nur eine einzige Antwort, sagt Holt-Lunstad,[38)] aber wahrscheinlich hängt es damit zusammen, dass Freunde als Stressdämpfer fungieren und so negative Gesundheitswirkungen ausgleichen. Hinzu kommt, dass Freunde zu einem gesünderen Verhalten beitragen, zum Beispiel auf die Ernährung zu achten oder zum Arzt zu gehen, wenn man krank ist. »Freunde können dem Leben Bedeutung und Sinn verleihen, was Menschen wiederum dazu veranlassen könnte, besser auf sich aufzupassen und weniger Risiken einzugehen«, sagt sie. »In der frühen Menschheitsgeschichte war der Mensch immer von anderen abhängig, weil es darum ging zu überleben, Schutz zu finden und genug zu essen zu haben. Heutzutage denken wir eher, dass Beziehungen unserer emotionalen Zufriedenheit dienen; den physischen Anteil haben wir vergessen.«

Liebesbeziehungen stärken

Freunde werden als Gegensatz zu Geliebten gesehen, tatsächlich aber fördern sie die Liebe öfter, als dass sie sie behindern.[39] Vor allem sind Freunde sehr oft diejenigen, durch die wir einen Liebespartner überhaupt erst kennenlernen: 35 bis 40 Prozent unserer Partner werden uns von Freunden vorgestellt. Junge Erwachsene neigen dazu, ihre Freundschaften zu vernachlässigen, sobald sie eine Liebesbeziehung eingegangen sind. Meliksah Demir, Psychologieprofessor an der Northern Arizona University, warnt vor einem solchen Verhalten.[40] Zwar können Liebespartner junge Menschen glücklicher machen als deren Eltern oder Freunde es vermögen, sobald man jedoch wieder Single ist, sind es die Freunde, die zufriedener machen. Pflegen Sie also Ihre Freundschaften auch für den Fall weiter, dass die Flammen der Liebe wieder erlöschen.

Mit wem kann man auch die eigenen Liebesbeziehungen besser diskutieren und analysieren als mit seinen Freunden? Wenn man einmal von jenen Menschen, die zu einem Thema zwanghaft immer wieder das Gleiche äußern absieht, können Freunde wichtige Berater auf dem holprigen Weg zur Liebe sein. Weil das

Herz nun einmal möchte, was es möchte, ignorieren wir bisweilen die Warnungen unserer Freunde; sollte sich jedoch herausstellen, dass sie recht behalten haben, können wir uns im Allgemeinen auf ihre Unterstützung verlassen.

Shelly, eine 30-jährige Kanadierin, bekam von ihren engsten Freundinnen und ihren Mitbewohnerinnen oft zu hören, dass der Junge, mit dem sie sich zusammengetan hatte, nicht gut genug für sie war. »Wir gingen abends meist noch spazieren und redeten über unser Leben, daher kannten sie meine Probleme mit ihm genau«, sagt sie.[41] »In unserer Beziehung kam es zwar nicht zu Handgreiflichkeiten, aber er machte mich verbal und emotional fertig. Im Nachhinein weiß ich, dass sich bei mir wie bei einer kaputten Schallplatte immer das Gleiche wiederholte und ich nicht begriff, dass ich etwas Besseres verdient hatte.« Nach ein paar Jahren heiratete Shelly ihren Freund, der dann auch körperlich gewalttätig wurde. Shelly zog mit ihrer Tochter in ein Obdachlosenheim. Ihre beiden Freundinnen überredeten sie aber, wieder mit ihnen zusammenzuziehen, bis sie sich eine eigene Wohnung leisten konnte. »Ich glaube, ohne sie wäre ich wieder zurück in die alte Situation gegangen«, sagt Shelly, »aber sie haben mir die Kraft gegeben durchzuhalten.«

Auch etablierte Paare sind gut beraten, ihre Freundschaften weiter zu pflegen, so wie es das glückliche Paar Richard Levinson, unser »Superfreund« vom Anfang dieses Kapitels, und seine Frau Susan tun. Richard Statcher, Psychologe an der Wayne State University, regte Paare dazu an, sich in seinem Labor mit anderen Paaren anzufreunden.[42] Zunächst einmal fand er heraus, dass diejenigen, die es beim Small Talk beließen, nicht wirkliche Freunde wurden (was nicht unbedingt überrascht), während diejenigen, die über persönlichere oder bedeutsamere Themen sprachen, sich danach eher zu viert verabredeten. Ein interessantes Ergebnis bei diesem Versuch war, dass Paare ihre eigene Beziehung nach der Interaktion mit anderen Paaren positiver bewerteten.

Verheiratete Paare laufen leicht Gefahr, den Umgang miteinander zur Routine werden zu lassen und sich keine Mühe mehr dabei zu geben, dem anderen aufmerksam zu begegnen und ihm zu gefallen, wie sie es am Anfang der Beziehung getan hatten. Wenn man aber seine besten Seiten für neue Freunde aufpoliert, lässt einen das in neuem Glanz erscheinen; entsprechend kann man auch den Partner wieder positiver erleben. Auch das Aufrechterhalten älterer gemeinsamer Freundschaften stärkt die Verbindung zwischen langjährigen Partnern: Sich mit Menschen zu umgeben, die einen als Einheit sehen, die vielleicht sogar die Beziehung bewundern und erwarten, dass man zusammenbleibt, kann einem über Zeiten des Zweifels oder der inneren Distanz zum anderen hinweghelfen.

Die Karriere fördern

Wie der Soziologe Mark Granovetter schon in den 70er-Jahren des letzten Jahrhunderts herausfand, können die sogenannten »schwachen Beziehungen« eines großen Freundes- und Bekanntennetzwerkes für Arbeitssuchende von entscheidender Bedeutung sein.[43]

Je mehr Freunde Sie über die Jahre Ihren anderen Freunden vorgestellt haben, desto breiter gefächert und dichter sind Ihre Beziehungen und umso rosiger Ihre Aussichten auf eine Anstellung. Und wenn Sie erst einmal den Erfolg gekostet haben, werden Sie Ihre Freunde noch hilfreicher erleben. Christakis und Fowler drücken es so aus: »Wer reich ist, zieht mehr Freunde an, und wer mehr Freunde hat, findet weitere Möglichkeiten, noch reicher zu werden.«[44]

Vor etwas mehr als einem Jahrzehnt führte die Soziologin Jan Yager eine Untersuchung über Freundschaften am Arbeitsplatz durch und fand heraus, dass Frauen dort allgemein weniger Freunde und im Besonderen weniger Freunde in hohen Positionen hatten als Männer in ähnlichen Situationen.[45] Yager glaubt, dass die Frauen es im Beruf weiter bringen könnten, wenn sie mehr lockere Bürofreundschaften eingingen, die sie vor allem in Arbeitsangelegenheiten beraten und ihnen Perspektiven aufzeigen könnten. Auch sollten die Frauen sich nach Yagers Auffassung häufiger mit einflussreichen Personen befreunden, da die Menschen ja nach ihren Arbeitsbeziehungen beurteilt werden.

Tom Rath vom Meinungsforschungsinstitut Gallup Organization führte eine groß angelegte Untersuchung zur Bedeutung von Freunden am Arbeitsplatz durch.[46] Er kam zu dem bemerkenswerten Ergebnis, dass freundschaftliche Bindungen zwischen Kollegen unserem Wohlergehen und unserer Leistung außerordentlich dienlich sind – und trotzdem fördern die meisten Arbeitgeber solche Beziehungen nicht nur nicht, sondern versuchen, sie sogar aktiv zu unterbinden. Hat man an sei-

nem Arbeitsplatz einen besten Freund, schreibt Rath in seinem
Buch *Vital Friends,* dann steigt die Wahrscheinlichkeit signifikant, »Kunden von einer Sache einzunehmen, mehr in kürze-
rer Zeit zu leisten, die Arbeit gern zu verrichten, einen sichere-
ren Arbeitsplatz mit weniger Unfällen zu haben, neue Ideen zu
entwickeln und mit anderen zu teilen, sich informiert zu fühlen und zu wissen, dass die eigene Meinung zählt sowie in der
Lage zu sein, sich jeden Tag auf seine Stärken zu konzentrieren«.
Freunde können sogar ein nicht zufriedenstellendes Gehalt ausgleichen: Menschen, die einen engen Freund am Arbeitsplatz
haben, nehmen mit doppelt so hoher Wahrscheinlichkeit ihr Gehalt positiv wahr. Wer mindestens drei gute Freunde im Büro
hat, ist mit 96 Prozent höherer Wahrscheinlichkeit mit seinem
Leben im Allgemeinen sehr zufrieden! (Natürlich haben zufrie-
denere Menschen es auch leichter, besagte Freunde zu gewinnen, aber trotzdem – Freunde zu gewinnen ist eine Fähigkeit,
die man durchaus lernen kann.)

Eine über 20 Jahre angelegte Untersuchung, welche die wohl-
tuende Wirkung von Freunden auf die Gesundheit und die Ar-
beitssituation zusammenführt, hat ergeben, dass das Sterberisiko für diejenigen Testpersonen signifikant geringer war, die nach
eigenen Angaben bei ihrer Arbeit ein hohes Maß an Unterstützung durch Kollegen erfuhren.[47] Freunden Sie sich also besser
mit Ihrem Kollegen am Schreibtisch gegenüber an, sonst droht
Ihnen womöglich der Tod.

Soziale Missstände angehen und den eigenen sozialen Horizont erweitern

Wir erwarten, dass unsere Freunde uns helfen. Wahrscheinlich kämen wir jedoch nicht darauf, dass wir der Welt helfen, indem wir Freundschaften schließen. Und doch können Freundschaften ein mächtiges Mittel für soziale Veränderungen sein; dieses Prinzip steckt nämlich hinter den vielen Organisationen, die sich um die Verständigung verfeindeter Gruppen bemühen. In einer davon wird zum Beispiel palästinensischen und israelischen Kindern die Möglichkeit geboten, miteinander Freundschaft zu schließen, oder es werden irische Katholiken und irische Protestanten ermuntert, sich im Gespräch einander anzunähern. Multiethnische Freundschaften sind in den USA statistisch gesehen selten, aber eine solche Freundschaft zu führen, verringert die Vorurteile bei den Freunden selbst und darüber hinaus sogar bei deren Freunden. Multiethnische Verbindungen wirken darüber hinaus auch stressreduzierend, führen zu einer größeren Selbstentfaltung und ermöglichen es, Schmerz und Freude anderer intensiver nachempfinden.[48]

Auf der Suche nach der Antwort auf die Frage »Wie ist es, wenn die Freundschaft Grenzen überschreitet?« führte James Vela-McConnell, Professor für Soziologie am Augsburg College in Minneapolis, Minnesota, Interviews mit Personen durch, die sich mit Menschen anderer Ethnien, anderer sexueller Orientierung und anderen Geschlechts angefreundet hatten.[49] Diese berichteten, dass der Unterschied sogar eine Quelle der Verbundenheit

und kein Hindernis darstellte. Das Überschreiten der sozioökonomischen Schichtzugehörigkeit in Freundschaften wurde nicht
untersucht, weil Vela-McConnell nicht genügend Testpersonen
mit Freunden aus anderen Schichten finden konnte – ein Hinweis darauf, wo in unserer Gesellschaft tatsächlich eine Grenze
zu verorten ist.

Dalton Conley, Chronist ethnischer und sozioökonomischer
Unterschiede und Dekan der Abteilung Sozialwissenschaften an
der New York University, ist der Ansicht, dass auch Freundschaften zwischen Personen, die aus verschiedenen Schichten stammen, Vorteile bringen können, auch wenn sie vielleicht kompliziert sind. »Ich denke, es gibt zwei gleich große Kräfte, die hier
gegeneinander wirken. Wenn man derjenige mit dem niedrigeren
sozioökonomischen Status ist, eröffnet einem die Freundschaft
mit jemandem, der dem höheren Status angehört, Welten, von
denen man noch nicht einmal gewusst hatte, dass sie existieren«,
sagt er. »Ich fuhr zum Beispiel während meiner Highschool-Zeit
mit der wohlhabenden Familie eines Freundes nach Italien, das
war eine ungeheure Erfahrung. Aber die Folge kann auch eine Art
Gefühl des Mangels sein, weil man vorher noch gar nicht gemerkt
hatte, wie schlecht es einem ging, bis man sah, wie es sich anders
leben lässt.«[50] Trotzdem befürwortet Conley ausdrücklich, dass
in den Colleges die Studenten ihre Zimmergenossen nicht selbst
wählen, sondern einander zugewiesen werden, um die Chancen
dafür zu erhöhen, dass die Studenten Bekanntschaften über öko-
nomische und ethnische Grenzen hinaus machen.

Freunden gebührt sogar das Verdienst, breite soziale Bewegungen anzustoßen. Bevor Rosa Parks sich 1955 in einem Bus

in Montgomery, Alabama, weigerte, ihren Sitzplatz für einen weißen Fahrgast zu räumen, waren andere Menschen schon für ähnliche Verstöße gegen die damals in den USA geltenden Rassentrennungsgesetze verhaftet worden, ohne dass dadurch eine Bürgerbewegung ausgelöst worden wäre. Parks dagegen hatte – wie sich herausstellte – viele enge Freunde, die aktiv wurden, als sie von ihrer Festnahme erfuhren. Darüber hinaus hatte sie auch viel weniger enge Freunde aus unterschiedlichen sozialen Schichten in der ganzen Stadt, wodurch der Protest sich weiter ausbreiten konnte. Charles Duhigg, Wirtschaftsreporter der *New York Times* und Autor des Buches *Die Macht der Gewohnheit: Warum wir tun, was wir tun,* sagt, dass viele soziale Bewegungen einer bestimmten Formel folgen: Der erste Schritt ist die Unterstützung durch Freunde, im zweiten kommen schwächere Bindungen ins Spiel, die Gemeinschaften bilden und Gruppendruck aufbauen, und im dritten findet eine Veränderung der Gewohnheiten der Bewegung statt, durch die sie sich dann selbst fortpflanzt. »Eine Bewegung, sogar eine Firma, die lediglich aus Freunden besteht, wird schließlich auseinanderfallen; die anderen Schritte sind ebenso notwendig«, sagt Duhigg. »Aber diese werden nur dann möglich, wenn man imstande ist, noch mehr Menschen in die Organisation hineinzuziehen, und das ist normalerweise am einfachsten durch Freunde zu bewerkstelligen.«[51]

In seiner Untersuchung zum Thema Altruismus und Freundschaft stellt Daniel Hruschka in Übereinstimmung mit der obigen Aussage fest, dass bei der großen Anzahl von Menschen, die sich für eine gute Sache einsetzen, »diese Art Altruismus oft von der Anwerbung durch enge Freunde ausgelöst wird. Und im Allgemeinen werden Anliegen bevorzugt, von denen Freunde oder Familienmitglieder direkt betroffen sind.«[52]

Wenn Sie also demnächst eine Freundin davon überzeugen möchte, sich einer Kampagne anzuschließen, sollten Sie das tun (es sei denn, Sie empfinden das Anliegen als sektiererisch – das nächste Kapitel befasst sich mit Gruppendenken und anderen schlechten Einflüssen von Freunden). Schließlich könnte es sein, dass Sie gerade dieser Freundin Ihre Gesundheit, Ihr stabiles Liebesleben, Ihr strahlendes Aussehen, Ihre tolle Karriere und sogar Ihr Leben verdanken.

Schlechte Gesellschaft

Die heute 40-jährige Shane Shaps erinnert sich noch genau daran, wie sie und ihre Freundin Claudia als kleine Mädchen zusammen spielten und Claudia sie eines Tages drängte, sich aufs Klettergerüst zu wagen. Shane hatte panische Angst vor Höhen, fiel vom Gerüst und brach sich dabei das Handgelenk. Claudia, mit der sie schon von klein auf gespielt hatte, blieb ein wichtiger Mensch in ihrem Leben. »Unsere Eltern waren eng befreundet«, sagt Shane, die heute als Medienberaterin arbeitet und zwei Kinder hat.[1] »Es war eine Beziehung wechselseitiger Abhängigkeit. Sie kommandierte mich herum, und ich ließ sie gewähren. Ich war nicht nur das Opfer.« Während ihrer College-Zeit wohnten die beiden einige Jahre zusammen, und nach ihrem Studienabschluss zogen sie in dasselbe Mietshaus in Chicago. Die ein Meter fünfzig große Shane hatte damals 30 Pfund Übergewicht, ein geringes Selbstwertgefühl und Angst davor, sich mit Männern zu verabreden.

Claudia war fit und trug – dank plastischer Chirurgie – stolz eine neue Nase zur Schau. Shane rief sie regelmäßig am Arbeitsplatz an, Claudia sagte jedoch immer, dass sie gerade zu viel zu tun hätte. »Aber eigentlich sollte sie doch meine beste Freundin sein«, sagt Shane. Ab und zu ließ Claudia Shane sich an ihrer Schulter ausweinen; sie schien Shanes Nähe auch zu brauchen, jedoch nur um des perversen Vergnügens willen, sie dann wieder zurückzustoßen oder Kontrolle über sie auszuüben. Als Claudia sich verlobte, wählte sie Shane als eine ihrer Brautjungfern; dann schickte sie den Brautjungfern eine vierseitige E-Mail, in der sie genau die Art silberner Sandalen beschrieb, die diese tragen sollten, und listete auch andere lächerliche, ausgefallene Aufgaben dazu auf.

Ein paar Jahre später verlobte sich Shane und zog nach New York; Claudia gratulierte mit keinem Wort. Der nächste Abwärtsschritt in der jahrzehntelangen Berg-und-Tal-Fahrt der beiden Freundinnen wurde durch eine Glückwunschkarte zum Hochzeitstag ausgelöst: »Ich hatte das Gefühl, dass Claudia etwas gegen meine Verlobung hatte, schickte ihr aber trotzdem eine Glückwunschkarte zu ihrem ersten Hochzeitstag. Ein paar Wochen später rief sie mich wütend an, weil ich ihr angeblich keine Karte geschickt hätte. Das fand ich so lächerlich – ich *hatte* eine geschickt, und dabei war ich noch nicht einmal dazu verpflichtet. Ihr Ehemann musste an ihren Hochzeitstag denken! In Wirklichkeit passte es ihr nur nicht, dass meine Welt sich nicht länger um sie drehte. Als ich die Karte von der Post zurückbekam, kreiste ich den ursprünglichen Datumsstempel ein und schickte sie ein zweites Mal an Claudia. Sie hat niemals angerufen, um sich zu entschuldigen.«

Claudia führte den Kreislauf gegenseitiger Abhängigkeit fort, indem sie in Chicago eine Brautparty für Shane gab. Die Atmosphäre war so unangenehm, dass Shane Claudia doch nicht mehr als Brautjungfer bei ihrer Hochzeit haben wollte, sondern einfach nur als Gast. Daraufhin schrieb Claudia: »Ich werde kommen, und ich werde auf den Fotos sein. Dann kannst du mich für alle Zeiten ansehen.« Am Abend vor der Hochzeit gaben Claudias Eltern ein Essen für Shane. Als Claudias Vater von dem sich zuspitzenden Drama erfuhr, weigerte er sich jedoch, mit Shane zu sprechen. Das familiäre Netz, in dem die beiden Frauen so lange gefangen gewesen waren, bekam Risse, und kurze Zeit nach diesem Ereignis hatte Shane den Mut, alle Verbindungen zwischen Claudia und sich selbst für immer zu kappen. »Endlich konnte ich sagen: ›Zum Teufel damit!‹«, erzählt Shane. Nach 30 Jahren Freundschaft führte sie den endgültigen Bruch herbei, und seitdem haben die beiden nicht mehr miteinander gesprochen. (Auf allen wichtigen Hochzeitsfotos ist Claudia jedoch zu sehen.)

»Ich glaube, dass während wir selbst erwachsen wurden, unsere Freundschaft nicht mitgewachsen ist«, sagt Shane. »Sie ist über die fünfte Klasse eigentlich nicht hinausgekommen. Jetzt habe ich kein mieses Gefühl mehr, wenn ich meine E-Mails öffne, so wie das früher immer der Fall gewesen ist. Durch meine vielen Beziehungen zu anderen bin ich eine stärkere Person geworden. Ich stehe für das ein, woran ich glaube. Ich habe viele Freunde, aber ich bin wählerisch. Trotz all der Turbulenzen und Tränen bin ich Claudia sehr dankbar.«

Da Freunde einen so mächtigen Einfluss auf unser Leben ausüben, kann sich das ebenso negativ wie positiv auswirken, vor allem wenn unsere Freunde eigentlich nicht die richtigen für uns sind, oder wenn zwischen zwei Freunden eine ungesunde Dynamik besteht. Selbst liebevolle, zu uns passende Freunde können uns von Zeit zu Zeit aufregen oder verletzen. Wegen der fließenden Natur der Freundschaft sind die Hindernisse in ihren dunklen Gewässern manchmal schwerer zu bewältigen als familiäre Konflikte oder solche in Liebesbeziehungen.

Christakis und Fowler haben in ihren Untersuchungen sozialer Netzwerke festgestellt, dass die Gesamtwirkung der Freunde, die man hat, ihre eventuellen negativen Auswirkungen jedoch überwiegt – sollten Sie also nicht genau wissen, wie ihre Freunde ihr Leben beeinflussen, so ist es wahrscheinlich besser, eher mehr als zu wenig von ihnen zu haben, jedenfalls soweit Sie die Freundschaften noch pflegen können. Um jedoch tatsächlich in den Genuss der vielen Vorzüge von Freunden zu kommen, sollte man auch bedenken, welche Art Freundschaften schaden können. Einige freundschaftliche Beziehungen fordern ihren emotionalen, physischen und geistigen Tribut. Dabei sind sie selten ausschließlich negativ, sondern eher irgendwo auf dem Spektrum zwischen »manchmal ärgerlich, so wie fast alle menschlichen Beziehungen manchmal ärgerlich sind« und »giftig« anzusiedeln.

Ein Fallbeispiel aus der Welt der Kunst beschwört ein sehr anderes Bild einer Freundschaft herauf als das Idyll von Renoir und Monet am Rande eines Sees. Als der Maler Paul Gaugin seinen Kollegen Vincent van Gogh kennenlernte, war Gaugin der berühmtere von beiden.[2] Beide vertraten eine andere künstlerische Vision als die der zeitgleich arbeitenden Impressionisten und stärkten einander in ihrer Außenseiterperspektive. Während der intensivsten Zeit ihrer Freundschaft schufen beide Meisterwerke und arbeiteten für kurze Zeit sogar zusammen in einem Atelier in Südfrankreich.

Gaugins Ankündigung, nach Paris zurückkehren zu wollen, traf van Gogh tief, und während dieser Zeit führten seine psychischen Probleme sogar zu einem Nervenzusammenbruch. Bei einem nicht geklärten Ereignis büßte van Gogh ein Ohr ein.

Manche Biografen behaupten, dass er Gaugin mit einem Rasiermesser verfolgte, sich dann aber selbst das Ohr abgeschnitten hat. In einem anderen, kürzlich erschienenen Buch zweier deutscher Kunsthistoriker stellen diese die These auf, dass van Gogh sich das Ohr nicht selbst abschnitt, sondern sein Freund Gaugin ihm die Verletzung während eines Schwertkampfes zufügte. Es gibt Hinweise darauf, dass die beiden einen Pakt schlossen, den wahren Verlauf des Geschehens geheim zu halten.

Wahrscheinlich werden wir die Wahrheit nie erfahren, aber wie der Zwischenfall sich auch abgespielt haben mag, er beendete die Verbindung zwischen den Künstlern nicht. Van Gogh kam später in eine psychiatrische Anstalt, blieb jedoch in Kontakt mit Gaugin. Und Gaugin schrieb aus seinem selbst gewählten Exil in Tahiti seinem alten Freund bis zu dessen Selbstmord Briefe. Selbst die fruchtbarste Freundschaft kann starken Schmerz verursachen, oft gerade deswegen, weil die Freunde sich so sehr brauchen und lieben.

Vom Kurs abweichen

Nun, ich bin sicher, dass die meisten Ihrer Freunde nie auf die Idee kämen, Ihnen ein Ohr abzuschneiden. Doch auch wenn sie absolut rücksichtsvoll und friedlich sind, können sie dennoch einen subtilen negativen Einfluss auf Sie ausüben, den Sie nicht einmal bemerken würden. Diese Freunde haben vielleicht Ziele, Werte oder Verhaltensweisen, die gerade nur so weit von Ihren Idealen entfernt sind, dass Sie dazu verführt werden, von Ihrer eigenen Überzeugung abzurücken. Das schwächt Sie nun darin, das zu tun, was für Sie das Beste wäre, und Sie driften ab.

Die unermüdliche Glückssucherin Gretchen Rubin, Autorin des Blogs *The Happiness Project* und des Buches *Das Happiness-Projekt,* definiert die Idee des »Abweichens vom Kurs« als »die Entscheidung, die Sie treffen, indem Sie gerade keine oder eine Entscheidung treffen, für deren Konsequenzen Sie keine Verantwortung übernehmen.«[3] Wenn Sie vom Kurs abweichen, so schreibt Rubin in ihrem Blog, kommt es Ihnen vielleicht vor, als lebten Sie das Leben von jemand anderem, und vielleicht haben Sie oft Tagträume, in denen Sie Ihrer eigenen Lebenssituation entfliehen. Freundschaften haben insofern mit diesen Überlegungen zu tun, weil man nach Rubins Beobachtung häufig etwas nur deswegen tut, weil die Menschen um einen herum es ebenfalls tun.

»Wir treffen bestimmte Entscheidungen, weil sie anderen Menschen gefallen. Ihr Gespür dafür, was für Sie richtig ist, wird überschattet von dem, was andere Menschen für richtig halten. (…) Sie heiraten, weil alle Ihre Freunde verheiratet sind. Sie übernehmen eine Arbeit, weil jemand sie Ihnen angeboten hat. (…) Es ist zwar schön, von den Menschen, die wir bewundern, Anerkennung zu erhalten, als Fundament für ein glückliches Leben reicht es aber nicht aus.«

Freundschaften können einen dann vom Kurs abbringen, wenn man sich selbst weiterentwickelt und verändert, während die Freunde zufrieden in der momentanen Situation verharren, oder wenn man sich seiner eigenen Talente und Überzeugungen noch nicht sicher ist und daher Gefahr läuft, sich den Wertvorstellungen anderer anzupassen. Einer meiner College-Freunde bedauert zum Beispiel heute, dass er die Zeit am College mit einer Gruppe genusssüchtiger Verbindungsstudenten und zweitrangigen Sportstypen verbracht hat. Wäre ich als junger Mann nachdenklicher und vorurteilsloser gewesen, wenn ich damals pflichtbewusstere und fleißigere Freunde gehabt hätte?, fragt er sich. Natürlich kann man eine Jugend, die in schlechter Gesellschaft verbracht wurde, nachträglich nicht mehr ändern (und es spricht durchaus auch etwas dafür, mit vielen unterschiedlichen Menschen Erfahrungen gesammelt zu haben). Aber die »richtige« Gruppe – nicht unbedingt die angesagte, aber eine Gruppe, die den Menschen schätzt, der man wirklich ist, und vielleicht auch so sieht, wie man sein könnte, als Idealversion unserer selbst sozusagen – kann einen im Laufe der Zeit ohne besonderes Zutun weiterbringen. Im Gegensatz dazu wirkt die Zugehörigkeit zu einer falschen Gruppe, also derjenigen, die einen davon ablenkt, seine eigentlichen Bedürfnisse und Wünsche zu erfüllen, eher bremsend. Damit will ich nicht sagen, dass man seine Freunde danach auswählen sollte, wie nützlich sie einem sind – beispielsweise beim beruflichen Fortkommen oder um seine Ziele zu erreichen. Das soll nun aber nicht bedeuten, dass Sie Ihre erfolglosen Freunde fallenlassen und sich der Gruppe, die das Sagen hat, anschließen sollen. Menschen als bloße Instrumente für den eigenen Zweck zu behandeln kann für den Aufbau eines Netzwerks vielleicht in Ordnung sein, ist aber absolut ungeeignet, um Freunde zu gewinnen. Das Bemühen um ernsthafte Freundschaften mit Menschen, die Ihr Potenzial fördern, wird Sie dagegen voranbringen und schneller und einfacher zufriedenstellen, als es

Visitenkartentauschen ohne Ende oder Schulterklopfen je erzielen könnten. Natürlich gibt es nicht nur den einen richtigen Weg, auf dem wir uns bewegen sollten, und in jedem von uns stecken viele verschiedene Entwicklungsmöglichkeiten. Aber wir sollten uns auf jeden Fall um möglichst große Authentizität bemühen, soweit uns das aufgrund unserer Lebensumstände möglich ist, die ja nicht immer unserer Kontrolle unterliegen.

Stressauslöser

Eine Umfrage des britischen Soziologen Ray Pahl bei etwa tausend Personen ergab, dass fast zwei Drittel davon Freunde als die größten Stressverursacher in ihrem Leben betrachteten. Freundschaften sind nicht immer so rosig, wie sie oft dargestellt werden – angefangen bei demjenigen, der die Freundin seines Freundes schlechtmacht, bis hin zu dem, der sich an den Freund klammert, weil er ihn braucht. In seinem Buch *The Meaning of Friendship* fasst der Philosoph Mark Vernon Pahls Forschungsergebnisse wie folgt zusammen: »Mehr als ein Viertel der befragten Personen berichtete, dass Freunde die Hauptursache für Auseinandersetzungen mit ihren Partnern oder der Familie sind; etwa elf Prozent geben zu, dass sie sich im Jahr zuvor wegen Problemen mit Freunden einen Tag krank gemeldet hatten; 25 Prozent hatten Probleme, neue Freundschaften zu schließen; und mehr als drei Viertel gestanden ein, dass sie sich für das neue Jahr vorgenommen hatten, mindestens fünf ihrer ›schwabbeligen Freunde‹ loszuwerden – der Ausdruck schwabbelige Freunde bezeichnete die Personen, welche den überflüssigen Pfunden vergleichbar waren, die man durch gesunden Sport wieder verlieren könnte.«[4] Ich würde diese »schwabbeligen Freunde« aus Pahls Untersuchung so kennzeichnen, dass sie weder besonders starke negative noch besonders positive Gefühle in einem Menschen auslösen. Vielleicht fühlt man eine unbestimmte Verpflichtung, die Beziehung fortzuführen, aber die Gesellschaft dieses Menschen hat nichts Anregendes mehr, und eigentlich könnte man seine freie Zeit auch mit Freunden zubringen, die einem wichtiger sind.

Schwieriger ist der Umgang mit Freundschaftsbeziehungen, die sowohl Zuneigung als auch Ablehnung wecken. Julianne Holt-Lunstad, deren Forschungen ergaben, dass negative Prozesse in Beziehungen den Blutdruck erhöhen und schädliche Auswirkungen auf die Gesundheit haben können, richtete ihr Augenmerk daraufhin auf ambivalente Freundschaften – solche, die eine Mixtur sowohl angenehmer als auch unangenehmer Aspekte enthalten. Sie ließ die Versuchspersonen eine Zeit lang ganztägig Blutdruckmessgeräte tragen und jede Interaktion mit anderen Personen protokollieren; gleichzeitig sollten sie angeben, wie sie sich im Allgemeinen in den Beziehungen zu diesen Personen fühlten. Erwartungsgemäß korrelierte ein Zusammensein mit denjenigen, denen die Probanden hauptsächlich positiv gegenüberstanden, mit dem niedrigsten Blutdruckwert. Interessant war jedoch, dass der Blutdruck besonders hoch war, wenn die Probanden diejenigen Freunde trafen, denen sie ambivalent gegenüberstanden – der Blutdruck war hier sogar höher als in der Gesellschaft von Menschen, die von den Versuchspersonen als überwiegend negative Kräfte in deren Leben beschrieben worden waren. »Weil ambivalente Freunde unberechenbar sind, waren die Probanden in ihrer Gesellschaft wahrscheinlich wachsamer, was die Steigerung des Blutdruckwertes erklären könnte«, vermutet Holt-Lunstad.[5] »Wenn wir einem Mensch gegenüber negativ eingestellt sind, fällt es leichter, dessen Äußerungen einfach abzutun.« Das ist weniger belastend als das Zusammensein mit den sogenannten »Frenemies« (eine Zusammensetzung aus den englischen Worten »friend« und »enemy«), den »Freundfeinden«. Je mehr man von diesen hat – so ein Forschungsergebnis von Holt-Lunstad –, desto höher wird das Risiko, Depressionen oder Herzkranzgefäßleiden zu bekommen.

Warum bleiben wir diesen ambivalenten Freunden überhaupt treu?, fragte Holt-Lunstad. Liegt es vielleicht daran, dass beide Partner – ähnlich wie bei Shane und Claudia – zu einem dichten Freundes- oder Familiennetzwerk gehören, dem sie nicht entkommen können? Bei einigen der Probanden in Holt-Lunstads Folgeuntersuchung war das tatsächlich der Fall, aber am häufigsten wurde als Grund kein äußerer, sondern eher ein innerer Druck genannt. »Die Personen wollten sich selbst als die Art Person sehen, die Freunde behalten kann«, sagt Holt-Lunstad. »Oder sie hatten das Gefühl, schon zu viel investiert zu haben, um sich zurückzuziehen, oder sie hatten alttestamentarische, christliche Werte, die dem Fallenlassen eines solchen Freundes entgegenstanden – zum Beispiel gehörte es zu ihrem Weltbild, dem Übeltäter auch die andere Wange hinzuhalten. Außerdem wurden diese Freundschaften durch die Betonung ihrer positiven Aspekte gerechtfertigt.«

Die Probanden distanzierten sich emotional von ambivalenten Freunden und glaubten, dass sie diese seltener als die ihnen wichtigeren Freunde sahen. »Die Auswertung der Daten ergab aber, dass sie diese ambivalenten Freunde genauso häufig trafen.[6] Diese Untersuchung bestätigt die Beobachtung anderer Forscher, dass die meisten Menschen Freundschaften nicht offen abbrechen – auch dann nicht, wenn sie eher negativ als ambivalent sind.[7]

Ein scherzhaftes Geplänkel unter Freunden stellt für viele entspannende Unterhaltung dar, dagegen können gezielt negative und konkurrenzbetonte Treffen mit Freunden entzündliche Prozesse im Körper auslösen und sich dadurch verheerend auf die Gesundheit auswirken. Jessica Chiang von der University of California, Los Angeles, und ihre Kollegen ließen Testpersonen Tagebücher führen, in denen sie all ihre guten, schlechten und konkurrenzbetonten Interaktionen notierten – von Spiel und Sport über Arbeit und akademische Rivalitäten bis hin zu persönlichen Konkurrenzsituationen wie zum Beispiel dem Wetteifern um Aufmerksamkeit auf einer Party. Dann wurde das Zytokinniveau der Testpersonen gemessen – Zytokin ist ein Protein, das eine Entzündung im Körper anzeigt. Bei denjenigen Personen, die mehr negative und Konkurrenzsituationen aufgeschrieben hatten, war der Zytokinpegel höher.[8]

»Eine Entzündung ist im Prinzip eine gesunde Körperreaktion«, sagt Chiang. »Sie ist zum Beispiel nötig, um Wunden zu heilen. Aber dieses System zu aktivieren, wenn wir es nicht brauchen, wirkt sich über einen längeren Zeitraum gefährlich aus. Eine chronische Entzündung kann zu Problemen mit den Herzkranzgefäßen, zu Arthritis und Depressionen führen.«[9] Chiang stellt fest, dass lockere Wettbewerbe wie bei Spielen oder beim Sport keine entzündungssteigernde Wirkung haben, andere von ihr untersuchte Wettbewerbsformen aber sehr wohl. »Die ›giftigen Freunde‹, über die die Medien berichten, mögen eine Übertreibung sein«, sagt sie, »aber im Verlauf der Jahre kann eine Anhäufung von sozialen Stressauslösern tatsächlich physischen Schaden anrichten.«

Wenn demnach viele Formen des Wettbewerbs mit Freunden physische Stressreaktionen hervorrufen, ist das sehr bedenklich, da wir uns tatsächlich auf die verschiedensten Formen von Gegnerschaft einzulassen scheinen. Eine Studie der Western Michigan University zu Konkurrenz und Konflikten in gleichgeschlechtlichen Freundschaften ergab, dass beide Geschlechter versuchten, mit ihren Freunden Schritt zu halten oder diese zu übertrumpfen.[10] Dabei störte die direkte Konkurrenz Frauen stärker als Männer. Männer konkurrierten eher in Bezug auf Leistung (wer verdient mehr, wer weiß mehr), soziale Attraktivität (wer wird häufiger zu interessanten Partys eingeladen), Kontroversen (der Begriff der Forscher für Debatten und Streitgespräche über Ereignisse und Werte) und Spiele (Sport und andere). Frauen wetteiferten eher darum, wer mehr Zuwendungsfähigkeit besaß (wer ist fürsorglicher) oder größere soziale Fähigkeiten hatte (wer kann besser kommunizieren, trösten etc.). Beide Geschlechter verhielten sich gleichermaßen konkurrenzbetont, wenn es um altruistisches Verhalten ging (wer ist großzügiger).

Heuchler und Lügner

»Ein wahrer Freund ersticht einen von vorn«, sagte Oscar Wilde. Nach dieser Definition dürften »wahre« Freunde jedoch eher selten anzutreffen sein: Tatsächlich scheinen unsere engen Freunde unverhohlene Ehrlichkeit auf eine Art zu vermeiden, die uns schaden könnte. Und sie können uns sogar falsch wahrnehmen, weil sie derart in die Beziehung verstrickt sind, dass sie bestimmte Dinge über uns annehmen müssen, um die Grundlage der Freundschaft nicht zu erschüttern. Zu diesem Fazit kamen Weylin Sternglanz und Bella DePaulo;[11] sie fanden heraus, dass Freunde zwar aufgrund nonverbaler Hinweise eher erkennen als Fremde, wenn eine Person in Bezug auf ihre Gefühle lügt, dass weniger enge Freunde es aber eher festzustellen vermögen, wenn der andere Traurigkeit oder Ärger verheimlicht. Der Gedanke, dass gute Freunde einen plausiblen Grund haben, ein bestimmtes Bild von uns aufrechtzuerhalten, erinnert an den Rat, den manche Psychologen Paaren geben: »Positive Illusionen«, die man vom anderen hat, können sich günstiger auf die Beziehung auswirken als eine kühle, ehrliche Beurteilung des Partners.

Auch das Bedürfnis, im Freund jemanden zu sehen, der einem ähnlich ist, verhindert Ehrlichkeit. Die Forscherin Jan Yager nennt dieses Phänomen die »Spiegelbildfalle«.[12] »Ist Ihre Freundin in der Falle gefangen, davon auszugehen, dass alle das Leben auf die gleiche Art wie sie selbst angehen sollten? Versucht sie, Sie zu ändern, anstatt Ihre Andersartigkeit zu respektieren, und sagt sie Ihnen, dass Sie unrecht haben, selbst in Situationen, in denen es mehrere gleichermaßen gültige Meinungen geben kann?«, fragt Yager in ihrem Buch *Ich dachte, wir sind Freunde!: Wenn Freundschaft weh tut.*

Mit Freunden den letzten politischen Skandal zu diskutieren, kann zu einem Gang über vermintes Gelände werden. Man nimmt leicht eine derart leidenschaftliche Haltung zu einem Sachverhalt ein, dass man der Vorstellung anheimfällt, alle vernünftigen Menschen – Freunde natürlich eingeschlossen – müssten die gleiche Meinung vertreten. Manch einer kann vielleicht eine aufkommende Debatte genießen und schätzt es, Freunde zu haben, mit denen man verbale Kämpfe austragen kann. Aber auf diejenigen, die in die Spiegelbildfalle getappt sind, können gegenteilige Meinungen über einen sozialen Sachverhalt wie ein persönlicher Affront wirken. Dieser enthält dann die Botschaft: »Wir sind in Wirklichkeit doch nicht gleich, also stehen wir uns doch nicht so nahe und bewundern uns gegenseitig nicht so sehr, wie wir geglaubt haben.«

Wenn Sie also bei einer Debatte anderer Meinung als eine Freundin sind, die darauf besteht, dass Sie beide »wie Zwillinge« sind, dann empfiehlt Yager, Ihre Meinung für sich zu behalten oder auch zu lügen, um eine Konfrontation zu vermeiden. Beißen Sie sich einfach auf die Zunge, wenn es um Privatschulen oder Geburtenkontrolle oder Bankreformen geht, oder Sie riskieren ein unproduktives Gespräch, nach dem Sie nicht schlauer sind als vorher und sogar ein Gefühl der Enttäuschung über Ihre Freundschaft zurückbehalten. Menschen, die in der Spiegelbildfalle gefangen sind, zeigen sich oft begeistert von neuen Freundschaften, in denen sie ihr Double gefunden zu haben glauben, aber ihre Stimmung schlägt auch schnell um, wenn die unvermeidlichen Asymmetrien erst einmal offensichtlich werden.

Es gibt Hinweise darauf, dass enge Freunde sich gegenseitig seltener belügen als andere, aber auch sie lügen sich immer noch oft genug an (auch wenn die Lügen meist einen wohlmeinenden Charakter haben). Laut Mark Vernon ist Unehrlichkeit in allen Freundschaften weitverbreitet, nicht nur in problematischen. »Wenn man erst einmal genau hinschaut«, schreibt er, »wird schnell offensichtlich, dass Freundschaft, ob in Millionen kleiner Dinge oder in großen, oft aus Täuschungen besteht.«[13] Aber auch hier ist die Motivation nicht unmoralisch. Sie beruht auf der Angst, dass Offenheit einer Freundin gegenüber (ja, du bist dick geworden; nein, du hast wirklich nicht genug Talent, um Sängerin zu werden) die Freundschaft zerstören würde. Dabei unterlässt man es meist nur, die Wahrheit zu äußern lügt also nicht direkt. Es fällt schwer, die Wahrheit zu umgehen, wenn man direkt nach der eigenen Meinung gefragt wird, dagegen aber leicht, Kritik zu unterlassen, um die einen niemand gebeten hat. Wenn man zum Beispiel die Art, wie die Freundin mit ihrem schwierigen Chef umgeht, falsch findet, kann man ihr das einfach verschweigen. Auch habe ich noch nie gehört, dass bei einer Hochzeit eine Freundin oder ein Freund der Aufforderung des Pfarrers nachgekommen ist, im Fall von Einwänden gegen die Ehe des Brautpaares »jetzt zu sprechen«. Wir scheinen »für immer zu schweigen«, zumindest in Gegenwart von Braut und Bräutigam.

Oft stellt es sich sogar als besonders empfehlenswert heraus, den Freunden unsere Meinung nicht offen ins Gesicht zu sagen, denn dadurch vermeiden wir auch ein eventuell falsches Urteil mit den sich daraus ergebenden negativen Konsequenzen. Mit anderen Worten, wir haben sowieso nicht immer recht, also ist es vielleicht am besten, wenn wir unseren Freunden unsere Auffassung von der »Wahrheit« ersparen, weil diese ja vielleicht gar nicht wirklich der Wahrheit entspricht. »Und dann«, schreibt Vernon, »gibt es da noch ein Element bei der Kritik an Freunden, das in Wirklichkeit eine Projektion unserer eigenen Unzufriedenheit mit uns selbst ist und daher stammt, dass wir uns selbst nicht sehr gut kennen. (...) Wenn wir eine Freundschaft mit anderen vorgeben, weil wir damit deren Fehler in unseren Augen bemänteln wollen, dann tun wir das vielleicht nur deshalb, weil wir uns auch selbst im Hinblick auf eigene Fehler etwas vormachen wollen.«

Noch weniger edel ist unsere Neigung, das Vertrauen unserer Freunde zu missbrauchen. Vernon zitiert Nietzsche, der zu diesem unschönen Aspekt einmal sagte: »Es gibt wohl nur wenige, die in Ermangelung eines Gesprächsthemas nicht die heimlicheren Angelegenheiten ihrer Freunde enthüllen.« Dem zu widerstehen ist fast unmöglich. Man ist irgendwo zum Essen eingeladen und sucht bei Tisch nach Gesprächsthemen, da kommt einem der Klatsch in den Sinn, der einem im Vertrauen über einen gemeinsamen Freund erzählt wurde. Es besteht immer das Risiko, dass diese intimen Eröffnungen weitergetragen werden, wenn man sich Freunden anvertraut. Aber die Fähigkeit, jemandem sein Herz auszuschütten und zunächst einmal ein wenigstens halbwegs ehrliches Feedback zu bekommen, ist doch diesen Preis wert. Zumal Ihre Dramen darüber hinaus auch noch einen Unterhaltungswert besitzen, für den Ihre Freundin Sie noch mehr schätzen wird!

Betrogene und Enttäuschte

Eine Freundin, die unsere wirklich intimsten Geheimnisse weitererzählt, ist jedoch des Guten zu viel. Das geht dann auch zu weit und über die allzu menschliche Neigung hinaus, zu klatschen und das Privatleben anderer zu analysieren, um zu erfahren, wo wir in der Welt stehen und was wir tun sollten, um zu überleben und uns zu entfalten. Wie alle engen Beziehungen haben auch Freundschaften die Macht, uns tief zu verletzen. Wenn Erwartungen enttäuscht werden, wenn sich Menschen von uns zurückziehen oder wenn sie ihr umfangreiches Wissen über uns als wirkungsvolle emotionale Waffe gegen uns gebrauchen, dann schlägt ihr Einfluss Wunden, die Narben hinterlassen. Solche Erfahrungen können sich negativ auf andere Beziehungen auswirken und es einem schwerer machen, sich in Zukunft dem positiven Einfluss von Freundschaften zu öffnen.

Von den Personen, die Jan Yager für ihr Buch befragte, waren 68 Prozent von Freunden betrogen worden.[14] Neben dem Weitererzählen von unter dem Siegel der Verschwiegenheit anvertrauten Geheimnissen bestand dieser Betrug zum Beispiel darin, Lügen oder Gerüchte über die Freunde zu verbreiten, ihnen den Liebhaber oder die Liebhaberin wegzunehmen und Schulden nicht zurückzuzahlen. Betrug findet häufiger bei Freunden statt, die sich auseinandergelebt haben. Daher empfiehlt Yager, solche Freundschaften besser einschlafen zu lassen, als sie mit einem Knall zu beenden, da dies den Wunsch nach Rache hervorrufen könnte.

Dass manche Freundschaften im Laufe der Zeit zu Ende gehen, ist dagegen ein ganz normaler Prozess.[15] Die Psychologin Laura Carstensen hat untersucht, wie viele Freunde ihre Probanden im jeweiligen Alter hatten. Sie fand heraus, dass die Anzahl der Freunde und Bekannten ab dem Alter von 17 Jahren sinkt, in den Dreißigern steigt und zwischen 40 und 50 Jahren wieder abnimmt. Freunde zu verlieren ist unvermeidlich – eine Art »zurückschneiden«, während wir unterschiedliche Lebensphasen durchlaufen, ist durchaus sinnvoll. Es wäre sehr anstrengend, alle Freundschaften weiterzupflegen, die wir je hatten, und es würde sicher den guten Einfluss derjenigen Freunde reduzieren, die uns in jeder Phase gerade am besten unterstützen können. Trotzdem kann es den einen oder anderen verletzen, wenn Zeitmangel oder ein unterschiedliches Bedürfnis nach Nähe eine Freundschaft zum Ausklingen bringen.

Oft ist eine Veränderung des Familienstandes der Grund dafür, dass Freundschaften einschlafen. »Bei der Recherche für meine Bücher hörte ich immer wieder die gleiche Klage: ›Meine Freundinnen/Freunde waren immer für mich da, aber dann starb mein Ehemann/meine Ehefrau, und irgendwie schienen sie sich von da ab nicht mehr wohl mit mir zu fühlen, vor allem die, die noch immer verheiratet oder mit Lebensgefährten zusammen sind‹«, schreibt Yager.[16] »Das Gleiche trifft auch auf diejenigen zu, die sich haben scheiden lassen. ›Unsere früheren Freunde haben die Seite gewechselt‹, höre ich oft, normalerweise von demjenigen der beiden, der nun ignoriert wird und nicht für die Fortführung der sozialen Beziehung ausgewählt wurde.«

Eine Freundschaft zu beenden kann schwieriger und komplizierter sein, als sich von einem Liebespartner zu trennen, meint Susan Shapiro Barash, Autorin des Buches *Toxic Friends*. Auch wenn es naiv klingt, glauben wir irgendwie, dass Freundschaften nie zu Ende gehen, während wir von den meisten romantischen Beziehungen erwarten, dass sie irgendwann enden. Das Zerbrechen von Freundschaften, fügt Barash hinzu, kann unser Selbstwertgefühl bedrohen, vor allem wenn wir viele Jahre mit einer Freundin verbunden waren und viel für die Freundschaft getan haben.[17]

Das schlimmste Ende einer Freundschaft, das ich erlebt habe, stieß mir bei einem Freund zu, den ich zu jenem Zeitpunkt etwa sechs Jahre gekannt hatte. In dieser Zeit stand ich auch seiner Freundin nahe, die später seine Frau werden sollte. Ich reiste etwa 12 000 Kilometer, um bei ihrer Hochzeit dabei zu sein, und bezahlte die Reise von meinem Dispositionskredit, weil ich das Geld dafür nicht übrig hatte – man kann also sagen, dass mir dieser Freund viel wert war. Er hatte mich mehreren seiner wunderbaren Freunde vorgestellt, die ich über die Jahre ebenfalls näher kennengelernt hatte. Der entscheidende »Streit« hatte einen so nichtigen Anlass, dass es geradezu lächerlich klingt. Mein Freund hielt sich damals gerade in der Stadt auf, und ich hatte mich auf einen Drink mit ihm getroffen, bei dem wir uns auf den Stand der Dinge bringen wollten. Seine Arbeitskollegen schlossen sich uns an, und als es spät geworden war, kündigte ich an, nach Hause zu gehen, weil ich am nächsten Tag arbeiten müsste. Er bestand jedoch vehement darauf, dass ich bleiben sollte, und sagte, dass er mit mir über ein paar Probleme, die er gerade hatte, sprechen müsste. Ich antwortete, dass ich liebend gern früher mit ihm darüber gesprochen, aber nicht gewusst hätte, dass seine Kollegen die ganze Zeit über bei uns sein würden. Wir stritten uns, und schließlich ging ich nach Hause – fassungslos darüber, dass er so verständnislos darauf beharrt hatte, dass ich noch länger blieb.

Am nächsten Tag, als mein Groll auf ihn am größten war, schickte ich ihm eine E-Mail. Ich schrieb, dass die Freundschaft zu Ende wäre, wenn er sich nicht entschuldigen würde. Er antwortete, dass in diesem Fall die Freundschaft tatsächlich vorbei sei. Ich war überrascht und verletzt. Auch war ich frustriert, weil er mir noch nicht einmal die Chance gab, seine Version des Geschehens zu hören und Stellung dazu zu nehmen. Und wenn er mich nun vor seinen anderen Freunden als diejenige hinstellte, die ihn verraten hatte? Außerdem beschlichen mich Selbstzweifel; hatte ich ein unausgesprochenes Gesetz unter Freunden gebrochen, indem ich nicht länger geblieben war, um mir seine Probleme anzuhören?

Mein Ärger und meine Verwirrung schwächten sich zu einem Gefühl der Enttäuschung ab, das sich mit der Zeit auflöste und nur gelegentlich wieder hochkam. Ich fing an, die Freundschaft im Rückblick neu zu bewerten: Sicher, dieser Freund war mir eine große Stütze gewesen, als ich nach einer gescheiterten Beziehung an gebrochenem Herzen gelitten hatte. Er war ein unternehmungslustiger Mensch und hatte mir neue Orte gezeigt. Aber hatten andere ihn nicht als arrogant empfunden und mich als übermäßig tolerant in Bezug auf seine anmaßende Art? Und hatte er nicht auch zu viel getrunken, was zur Folge hatte, dass ich es in seiner Gesellschaft auch tat? Vielleicht deutete der Zwischenfall doch auf größere Differenzen zwischen uns hin, die sowieso früher oder später eine Krise ausgelöst hätten. Und schließlich – war seine Weigerung, sich zu entschuldigen oder zumindest zu erklären, warum er es nicht tun wollte, nicht auch ein Zeichen dafür, dass ihm entweder unsere Freundschaft nicht viel bedeutete, oder er sie sogar abbrechen wollte?

Ich hörte auf, ständig an ihn und unsere gemeinsamen Freunde (die ich dadurch auch verloren hatte) zu denken, obwohl ich einer gelegentlichen Google-Recherche nicht widerstehen konnte. Dann fand ich ausgerechnet im letzten Monat eine Nachricht von ihm in (wo sonst?) meinem Facebook-Posteingang: »Die Einzelheiten sind mir gar nicht mehr klar, aber ich weiß, dass ich mich dir gegenüber wie ein kompletter Blödmann verhalten habe. Dafür entschuldige ich mich aus tiefstem Herzen. Ich weiß, dass die Entschuldigung ungefähr sechs oder sieben Jahre zu spät kommt, und wenn du nichts mit mir zu tun haben möchtest, verstehe ich das vollkommen. Ich weiß nicht, wie ich es anders ausdrücken soll.«

Ich war völlig überrascht und glücklich über seine Entschuldigung und akzeptierte sie sofort. Wir machten vage Pläne, uns zu sehen, wenn er das nächste Mal in der Stadt wäre. Ich habe im Moment nicht vor, viel Energie in das Wiederanbahnen der Freundschaft zu investieren, bin aber doch erleichtert, dass mir dieser Dorn nicht mehr im Fleisch steckt. Es ging mir gut auch ohne diesen Freund, aber seine Entschuldigung, auch wenn sie sieben Jahre zu spät kam, hilft mir, die Zeiten positiv zu sehen, die wir miteinander verbracht haben, anstatt sie vor mir selbst in ein dunkles Licht zu rücken. Nun kann ich diesen Freund in der Erinnerung wieder als den Lebemann sehen, der weltgewandt genug ist, um sich einen gelegentlichen Anflug von Prahlerei leisten zu können. Ich habe gelernt, dass der abrupte Abbruch einer Freundschaft und der Ansturm der dadurch ausgelösten Gefühle einen sehr viel stärker mitnimmt, als wenn eine Freundschaft im Laufe der Zeit einfach einschläft. Eine Trennung im Streit kann also dazu führen, dass wir unser eigenes Urteil und unsere Einschätzung großer Teile unserer Vergangenheit in Zweifel ziehen.

Mehr Stress für Frauen?

Zickenkrieg ist eine Sache, aber der ehemals besten Freundin die Kopfhaut abzureißen, ist etwas ganz anderes. Letztes Jahr geriet eine 19-jährige Frau aus dem Bundesstaat New Mexico auf einer Party mit einer ehemaligen Freundin in Streit und riss dieser einen Teil der Kopfhaut ab, als sie sie an den Haaren zog.[18] Dieser Vorfall illustriert prägnant, dass ehemalige Freundinnen, einst Mitwisserinnen der intimsten Gefühle und Gedanken, einen stärker verletzen können als chronische Feinde.

Als ich die dunklen Seiten der Freundschaft recherchierte, stellte sich schnell heraus, dass es bei diesem Thema in Bezug auf die Geschlechter einen enormen Unterschied gibt: Ein großer Teil der Forschung und fast alle allgemeinen Bücher und Artikel zum Thema problematische Freundschaften konzentrierten sich auf die Damen. Sind Frauenfreundschaften schwieriger, haben Frauen von Natur aus einen schlechteren Einfluss aufeinander? Oder machen sie sich einfach nur mehr Gedanken über ihre Freundschaften und bemühen sich intensiver als Männer, darum, etwas darüber zu lernen und sie zu verbessern?

Kelly Valen befragte für ihr Buch *The Twisted Sisterhood* 3020 Frauen. 84 Prozent davon gaben an, dass sie »durch andere Frauen spürbare emotionale Verletzungen erlitten hatten. Ihre früheren Erfahrungen mit anderen Frauen hatten sie niedergedrückt, sie gebremst und beeinflussen tendenziell noch immer ihr Verhalten, ihre Beziehungen, ihre Selbstwertschätzung und die Art, wie sie auf Frauen zugehen.«[19] 76 Prozent der Befragten sagten, dass sie »durch Fälle von Eifersucht und Konkurrenz verletzt worden waren, während 74 Prozent durch die Kritik und das Urteil anderer Frauen gekränkt wurden, und 72 Prozent das Ziel von Klatsch, Gerüchten und falschem, hinterhältigem Verhalten waren. Gleichzeitig gab über die Hälfte der Frauen zu, sich selbst anderen Frauen gegenüber irgendwann einmal mies oder gemein verhalten zu haben.«

Allerdings weist die Studie Mängel auf:[20] Zunächst einmal hatten die Befragten den Fragebogen in einem Café-Restaurant vorgefunden und selbst entschieden, ob sie ihn beantworten wollten. Das könnte bedeuten, dass Frauen, die keine schlechten Erfahrungen mit Freundinnen hatten, ihn einfach nicht beachtet hatten. Zudem befragte Valen Männer gar nicht erst; wie konnte sie dann herausfinden, ob dies nur ein Problem unter »Schwestern« war oder eines, das einfach die Menschen im Allgemeinen charakterisiert? Merkwürdigerweise kam aber eine Online-Befragung der Zeitschrift *Self* und der beliebten US-amerikanischen

Fernsehsendung »Today Show« von 18 000 Frauen zu genau dem gleichen Ergebnis von 84 Prozent der Frauen, die behaupteten, eine »giftige« Freundin gehabt zu haben, die ihnen das Leben schwer gemacht hatte. (Diese Befragung hatte ihre eigene Klassifizierung von Giftigkeit aufgestellt mit Kategorien wie der Narzisstin, der chronischen Schlechte-Laune-Verbreiterin, der Kritikerin, der Miesmacherin und der Unzuverlässigen. Wenn diese Frauentypen so häufig sind, dann kann die Frage eigentlich doch nur noch lauten: Zu welchem Typ gehören *Sie?*)

Wahrscheinlich würde jeder Psychologe der dringenden Botschaft Valens zustimmen, dass wir unser Verhalten unbedingt ändern und Tendenzen bekämpfen müssen, Freundinnen (und vermeintlichen Freundinnen) Schaden zuzufügen, was auch immer unseren »Beziehungsaggressionen« – wie Forscher es nennen – zugrunde liegt. Doch Peter DeScioli und Robert Kurzban, die Väter der im Kapitel »Bringen Sie Ihre Alliierten in Stellung« dargestellten Allianzhypothese (siehe S. 72 ff.), bezweifeln, dass unser starker Drang, Allianzen zu schmieden und den Ruf derjenigen zu untergraben, die uns bei unseren engsten Freunden ersetzen wollen, mit direkten Methoden unterdrückt werden kann. DeScioli und Kurzban schreiben, dass die »Forschung in diesem Bereich sich auf die sozialen Schädigungen konzentriert hat und Aggression oft als pathologisch ansieht. Es kann jedoch aufschlussreich sein, Verhalten im Kontext von Strategien zu betrachten anstatt in einem pathologischen Zusammenhang.«[21] Die Übeltäterinnen als clevere Strateginnen zu behandeln und auf die positiven und negativen Folgen ihres Verhaltens in ihrem besonderen sozialen Umfeld hinzuweisen, anstatt sie als Soziopathinnen zu betrachten, könnte eine hilfreiche pädagogische Alternative für Erzieherinnen im Kindergarten bis hin zu Lehrern und Eltern darstellen.

»Männer treten auf Freundschaft wie auf einen Fußball ein, und sie geht nicht kaputt. Frauen behandeln sie wie Glas, und sie zerbricht in Stücke«, sagte Anne Morrow Lindbergh, Fliegerin und Ehefrau von Charles Lindbergh. Es ist schwer (und gefährlich), allgemeine Vermutungen aufzustellen, warum Frauen mehr Freundschaftskonflikte als Männer haben könnten, aber Susan Shapiro Barash, Professorin für Gender Studies am Marymount Manhattan College, gibt zu bedenken: »Für Frauen sind Beziehungen etwas ungeheuer Wichtiges. Bei Männern liegt die Latte nicht so hoch, ihre Erwartungen sind nicht so groß, und die Freundschaften sind für sie nicht so bedeutend.«[22] Außerdem, sagt Barash, denken Frauen aufgrund ihrer Erziehung, dass es »nicht genug für alle gibt«, vielleicht infolge ihrer Geschichte als Bürger zweiter Klasse. »Unsere Stellung in der Gesellschaft macht uns andauernd zu Konkurrentinnen. In beliebten Zeitschriften finden sich Beiträge mit dem Titel ›Wer sieht in diesem Kleid am besten aus?‹ Frauen werden ständig miteinander verglichen.« Schon als Mädchen vergleichen sich Freundinnen unwillkürlich miteinander und fühlen sich als Folge davon unsicher (oder überlegen).

Frauen wollen oft das haben, was die andere hat, sagt Barash[23] – ein weiterer Grund, warum Veränderungen des Lebensstils Konflikte, Neid und Eifersucht bei Freundinnen auslösen können: »Die eine Frau kann es insgeheim gar nicht erwarten, Kinder zu bekommen und in einen Vorort zu ziehen, während ihre verheiratete Freundin seufzt ›Sie ist noch immer Single und hat ihre Frei-

heit.‹« Dieses häufige Aufflackern von Neid und Eifersucht, Gefühlen, von denen man uns gesagt hat, dass sie falsch und böse
sind, erklärt – zusammen mit unserer Angst vor direkter Kon-
fliktaustragung –, warum so viele Frauen sich von Realityshows
im Fernsehen angezogen fühlen, in denen extrem heftige Kämpfe zwischen Frauen ausgetragen werden. »Wir schauen uns gern
böse Mädchen an. Wir identifizieren uns mit ihnen und verstehen sie, auch wenn die meisten von uns nicht in solche Dramen
verstrickt sein wollen«, sagt Barash. »Diese Filmszenen stehen
für unsere schlimmsten Ängste.« Bei mir schwindet die Rivalität, je enger eine Freundschaft wird. Fühle ich mich einer Freundin sehr nahe, bin ich nicht mehr neidisch, wenn ich sie mit mir
selbst vergleiche, schon gar nicht bei Äußerlichkeiten wie Aussehen, Kleidung usw. Vielleicht spielen sich ja diese Rivalitäten zwischen Frauen, von denen Barash spricht, eher in der allgemeinen
»Peergroup« der Frauen ab – zum Beispiel, wenn irgendwelche
Mütter im Bekanntenkreis oder der Umgebung anders mit ihren
Kindern umgehen als man selbst. (Die Stars im Reality-Fernse-
hen sind normalerweise beliebig zusammengewürfelte Frauen
aus derselben Peergroup und keine Freundinnen.)

Die klinische Psychologin Terri Apter, Koautorin von *Best Friends:
The Pleasures and Perils of Girls' and Women's Friendships,* untersucht sowohl die größere Leidenschaft, mit der Frauen sich für
ihre Freundinnen engagieren, als auch die höheren Erwartungen, die sie an ihre Freundschaften und deren Entwicklung haben. In der mittleren Kindheit und Jugend, sagt Apter, lernen die
Mädchen sich selbst durch ihre Freundinnen besser kennen.[24]

»Sie reden über sich selbst, sie tauschen ihre Erfahrungen aus, sie entdecken Ähnlichkeiten, die sie in ihrer Familie nicht hätten ansprechen können«, sagt sie. »Sie lernen auch, dass sie die Macht haben, andere zu unterhalten, zu trösten und jemanden zu unterstützen. Das sind alles gute Sachen. Schwierig wird es, wenn man eine perfekte Freundschaft anstrebt. Dann glaubt man gleich, dass diese an Unterschiedlichkeiten zerbricht, wenn die Stimmung mal nicht so gut ist, oder wenn man die Erfahrung macht, dass die Freundin einmal eine andere Freundin vorzieht. Oft beruht ein hässliches Verhalten zwischen Mädchen darauf, dass diese nicht wissen, wie ein Konflikt zu lösen ist. Wenn etwas ein bisschen schlecht ist, machen sie gleich alles schlecht. Aber das gehört auch dazu – die dunkle Seite der Freundschaft hängt mit ihrer positiven Seite zusammen.« Jungen dagegen, sagt Apter, tun sich als Kinder eher in Gruppen zusammen, als intensive Zweierbeziehungen zu pflegen. Und die Freundschaften erwachsener Männer werden nicht deshalb romantisiert, weil sie besonders innig sind, sondern aufgrund ihrer lässig-lockeren Kameraderie oder ihrer Loyalität im Angesicht des Feindes.

Was können Frauen nun tun, um diese geschlechtsspezifischen Probleme in Bezug auf Freundschaften zu verringern? »Ich glaube, dass es eine große Verbesserung wäre, wenn Frauen lernen würden, Konflikte offen auszutragen und zu akzeptieren, dass auch Konflikte zu einer Freundschaft gehören. So ist von Frauen mittleren Alters häufig zu erfahren, dass sich diese lieber aus einer Freundschaft zurückziehen würden, als einen Streit zu riskieren oder ihre Unzufriedenheit und ihr Unbehagen zu äußern«, sagt Apter.

Tatsächlich vermeiden auch Frauen in höherem Alter noch Auseinandersetzungen mit Freundinnen. So ergab eine eingehende Untersuchung, die Robin Moremen mit 26 Seniorinnen durchführte, dass die meisten dieser Frauen ihre Freundinnen nicht offen zur Rede stellten, wenn sie sich verletzt oder enttäuscht fühlten.[25] Und wieder gaben die Versuchspersonen auf die ausführlichen Fragen zu den Schattenseiten der Freundschaft oft enttäuschte Erwartungen an. Den Forschern gelang es, einen Zusammenhang zwischen angespannten Beziehungen und den Erwartungen der Frauen an ihre Freundinnen herzustellen: Sie sollen ähnliche Interessen haben, persönliche Angewohnheiten teilen, vertrauenswürdig und ehrlich sein, einander nicht ausnutzen, in der Nähe wohnen, nicht zu abhängig sein, einen ähnlichen Sozialstatus haben, nicht weinerlich oder fordernd sein, wenn sie krank sind, in ihrer Freundschaft auf Ausgeglichenheit und Gegenseitigkeit achten und sich nur zum Spaß necken. Freundschaftsnormen werden sehr hoch geschätzt, aber kaum offen diskutiert.

Besonders die Auswirkungen von Verletzungen der Freundschaftsnormen bei älteren Frauen machen Moreman Sorgen, weil für diese Freundinnen oft sogar wichtiger sind als Familienmitglieder, »und weil negative Ereignisse in ihren Freundschaften sich schädlicher auf ihr Wohlergehen auswirken als die positiven ihnen guttun. Ältere Frauen riskieren soziale Isolation, Depression und materielle Verarmung, wenn sie sich mit Freundinnen überwerfen.«[26]

Bei den Überlegungen zu den vermeintlich problematischen Frauenfreundschaften wäre auch Folgendes zu bedenken: Ebenso wie die Frauen historisch wie kulturell häufig in die Gegensätze »Jungfrau und Hure« eingezwängt wurden, so werden auch deren Freundschaften in das Klischee der überdimensionalen Seelenfreundinnen auf der einen Seite und dem der »giftigen Hexen« auf der anderen Seite eingeordnet. Die Wirklichkeit sieht natürlich anders aus – aber die vollständige Bandbreite der Beziehungen zwischen Frauen darzustellen, verkauft sich nun einmal nicht so gut und ist auch schwerer zu verstehen als die beiden genannten Stereotypen.

Und was wissen wir nun über die dunkle Seite von Männerfreundschaften? Geoffrey Greif hat herausgefunden, dass Männer sich durch ihre Freundschaften sehr unterstützt fühlen, auch wenn sie sich ihren Freunden tendenziell nicht allzu sehr öffnen.[27] Vielleicht sparen sie sich das Reden über ihre Nöte und Gefühle ja für die Frauen in ihrem Leben auf und stützen sich eher auf ihre Freunde, um ihren Problemen und Schwierigkeiten zu entfliehen.

Dann wäre es nur folgerichtig, dass Männer von ihren Freundschaften auch weniger profitieren, also zum Beispiel auch nicht das Gefühl wirklicher Nähe genießen können. Ich glaube aber, dass jüngere Männer weniger schwulenfeindlich und nicht mehr so machohaft sind. Daher entwickeln sie meiner Meinung nach auch eine größere Bereitschaft dafür, miteinander über ihre Gefühle und das, was ihnen Probleme bereitet, zu reden. Auch wenn diese gefühlvollere Annährung mehr Dramatik in Männerbeziehungen brächte, so könnte es den Männern aber auch neue Erkenntnisse verschaffen.

Andererseits könnten Frauen, die es leid sind, immer wieder ihre Lieblingsseifenopern nachzuspielen, damit aufhören, ihre

Freundschaften auf gewissenhafte Art zu »verwalten«; stattdessen sollten sie sich vielleicht von diesen Poker spielenden Witzbolden inspirieren lassen und einfach die Gesellschaft der Freundin genießen – ohne besondere Erwartungen an sie oder sich selbst zu richten.

Hier noch ein Rat für Frauen, der auf den Ergebnissen einer Untersuchung beruht: Ruinieren Sie Ihrem Ehemann nicht seinen »Herrenabend«; eine Untersuchung der Cornell University und der University of Chicago ergab, dass ihm das gar nicht gut bekäme.[28] Wenn die Partnerin eines Mannes in mittleren Jahren engen Kontakt zu seinen männlichen Freunden aufnimmt, erhöht sich die Wahrscheinlichkeit, dass er sexuelle Funktionsstörungen entwickelt, um 92 Prozent. Der Grund, sagen die Forscher, ist nicht etwa Angst davor, dass seine Frau eine Affäre beginnen oder ihn wegen eines seiner Freunde verlassen könnte. Es liegt eher daran, dass seine Kumpeltruppe seine Identität stärkt und er seine Unabhängigkeit und Männlichkeit bedroht sieht, wenn seine Partnerin in diesen für seine Psyche wichtigen Raum eindringt.

Von Hinterlist bis Mord

Freunde sind sehr gut darin, uns zu schlechtem Verhalten zu verleiten. Und ein Teil der weniger offensichtlichen schlechten Einflüsse, die Ihre Freunde auf Sie haben können, bezieht sich auf Ihre Gesundheit. Die Netzwerkstudie von Christakis und Fowler, die zeigte, dass Glück und Gewichtsverlust durch Netzwerke von Freunden verbreitet werden, wies ebenfalls nach, dass sich die Wahrscheinlichkeit für Sie, mit dem Rauchen anzufangen, um 36 Prozent erhöht, wenn eine Freundin zu rauchen beginnt.[29] Eine Folgestudie zum Alkoholkonsum ergab, dass das starke Trinken einer Freundin (also täglich und viel) dazu führt, dass Sie mit 50 Prozent höherer Wahrscheinlichkeit selbst stark trinken werden.[30]

Wenn wir uns durch die Straßen ziehende, randalierende Gruppen vorstellen, denken wir dabei ziemlich sicher an junge Leute; nun fand eine schottische Studie heraus, dass es Menschen zwischen 35 und 50 Jahren (auch wenn sie betrunken vielleicht nicht randalieren) schwerer fällt, einen von einem Freund aufgedrängten Drink abzulehnen, als es ihnen als Heranwachsende gefallen ist.[31] Die Versuchsteilnehmer bekannten, dass sie häufig eine erfundene Diät oder einen anderen Termin vorschoben, um nicht mittrinken zu müssen. Der Grund dafür könnte sein, dass diese Erwachsenen gegenüber ihren Freunden immer noch jung und sorglos erscheinen wollen und ihnen das Ablehnen eines Drinks deswegen schwerer fällt als zu der Zeit, in der sie tatsächlich jung und sorglos waren. Diese Ergebnisse beruhen ausschließlich auf einer einzigen Studie, geben aber doch einen interessanten Hinweis darauf, dass Gruppendruck nicht nur unter Teenagern wirkt.

Für Menschen, die mit der Abhängigkeit von Drogen kämpfen, können Freunde, die weiter Drogen nehmen, ein wesentliches Hindernis auf dem Weg zur Heilung sein, sagt Carl Latkin, Professor an der Johns Hopkins Bloomberg School of Public Health.[32] »Ein großer Teil unserer Arbeit besteht aus der Auswertung der sozialen Umgebung der Personen, die an unseren Programmen teilnehmen. Welche Beziehungen innerhalb dieser Umgebung werden mit einem bestimmten Gesundheitsverhalten in Zusammenhang gebracht, und wie kann man intervenieren, um eine Verhaltensänderung zu fördern?«, stellt er seinen Forschungsansatz dar. In den armen Gegenden Baltimores, wo Latkin sein Programm durchführt, sind die Menschen geografisch ziemlich isoliert, es gibt also nur eine geringe Auswahl an potenziellen Freunden. Deshalb fällt es schwerer, die Verbindungen zu denjenigen abzubrechen, die einen schlechten Einfluss ausüben. Neue Freunde zu gewinnen, kann der Schlüssel zum Erfolg der sogenannten 12-Stufen-Programme sein: »Diese Programme scheinen zu wirken, weil sie den Menschen etwas anderes zu tun geben und ihnen eine neue Gruppe bieten, also auch ein neues Forum zur Unterstützung.« Oft wird darauf hingewiesen, dass Drogenkonsumenten aus benachteiligten Gegenden wie zum Beispiel dem Zentrum von Baltimore in unserem Strafjustizsystem härter bestraft werden als Wirtschaftsverbrecher mit vergoldetem Hintergrund. Vor Kurzem brachte jedoch der negative Einfluss einer Freundschaft auch ein Mitglied der Hochfinanz ins Gefängnis. Raj Rajaratnam, ein ehemaliger Hedgefonds-Manager, einst mindestens sieben Milliarden Dollar wert, wurde in 14 Anklagepunkten wegen Wertpapierbetrugs und Mittäterschaft verurteilt. Er hatte hauptsächlich mit illegalen Insidertipps gehandelt, die er von mehreren Freunden erschlichen hatte. Die *New York Times* schrieb: »Er befriedigte die Bedürfnisse derjenigen in seinen Kreisen, die ihm nützlich sein konnten – ob nun mit Geld, mit Tipps oder mit Freundschaft.

Durch sanfte Redekunst, geformt in Schul- und College-Jahren in England, konnte er seine Quellen je nach Bedarf interessieren, schelten, lächerlich machen oder umschmeicheln. Vor allem war er ein guter Zuhörer; er sagte wenig, während diejenigen am anderen Ende des Telefons immer weiter redeten, begierig darauf, den Hedgefonds-Titanen zu beeindrucken.«[33]

Einen besonders traurigen Fall stellte die Beziehung zu seinem alten Freund von der Wirtschaftshochschule, Rajiv Goel, dar. Dieser war auf der Karriereleiter bis zum Manager auf mittlerer Ebene bei Intel aufgestiegen, während sein Freund es bis ganz an die Spitze geschafft hatte. Die beiden fuhren gemeinsam in Urlaub und sprachen oft miteinander; mitgeschnittene Gespräche enthüllen, wie Goel um die Zuneigung seines Freundes buhlte. Er ging sogar so weit, diesem vertrauliche Informationen über die Gewinne und Anlagen von Intel mitzuteilen. Die *Times* hat einen Teil des Prozesses wiedergegeben: »›Für mich war er ein guter Mann‹, sagte Mr Goel, der sich schuldig bekannte. ›Ich war ein guter Freund von ihm, also gab ich ihm die Informationen.‹« Als Gegenleistung erhielt Goel 600 000 Dollar von Rajaratnam geliehen, die er an der Börse sogar gewinnbringend nutzte. Natürlich müssen sich beide Männer dafür verantworten, dass sie gegen das Gesetz verstoßen haben, aber Goels Bereitschaft, im Austausch für die Gunst seines Freundes und dessen Geld ein hohes Risiko einzugehen, zeigt, dass menschliche Bindungen stärker als gesetzliche Vorschriften wirken können.

Manchmal ist es eine Freundschaft, die zum Allerschlimmsten führt: Clara Schwartz und Kyle Hulbert, zwei junge Erwachsene aus der Gegend von Washington, D.C., wurden 2001 aus dem gleichen Grund Freunde wie die meisten – es ergab sich die Gelegenheit zum Kennenlernen (auf einem Renaissance-Markt), und sie hatten gleiche Interessen (Magie und Fantasie).[34]

Das klingt zunächst harmlos, so, als würden sich eben nur zwei Menschen mit einer absonderlichen, aber harmlosen Neigung zusammentun. Ihre Verbindung sollte jedoch schon bald eine unheilvolle Wendung nehmen, auch deshalb, weil sie noch etwas anderes gemeinsam hatten: Beide waren psychisch labil.[35] Clara hatte Anfälle von paranoiden Gedanken und hegte einen heftigen Zorn auf ihren Vater, mit dem sie eine schwierige Beziehung verband. Kyle litt unter Symptomen von Schizophrenie. Er war glücklich, eine neue Freundin zu haben, und wähnte sich als deren edler Beschützer – als Übertragung seiner ausufernden Krieger-Fantasien auf die Wirklichkeit. Als Clara ihn bat, ihren Vater umzubringen, fuhr er zu dem Haus des alten Mannes und tötete ihn mit einem 70 Zentimeter langen Schwert. Wenn auch viele Faktoren den Tod von Claras Vater bewirkten, würde dieser jedoch sicher heute noch leben, hätte es die Freundschaft zwischen Clara und Kyle nicht gegeben. Heute sitzen beide im Gefängnis, und Kyle hat ein Profil auf cellpals.com, einer Website für Häftlinge, die Brieffreunde suchen. »Was ich suche, ist ganz einfach: Ich suche Freunde«, schreibt er dort. »Bei 64 Millionen Menschen im Internet denke ich, dass meine Chancen ziemlich hoch sind, Freunde zu finden, findet ihr nicht auch?«

Die Kehrseite des Drangs nach Gleichheit

Wir werden von potenziellen Freunden angezogen, die uns in Anschauungen und demografischen Daten ähneln. Könnte dies nun auch die Gesellschaft im Ganzen negativ beeinflussen? Der Kolumnist David Brooks macht sich Gedanken über die wachsende Trennung sozioökonomischer Schichten in den USA und beschreibt einen »oberen Stamm« und einen »unteren Stamm«.[36)] Der »obere Stamm« bewohnt in hoher Konzentration die Küstenstädte, seine Mitglieder verfügen über Selbstdisziplin, sind produktiv und sozialkonservativ. Ob sie nun auf dem Papier eine politisch liberale Position einnehmen oder nicht, so ist bei ihnen dennoch eher die Neigung zu unehelichen Kindern und Scheidungen festzustellen als bei Bewohnern tendenziell republikanischer Staaten, die verstärkt konservative Meinungen vertreten. Die Angehörigen des »unteren Stammes« wohnen in »ungeordneten, postmodernen Vierteln, in denen es sehr viel schwerer ist, Selbstdisziplin zu üben und produktiv zu sein.« Brooks wirft die Frage auf, ob ein nationales Programm, das die Mitglieder der beiden Stämme zum Zusammenleben zwänge, dann bei der Gesamtheit die »Werte, Praktiken und Institutionen verbreiten würde, die zu Leistung führen ... Wenn wir die Stämme vermischen könnten, hätten wir eine bessere Elite und eine bessere Masse.«

Für Dalton Conley, Soziologe an der New York University, hätte eine Vermischung der Stämme kompliziertere Folgen. »Freunde mit Geld« lautet nicht nur der Titel einer Komödie mit Jennifer Aniston, hier geht es auch um etwas, das vielen Probleme bereitet. Mehr oder weniger als seine Freunde zu besitzen, macht durchaus einen Unterschied aus, der auch problematisch werden kann. Zum Beispiel ist es nicht fair, wenn der wohlhabendere Freund vorschlägt, sehr teuer auszugehen, oder große Geschenke macht, die der andere nicht erwidern kann. Aber es ist auch unfair vonseiten des ärmeren Freundes, wenn er dem anderen die Vorteile eines Lebensstils, die dieser sich leisten kann, verweigert, nur um zwischen sich und dem anderen eine oberflächliche »Gleichheit« herzustellen. »Moderne Freundschaft sollte sich von der Marktsphäre unterscheiden«, sagt Conley, »aber wenn es Ungleichheiten zwischen den Freunden gibt, dann können diese manchmal so groß werden, dass der Markt in die Freundschaft eindringt, die dann zu einer schwierigen Angelegenheit mit peinlichen Situationen werden kann.«[37]

Conley erinnert sich dabei wieder an die wohlhabende Familie, die ihm zur Erweiterung seines Horizonts verholfen hatte, als er als Teenager in eher ärmlichen Verhältnissen in New York wohnte: »Sie waren unglaublich großzügig. Aber ich erinnere mich, dass ich oft mit den beiden Söhnen der Familie mittags essen ging und immer dachte: ›Ich habe nur fünf Dollar, ich muss sparsam damit umgehen.‹ Einer der Brüder hatte dann zum Beispiel 20 Dollar in der Tasche und bestellte drei Colas. Und wenn die Rechnung kam, sagte er: ›Wir teilen einfach.‹ Das war für mich immer eine große Sorge. Es gibt bestimmte Grenzen für Freundschaften über verschiedene Schichten hinweg.« Wer als Erwachsener die sozioökonomische Leiter aufsteigt, sagt Conley, muss in zwei Welten leben – der seiner Familie und der seiner neuen Freunde aus einer höheren Schicht.

Freundschaften, die soziale Grenzen überschreiten, bringen also ihre Probleme mit sich, aber diese gibt es auch, wenn man zu sehr an seinem »Stamm« klebt. Die Begrenzung der Auswahl seiner Freunde auf den eigenen Zirkel kann die gemeinsamen Eigenschaften und Anschauungen zu sehr betonen und somit die Wahrnehmung der Welt als Ganzes einengen. Ein Beispiel aus dem Bereich der »Schönheit«: In Hollywood geben viele Frauen Geld für Lippen- und Wangenimplantate aus, während andere Personen außerhalb dieser Welt solche Veränderungen des Äußeren fürchterlich unattraktiv finden. Diejenigen jedoch, welche sich ständig mit den Frauen ringsum vergleichen, die ebenso wie sie selbst aussehen, finden den Anblick offenbar wünschenswert und ästhetisch ansprechend.

In seinem Buch *Was man Liebe nennt* schildert C. S. Lewis seine Überlegungen zum Fluch der Ähnlichkeit. Er schreibt, dass jede wirkliche Freundschaft »eine Art Abgrenzung ist, sogar eine Rebellion. Es kann eine Rebellion von ernsthaften Denkern gegen Schwätzer sein, von extrem Denkenden gegen den gesunden Menschenverstand, von wirklichen Künstlern gegen übliche Hässlichkeit oder von Scharlatanen gegen bürgerlichen Geschmack, von guten Männern gegen das Böse in der Gesellschaft oder von bösen Männern gegen das Gute. Die Gefahr besteht darin, dass diese teilweise Gleichgültigkeit oder die Taubheit gegenüber anderen Meinungen, auch wenn sie gerechtfertigt und nötig ist, zu einer Gleichgültigkeit oder Taubheit insgesamt führen kann. Wie bei einer Aristokratie, kann sie um sich herum ein Vakuum schaffen, durch das keine Stimme mehr dringt.«[38] Zunächst einmal klingt es verführerisch: zwei Freunde, die in ihrer eigenen privaten Welt eingeschlossen sind, in der ihre gemeinsamen Ansichten und Leidenschaften regieren und in der sie mit sich selbst zufrieden sein und sich allen anderen überlegen fühlen können. Und doch isoliert es Menschen von anderen, wenn sie ausschließlich in Gleichheit schwelgen, und führt schließlich dazu, dass die Freunde, bildlich gesprochen, an einem Mangel an frischer Luft um sich herum ersticken.

Wir wissen, dass das Aufrechterhalten eines hohen Gruppenzusammenhalts das gesunde Urteilsvermögen ausschalten kann – die klassische Forschung zum Gruppendenken erklärt, wie Gruppen aus gleichgesinnten Personen falsche Entscheidungen treffen können, indem sie Alternativen ignorieren oder andere Gruppen diffamieren.[39] (Irving L. Janis führt die Entscheidung für den Irakkrieg von 2003 als Beispiel an.) Und die meisten Verbrechen, die aus Hass begangen werden, zum Beispiel der barbarische Mord an dem schwulen College-Studenten Matthew Shepard aus Wyoming, werden von Gruppen von vier oder mehr Personen verübt. Je größer die beteiligte Gruppe ist, desto bösartiger sind die Verbrechen.[40]

Selbst die scheinbar tugendhafte Praxis, für Freunde zu sorgen, kann im Kontext einer instabilen Gesellschaft negative Konsequenzen nach sich ziehen. Daniel Hruschka beschreibt, dass Freunde besonders wichtig sind, wo »ständige Unsicherheit herrscht, wo Nahrung knapp oder wegen zu hoher Preise unzugänglich ist, wo es zu wenig Material gibt, wo Gewalt herrscht oder ungesetzliches Verhalten nicht sanktioniert wird.«[41] Und während Freunde die strukturellen Mängel in einem solchen Land bis zu einem gewissem Maß ausgleichen können, können

sie sie aber ironischerweise andererseits sogar noch verschlim-
mern: »Zum Beispiel waren in den Zeiten der Sowjetunion
Freunde nicht nur ein Notbehelf in einer sich auflösenden zent-
ralisierten Ökonomie, sie halfen einander auch, sich dem System zu widersetzen und führten damit zu einer weiteren Schwä-
chung derjenigen Systemstrukturen, die noch existiert haben
mochten. (…) So kann die Unterstützung durch Freunde einen
Teufelskreis in Gang setzen, in dem Freunde immer mehr an Bedeutung gewinnen, während größere soziale Institutionen zu-
sammenbrechen.«

Prinzipiell können wir uns anfreunden, mit wem wir wollen. Ein
Angebot von vielen unterschiedlichen Personen zu haben, kann,
so sind wir zu glauben versucht, nur positiv sein. Dennoch kann
eine zu große Auswahl an Freunden zu Beziehungen führen, die
stärker vorhersehbar und doch weniger zufriedenstellend sind.
Zunächst einmal würde man annehmen, dass Studenten an einem großen College mit vielen unterschiedlichen Studenten mehr
Freundschaften mit Menschen aus den verschiedensten Gruppen
eingingen als die an kleinen, homogeneren Universitäten. Eine Untersuchung von Angela Bahns, Psychologin am Wellesley College,
ergab jedoch das genaue Gegenteil: In einem großen College waren die miteinander befreundeten Personen sich in Bezug auf ihre
Einstellungen, Anschauungen und ihr Gesundheitsverhalten signifikant ähnlicher als in den kleineren Colleges.[42]
   Bahns stellt die These auf, dass die Studenten an den größeren
Universitäten ihrem Bedürfnis nach Ähnlichkeit mit Freunden
leichter nachkommen konnten als diejenigen an den kleineren

Colleges. »Sie engten ihre Suche nach Freunden ein, um jemanden zu finden, der mehr wie sie war«, sagt sie. »Vielleicht haben die Menschen in einem kleineren Umkreis ja das gleiche Bedürfnis, aber sie sind durch ihre Umgebung eingeschränkt; also müssen sie ihre Kriterien lockern.«[43] Es geht nicht nur darum, dass die Studenten an den kleineren Colleges sich mit denjenigen mit anderen Hobbys und Interessen anfreundeten. Wichtiger ist, dass diese auch andere Einstellungen und Lebensarten hatten, was vermutlich eine größere Offenheit bei ihren Freunden bewirkte – wozu ein College ja beitragen sollte.

Und zweitens waren die Freundschaften in den kleineren Colleges überraschenderweise enger, obwohl die Studenten sich weniger ähnlich waren. »Ich vermute, dass die größere Qualität dieser Freundschaften darauf beruht, dass den Studenten bewusst war, dass sie mit den Freunden zurechtkommen mussten, die sie hatten. Wenn eine Freundschaft nicht so gut verlief, konnten sie den Freund nicht einfach gegen einen anderen eintauschen.«[44] (Das ist die andere Seite des Aspekts, den viele im Online-Dating erblicken – es erzeugt den Eindruck unendlicher Möglichkeiten und bewirkt dadurch eine geringere Bereitschaft, sich auf jemanden einzulassen, der einem nicht absolut passend erscheint.) »In der Forschung wird häufig davon ausgegangen, dass Ähnlichkeit – da wir uns davon angezogen fühlen – eine gute Sache ist, die zu länger anhaltenden, befriedigenderen Beziehungen führt. Die Ergebnisse dieser Untersuchung stellen diese Annahme infrage«, sagt Bahns.

Dass eine größere Auswahl an Freunden nicht unbedingt eine höhere Qualität der Freundschaften bedeutet, wird von einigen internationalen Arbeiten bestätigt. Zum Beispiel fand Bahns Hinweise darauf, dass in Südkorea, wo die Menschen aufgrund einer unabhängigeren Art zu denken häufig Freundschaften innerhalb ihrer sozialen Netzwerke schließen – anstatt außerhalb Freunde zu suchen, die stärker ihre eigene Individualität widerspiegeln –, Freundschaften trotzdem von gleich hoher Qualität wie in der westlichen Gesellschaft sind.

Sosehr wir auch dazu neigen, uns mit Menschen anzufreunden, die uns ähnlich sind, sosehr scheinen uns ungewöhnliche Tierpartnerschaften zu gefallen. Im Internet wimmelt es in letzter Zeit von süßen Videos mit einem Nilpferd zum Beispiel, das mit einer Taube kuschelt, oder einem Huhn, das sich spielerisch mit seinem Hundefreund kabbelt. Eine menschliche Entsprechung solch merkwürdiger Paare bietet dieses Beispiel für die schlechten und guten Einflüsse, die in ungleichen Freundschaften enthalten sind: Seit den 1970er-Jahren ist der kubanische Diktator Fidel Castro eng mit dem mit einem Nobelpreis ausgezeichneten Schriftsteller Gabriel García Márquez befreundet. Das Buch *Fidel & Gabo* von Angel Esteban und Stephanie Panichelli-Batalla beschreibt die offenbar tiefe Freundschaft zwischen beiden Männern.[45] Márquez hat sogar einmal behauptet »Fidel ist der netteste Mann, den ich kenne«, und er zeigt Castro alle seine Manuskripte, bevor er sie seinem Verleger schickt.

»Die erste Phase dieser Beziehung war eine Freundschaft, an der beide ein Interesse hatten«, sagt Panichelli-Batalla, Spanischprofessorin an der Aston University in Großbritannien.[46] Fidel war froh, die Unterstützung eines international verehrten Intellektuellen wie Márquez zu haben. »Und was Márquez angeht«, sagt sie, »stellten wir fest, dass er eine Art Leidenschaft für Macht hatte. Die Freundschaft mit Fidel erlaubte ihm, sozusagen Macht zu haben, ohne eine Machtfigur zu sein, denn daran hatte er kein Interesse. Aber irgendwann wurde daraus eine wirkliche Freundschaft.«

Der Preis für diese Beziehung war für Márquez unter anderem das Zerwürfnis mit einem anderen engen Freund, seinem Schriftstellerkollegen Mario Vargas Llosa. Wie die meisten linksgerichteten Lateinamerikaner wandte sich Llosa nach einer anfänglichen Unterstützung der kubanischen Revolution gegen sie. (Ein Vorteil der Freundschaft mit Castro war für Márquez zum Beispiel, dass ihm und seiner Familie auf der Insel eine große Villa zur Verfügung gestellt wurde, wenn sie zu Besuch kamen.) In dem Buch werden Situationen geschildert, in denen der im Allgemeinen objektive Journalismus von Márquez parteipolitische Färbungen annimmt: Zum Beispiel berichtete er undifferenziert und prokubanisch über den Fall Elián González. Aber die Autoren versichern auch, dass Márquez seinen Freund Fidel in bestimmten politischen Fragen durchaus zur Rede stellt, auch wenn er sich niemals öffentlich gegen Castros Politik wendet. »Er hat es geschafft, Gespräche mit ihm zu führen, in denen er ihn kritisiert«, sagt Panichelli-Batalla. »Vielleicht ist er der einzige Kritiker überhaupt, auf den Castro hört. Castro respektiert ihn wirklich.« Castro hat sogar auf Márquez' Drängen hin Gefangene entlassen; wenn man einem Freund einen Gefallen erweisen will, kann das selbst die Methoden des härtesten Diktators außer Kraft setzen.

So kompliziert und verletzend Freundschaften auch sein können, den schlechtesten Einfluss hat es wohl, gar keine zu haben. John Cacioppo, Experte auf dem interdisziplinären Feld der sozialen Neurowissenschaften, stellt fest, dass es Einsamkeit zur Folge hat, wenn man ein Grundbedürfnis nach sozialen Kontakten nicht erfüllt, ein Bedürfnis, das fast so stark ist wie Durst oder Hunger.[47)] Cacioppos Arbeit verdanken wir auch die Erkenntnis, dass Einsamkeit ihrerseits in Zusammenhang steht mit dem Fortschreiten von Alzheimer, mit Fettsucht, nachlassender Immunität, Alkoholismus und Selbstmordgedanken. Es lohnt sich also, sich der mit der Intimität einhergehenden Verletzbarkeit auszusetzen, und wenn Sie die Anstrengung auf sich nehmen, Verbindungen zu Menschen aufzubauen, die anders sind als Sie, und wenn Sie versuchen, inmitten dieser Freunde, die Sie vielleicht in andere Richtungen locken wollen, Ihre eigene authentische Persönlichkeit zu behaupten. Ganz ohne Freunde zu leben, ist eine triste Alternative.

Freunde im Netz

Es mag merkwürdig klingen, aber Toni Bernhard weiß nicht, ob eine ihrer engsten Freundinnen noch lebt oder schon tot ist. Marilyn wohnt (oder wohnte) in Sydney in Australien, etwa elftausend Kilometer entfernt von Tonis Zuhause in Davis, Kalifornien. Toni wusste alles darüber, welche Behandlung Marilyn, die an Brustkrebs litt, gerade erhielt und wie es ihr damit ging, und plötzlich, nach anderthalb Jahren täglicher Korrespondenz, tauchte Marilyns Name nicht mehr in Tonis Posteingang auf. Sie musste das Schlimmste annehmen. »Ich fühlte mich schrecklich, wie abgeschnitten«, sagt Toni. »Ich kenne Marilyns Mann nicht; ich weiß noch nicht einmal, ob er wusste, wie nahe wir uns standen. Es gibt für mich keine andere Möglichkeit, mit ihr in Kontakt zu treten. Jeden Tag erzählte mir jemand, den ich wirklich bewunderte, etwas von sich, und von einem zum anderen Tag war plötzlich gar nichts mehr.«[1]

Die 66-jährige Toni ist praktisch bettlägerig, und die meisten ihrer Freundschaften sind E-Mail-Freundschaften. Als Toni mit ihrem Ehemann 2001 eine lang ersehnte Reise durch Frankreich unternahm, zog sie sich eine Krankheit zu, die sie und ihr Ehemann scherzhaft die »Pariser Grippe« nennen und von der sich Toni rätselhafterweise bis heute nicht erholt hat. »Mein Immunsystem hat sich einfach nicht wieder normalisiert. Es ist, als hätte ich die ganze Zeit Grippe, oder als litte ich ständig extrem unter Jetlag. Die Ärzte nennen es chronische Immunsystemaktivierung. Sie hoffen, dass es sich irgendwann wieder normalisiert. Ich nehme antivirale Medikamente, versuche Akupunktur und alle möglichen westlichen und östlichen Therapien. Bisher hat noch nichts geholfen.«

Toni musste ihre geliebte Arbeit als Juraprofessorin an der University of California in Davis aufgeben und ihr Leben den Grenzen anpassen, die ihr Körper ihr setzte. Dann erkrankte sie an einer Depression. Schließlich begann sie, Blogs von chronisch Kranken zu lesen. Manchmal wurde sie durch einen witzigen Kommentar oder eine nachdenkliche Beobachtung dazu gebracht, mit der entsprechenden Person in Kontakt zu treten. Einige dieser E-Mail-Korrespondenzen entwickelten sich zu Freundschaften. Dann begann Toni, die sich seit 1992 mit Buddhismus beschäftigt, ein Buch zu schreiben: *How to Be Sick* beschreibt, wie Toni – inspiriert von buddhistischer Philosophie – nach und nach ihre Krankheit angenommen hat. Sie legte eine Facebook-Seite an, um ihre Arbeit bekannt zu machen, und war erfreut, als diese eine aktive Gemeinschaft von Menschen zusammenbrachte, die allesamt mit einer chronischen Krankheit fertigwerden mussten. Tonis Buch war auch der Grund, warum Marilyn ihr eine E-Mail geschrieben und so den ersten Schritt zu ihrer Freundschaft gemacht hatte.

Im Moment hat Toni vier weitere enge Internetfreundinnen. Sie alle sind chronisch krank, aber inzwischen stehen die Krankheiten nicht mehr im Vordergrund ihrer Korrespondenz. Schon seit acht Jahren haben diese Frauen nun fast täglich E-Mail-Kontakte mit Toni. »Früher waren meine Freunde Arbeitskollegen und Leute hier aus Davis. Aber jetzt habe ich mit meinen ehemaligen Freunden nicht mehr viel gemeinsam. Sie würden alles für mich tun, wenn ich sie um etwas bitten würde, aber wir können uns ja zum Beispiel nicht mehr über unsere Studenten austauschen.« Zwei ihrer ehemaligen Freunde sieht Toni noch ungefähr einmal in der Woche: Richard, den sie seit dem College kennt, und Dawn, deren Kinder zusammen mit ihren aufgewachsen sind. Wenn es Toni gut geht, trifft sie Dawn, eine Grundstücksmaklerin, in einem Café, sonst kommt Dawn auf einen Plausch bei Toni vorbei.

»Es ist interessant«, sagt Toni. »Meine Beziehung zu Dawn ist eigentlich intensiver, weil wir eine Menge gemeinsam erlebt haben und jede die Kinder der anderen kennt. Aber mit meiner Freundin in New Hampshire schreibe ich mir zum Beispiel Sachen wie: ›Du hast einen Platz in meinem Herzen‹ und: ›Liebste, wie geht es dir?‹ oder sogar: ›Ich liebe dich.‹ So würde ich niemals mit Dawn reden! Es wäre einfach nicht passend. Ich glaube, man kann Dinge schreiben, die man niemandem direkt ins Gesicht sagen würde. Ich würde fast sagen, dass mir Dawn näher steht, weil ich sie anrufen kann, wenn ich sie brauche. Aber mit diesen anderen Freundinnen tausche ich jeden Tag oder mindestens alle zwei Tage E-Mails aus. Wenn ich Dawn oder Richard treffe, sagen wir nicht: ›Was war am Montag?‹ Einer von uns spricht ein Thema an, und darüber reden wir dann. Daher weiß ich über ihr alltägliches Leben eigentlich weniger als über das meiner Internetfreundinnen.«

Toni telefoniert nicht über Skype mit ihren E-Mail-Freundinnen, obwohl sie diese dann während des Gesprächs auf dem Bildschirm sehen könnte. Aber Skypen ist ihr zu anstrengend und macht sie immer etwas verlegen. Könnte es sein, dass Toni diesen Seelen ohne Körper, mit denen sie eine so enge Verbindung zu haben meint, Eigenschaften einfach nur zuschreibt? »Daran habe ich in den ersten paar Monaten unserer Verbindung auch manchmal gedacht, aber in den darauf folgenden Jahren habe ich alle ihre Seiten kennengelernt, auch ihre Macken und Ticks.« Eine Freundin, Laura, schrieb anfangs in einem so naiven und immer optimistischen Ton, dass Toni bezweifelte, mit ihr eine enge Beziehung entwickeln zu können. »In allem sah sie noch etwas Gutes, so auf die Art ›Gott wird seinen Grund gehabt haben‹. Laura ist an Multipler Sklerose erkrankt, und als sie einmal einen dieser Schübe hatte, bei denen es einem plötzlich ganz schlecht geht und man große Schmerzen hat, fing sie an, mir gegenüber ehrlicher zu sein. Erst entschuldigte sie sich noch und schrieb so etwas wie: ›Es ist nicht richtig, dass ich jetzt so fühle.‹ Ich schrieb zurück: ›Aber du *fühlst* so!‹ Von da an begann ihre Fassade zu bröckeln.«

»Manchmal sage ich zu meinem Mann, dass ich meine Internetfreundinnen zwar liebe, der Austausch mit ihnen mich aber nicht so zufrieden macht, als wenn ich mit jemandem persönlich zusammen bin, den man auch anfassen kann. Und dann gibt es in einem Gespräch von Angesicht zu Angesicht auch so viele Nuancen, die über E-Mails einfach nicht vermittelt werden können.« Toni findet es auch schade, dass ihr Mann ihre E-Mail-Freundinnen überhaupt nicht kennt. Aber da ihre beiden persönlichen Freunde Richard und Dawn die elektronischen Freundschaften ergänzen, ist Tonis Bedürfnis nach Freundschaften doch einigermaßen erfüllt.

Toni ist sogar dankbar, dass sie diese Krankheit, die sie so sehr lähmt, in unserer heutigen Zeit bekommen hat. »Wenn man krank wird, ist es ein großer Vorteil, wenn es im Internetzeitalter passiert«, sagt sie. »Viele Frauen mit chronischen Krankheiten haben mir erzählt, dass das Internet ihre Rettung war.« Man kann nicht sagen, dass der Verlust ihrer Freundin Marilyn für Toni weniger schmerzhaft ist, als er es wäre, wenn sie sich persönlich getroffen hätten – das hieße, die Intensität der Gefühle zu unterschätzen, die sich durch die Kommunikation über globale Datenströme entwickeln können. Andererseits darf man deshalb auch nicht die Vorteile unterschätzen, die in der Verbindung traditionell entstandener Freundschaften liegen – Toni wird wahrscheinlich nie einen Anruf von jemandem bekommen, der Marilyn auch kannte und mit ihr trauern und ihr so beim Bewältigen des Verlusts helfen könnte. »Marilyn war jemand, mit dem ich diese wunderbar alberne Freundschaft hatte«, sagt Toni, und ihre Stimme zittert. »Sie spielte immer Spiele auf ihrem iPad. Ich hab das dann auch gemacht, und wir haben unsere Punkte verglichen und solche Sachen. Langsam fange ich an zu begreifen, dass sie mich verlassen hat.«

Nun, ich muss Ihnen nicht sagen, dass sich der ganze Komplex der Freundschaft fundamental verändert hat, seit vor etwa 20 Jahren das Zeitalter des Internets begonnen hat. Seitdem haben Freundschaften sogar zur Gründung vieler Internetfirmen beigetragen. Auch der Gebrauch des Wortes Freund hat sich seitdem erweitert. Trotzdem hört man in Diskussionen über die Überschneidung von Technologie und Freundschaft noch immer so überflüssige Kommentare wie zum Beispiel: »Tut mir sehr leid, aber deine 1000 Facebook-Freunde kann man nicht als Freunde bezeichnen.« Ich bin sicher, dass sogar Experten der sozialen Netzwerke zwischen »Freund« als Kürzel für Online-Kontakte und wirklichen Freunden unterscheiden. Aber trotzdem vermischen sich in der heutigen Medienlandschaft mehr denn je wirkliche Freunde mit anderen, die weniger dem Begriff »Freunde« gerecht werden – auf unseren Bildschirmen und vielleicht auch in unserem Bewusstsein.

Viele Sozialwissenschaftler und Kulturkritiker haben davor gewarnt, dass das Internet unseren Interaktionen im wirklichen Leben schadet, unsere Gehirne negativ verändert und sogar die Fähigkeiten verringert, uns menschlich zu verhalten. Schnell vonstattengehende Veränderungen rufen immer Ängste hervor, und sicher gibt es berechtigte Sorgen, was die unbekannten langfristigen Folgen unseres modernen Lebensstils angeht, in dem es eine regelrechte Sucht nach allen möglichen Arten von Bildschirmen zu geben scheint. Der Soziologieprofessor Keith Hampton vom Bereich Kommunikation der Rutgers University ist der Meinung, dass die Gefahren übertrieben werden. Eine Furcht vor neuen Techniken und eine Romantisierung der Vergangenheit, sagt er, hat es schon immer gegeben. »Von der Elektrizität über das Fahrrad bis hin zum Telefon haben Soziologen behauptet, dass der technische Fortschritt einen Niedergang des Familien- und Gemeinschaftslebens bewirken wird.«[2] In den 1990er-Jahren stellte der Soziologe Robert Putnam in seinem Buch *Bowling Alone* die These auf, dass das Fernsehen die gemeinsamen Freizeitaktivitäten der US-Bürger aus den 1960er-Jahren ersetzte. Aber im gleichen Jahrzehnt überzog ein anderer Soziologe, Robert Nisbet, die 1930er-Jahre mit nostalgischem Glanz, weil es seiner Meinung nach damals einen sehr viel stärkeren sozialen Zusammenhalt gegeben hatte.[3]

Für eine Vorhersage der langfristigen Wirkungen der sozialen Online-Netzwerke ist es noch zu früh, Hampton meint jedoch, dass sie Freundschaften dauerhafter gemacht haben (weil wir beim Eintritt in neue Lebensphasen unsere alten Bindungen leichter fortführen können), und dass wir durch sie mehr über unsere Freunde erfahren (wir haben 24 Stunden lang Zugang zu vielen Informationen über diejenigen, die wir kennen). »Kritisiert wird an der steigenden Zahl an Informationen über unsere sozialen Kontakte, dass diese Kurzinfos so bedeutungslos sind, wie lauter kleine Fusseln«, sagt Hampton. »Aber vielleicht reichern sich ja all diese kleinen Fusseln zusammen zu etwas Bedeutendem an.«[4] Wir wissen auch, dass sich Nutzer sozialer Online-Netzwerke häufiger mit anderen an traditionellen gemeinschaftlichen Orten wie Cafés treffen und daher insgesamt mehr unterschiedliche Kontakte haben als diejenigen, die diese Kommunikationsformen seltener oder gar nicht nutzen. »Das Bild des Nutzers sozialer Online-Netzwerke, der in der Unterhose allein im Keller sitzt, entspricht nicht der Wirklichkeit.«

Wir haben heute die Möglichkeit, uns mit vielen ganz verschiedenen Menschen anzufreunden und diese Freundschaften aufrechtzuerhalten, und das auf einfachere Art, als es jemals in der Menschheitsgeschichte der Fall war. Dass die Interaktion mit diesen Freunden an elektronische Geräte gebunden ist, kann jedoch unterschiedliche Probleme hervorrufen. Bei der Bestandsaufnahme der guten und schlechten Auswirkungen, die es hat, wenn wir SMS-Nachrichten versenden, chatten, twittern, posten, E-Mails schreiben und so weiter, stellte sich auch heraus, dass unser Online-Verhalten sich in erstaunlichem Maß mit unserem Offline-Verhalten und sogar mit unseren primitivsten Instinkten deckt. Denken Sie nun an die Anzahl der Twitter-Nutzer, mit denen die Leute normalerweise interagieren, bevor Sie verblüfft den Kopf schütteln: Es ist die 150 – dieselbe Zahl, die Dunbar als die Durchschnittsgröße der Stämme identifizierte, in denen wir lebten, als sich das menschliche Gehirn entwickelte.[5] Nun, schließlich entstand das Bedürfnis, sich mit anderen zu verbinden, schon Zehntausende Jahre vor dem Bedürfnis, sich mit ihnen online zu verbinden.

Wie wir im Internet Freundschaften schließen

Zuerst gab es E-Mails und Internetforen, dann startete 2002 »Friendster« eine der ersten sozialen Netzwerkplattformen, und bald darauf Myspace, das sich ursprünglich an aufstrebende Musiker und junge Leute mit Interesse an Jugendkultur wandte. Schließlich verbreitete sich ab 2004 Facebook über seine Ursprungsgemeinde aus Harvard-Studenten hinaus und ist heute eine der am häufigsten besuchten sozialen Netzwerk-Plattformen. (Google+ hat noch nicht richtig losgelegt; ich bin aber sicher, wenn dieser Satz gedruckt ist, werden noch einige andere soziale Netzwerke neu entstanden und bekannt geworden sein.) Gleichzeitig wurden Twitter und LinkedIn allgemein bekannt; LinkedIn ist vor allem eine Plattform für berufliche Kontakte, während sich in Twitter die unterschiedlichsten Gesprächsfetzen Ihrer Lieblingsfreunde, Verwandten, potenziellen Dates, potenziellen Arbeitgeber und Promis jeden Bekanntheitsgrads zu einem großen, zwitschernden Allerlei vermischen.

Eine Umfrage des Pew Research Centers im August 2011 ergab, dass von allen erwachsenen Internetnutzern in den USA 65 Prozent auch auf einer sozialen Netzwerkseite aktiv sind – im Jahr 2005 waren es noch fünf Prozent.[6] Bei der Altersgruppe der 18- bis 29-Jährigen waren es sogar 83 Prozent, bei den über 65-Jährigen 33 Prozent. Die Befragten beschrieben ihre Erfahrungen mit sozialen Netzwerkseiten vor allem mit positiven Begriffen wie »Spaß«, »großartig« und »bequem«.

Was besonders interessant ist: US-Amerikaner, die das Internet nutzen, gehören mit größerer Wahrscheinlichkeit als die Internetabstinenzler einer institutionalisierten Gruppe oder Organisation an (bei den Internetnutzern sind es 80 Prozent, bei den Nichtnutzern 56 Prozent).[7] Noch höher liegt die Zugehörigkeit zu einer Gruppe in der wirklichen Welt sogar bei denjenigen, die ein soziales Netzwerk nutzen (82 Prozent, bei Twitter sind es 85 Prozent).

Posten ihre männlichen Facebook-Freunde mehr kritische Expertenbeiträge, während ihre Freundinnen auf Facebook eher Babyfotos einstellen? Forscher der University of Texas, Austin, fanden heraus, dass Männer mit größerer Wahrscheinlichkeit Nachrichten und Informationen posten und ihre politischen und religiösen Ansichten austauschen, während Frauen eher dazu neigen, ihre Gefühle auszudrücken und Familienfotos zu posten.[8] (84 Prozent sowohl der Männer als auch der Frauen geben auf der Seite ihren »Familienstatus« an.)

Wenn Sie selbst bei Facebook sind, ist Ihnen vielleicht schon aufgefallen, dass Ihre Facebook-Freunde mehr Freunde aufgelistet haben als Sie. 2012 hatte der durchschnittliche Facebook-Nutzer 245 Freunde, während der durchschnittliche Freund 359 Freunde hatte. Dieses Phänomen beruht auf der Online-Version des Prinzips, das in der Soziologie als Freundschaftsparadox bezeichnet wird und besagt, dass man sich lieber mit den Menschen anfreundet, die mehr Freunde haben, als mit denjenigen, die weniger haben. Keith Hampton untersuchte die sogenannten Vielfachnutzer von Facebook.[9] Sie machen 20 bis 30 Prozent aller Nutzer aus und sind dafür verantwortlich, dass der durchschnittliche Facebook-Nutzer mehr Nachrichten, Anfragen und Fotos bekommt, als er selbst einstellt. Die Vielfachnutzer unterscheiden sich in ihren Vorlieben: Manche sind sehr großzügig in Bezug auf das, was ihnen gefällt, manche sammeln viele Freunde, manche stellen viele Fotos ein, womit sie dafür sorgen, dass ihre Freunde möglichst überall erkannt werden (wahrscheinlich ohne Rücksicht darauf, wie fotogen diese sind). Vielfachnutzer, sagt Hampton, können diese Rolle auch nur für eine begrenzte Zeit einnehmen – zum Beispiel könnten Sie nach Ihrer Bali-Reise zur Vielfach-Foto-Posterin werden, während Sie vielleicht besonders viele Gefällt-mir-Tags vergeben, wenn Sie krank im Bett liegen.[10]

Nachdem die Anzahl der Menschen, die soziale Netzwerke nutzen, ins Riesenhafte angewachsen ist, besteht der jüngste Trend darin, den eigenen Account zu »entrümpeln«. 63 Prozent der Nutzer haben Freunde gelöscht, verglichen mit 56 Prozent im Jahr 2009; 44 Prozent haben Kommentare anderer aus ihrem Profil gelöscht, und 37 Prozent haben ihr eigenes Foto herausgenommen. Bei Frauen liegt die Wahrscheinlichkeit höher, männ-

liche Freunde zu löschen.[11] Diese »Trennung« von »Freunden«
entspricht natürlich nicht dem Abbruch einer Freundschaft in
der Wirklichkeit, denn das Löschen der Internet-»Freunde« kann
sich auf völlig Fremde oder auf Bekannte beziehen, die zum Beispiel viele alberne Videos posten. Laut Pamela Rutledge, Direk-
torin des Media Psychology Research Center an der University
of California, Los Angeles, sehen manche in dieser Entwicklung
ein Anzeichen dafür, dass die Menschen beginnen, Facebook
und Twitter weniger zu nutzen. Sie selbst ist jedoch der Ansicht,
dass dies lediglich eine natürliche Reaktion auf eine anfängli-
che Freunde-Sammelleidenschaft darstellt. »Mir ist aufgefallen,
dass mein Twitter-Eingang völlig zugemüllt war mit Tweets von
Leuten, die etwas erzählten, was mir völlig egal war, oder auch
in Sprachen, die ich gar nicht verstand. Ich habe viele Leute aus-
sortiert, bei denen ich Follower war, ich kann jetzt einfach besser mit den Werkzeugen umgehen.«[12]

Diese Möglichkeit, soziale Online-Kontakte auszusortieren
und zu bereinigen, ist ein interessantes Gegenstück zu unserer sozialen Offline-Welt; in dieser stehen unsere Freundschaften teilweise mit unseren Lebensumständen in Verbindung (mit
wem wir zusammenarbeiten, oder wer in unserer Nähe wohnt)
und teilweise damit, was wir uns wünschen und worum wir uns
bemühen (mit welchen Freunden schmieden wir tatsächlich Pläne, und zu welchen gehen wir tatsächlich hin, um sie zu sehen).
Die Programme von sozialen Netzwerken und sogar von E-Mail-
Accounts verschaffen uns die Möglichkeit, ganz leicht über alle,
die wir kennen, »Buch zu führen«. Wenn nun die Umstände und
die Bereitschaft, Unbequemlichkeiten in Kauf zu nehmen, keine

Rolle mehr spielen, mit welchen Freunden interagieren wir dann am meisten? Von welchen werden wir am meisten beeinflusst? Manchmal hängt die Antwort auch von einem weiteren Faktor ab, der aber wiederum mit von uns nicht beeinflussbaren Umständen zusammenhängt: von der Häufigkeit der Online-Aktivität der anderen.

Meine in Los Angeles lebende Freundin Erika postet mehrere Male am Tag Nachrichten über ihre Arbeit und ihre Reiseabenteuer (und über die Eskapaden ihres Katers Boris, was sich langweilig anhört, es aber nicht ist – jedenfalls sehe ich das als parteiische Freundin so). Dadurch unterscheidet sich Erika von meinen anderen Online-Freunden und ragt aus deren »flachen« Struktur heraus (wie Pamela Rutledge die nicht hierarchische Natur des sozialen Lebens im Internet beschreibt). So bahnen sich ihre Neuigkeiten und Fotos ihren Weg in mein Bewusstsein, auch wenn ich fast 5000 Kilometer weit weg wohne: Ihre Yogaübungen führen dazu, dass ich mir vornehme, gesünder zu leben (ich gebe allerdings zu, dass dadurch bei mir noch keine Aktivität in dieser Richtung ausgelöst wurde, aber irgendwann wird es so weit sein). Ihr beruflicher Erfolg erinnert mich daran, dass ich mehr arbeiten könnte (zusätzlich zu dieser Vorbildfunktion ermutigte sie mich, dieses Buch zu schreiben). Und ihre Bereitschaft, sich immer wieder mit etwas Neuem zu beschäftigen (zuletzt Surfen), lenkt meine Gedanken zu den Dingen, die ich mir zwar vorgenommen habe, aber noch nicht angegangen bin (wie Schauspielkurse). Auch wenn Erika kein derart ausgeprägter Facebook-Fan wäre, würde sie mich beeinflussen und inspirieren, wegen der großen Entfernung zwischen uns jedoch nicht genauso beständig. Vielfachnutzer von Facebook, aufgepasst! Erkennt die Macht, die ihr durch euren Hang zum Posten habt: Ihr könnt einen größeren Einfluss auf eure Freunde ausüben als diejenigen, welche weniger aktiv auf Facebook sind. Nutzt diese Macht aber zum Guten und nicht zum Schlechten.

Clay Shirky, Internet- und Gesellschaftsguru und Professor an der New York University, ist der Ansicht, dass wir eine neue Auffassung des Begriffs »Medien« brauchen. In seinem Buch *Cognitive Surplus* schreibt er: »Medien sind das verbindende Gewebe der Gesellschaft. Aus den Medien wissen wir, was in Teheran passiert, wer in Tegucigalpa regiert, oder wie hoch der Teepreis in China ist. Aus Medien wissen Sie, wie Ihre Kollegin ihr Baby genannt hat. Aus den Medien weiß man, warum Kierkegaard nicht mit Hegel übereinstimmte. In den Medien steht, wo Ihr nächstes Meeting stattfindet. Aus den Medien wissen wir alles, was weiter als zehn Meter weg passiert. All das war früher eingeteilt in öffentliche Medien (zum Beispiel visuelle oder gedruckte Kommunikationsmittel, die von einer kleinen Gruppe Professioneller hergestellt wurden) und persönliche Medien (zum Beispiel Briefe und Telefonanrufe von Bekannten). Heute sind diese beiden Medienarten miteinander verschmolzen.«[13]

Ihre Freunde im Netz sind nicht länger strikt von der »realen« Welt getrennt. Einigen von ihnen werden Sie vielleicht in der wirklichen Welt niemals begegnen, aber sie begleiten Sie unsichtbar neben dem ständigen Input an Nachrichten und Informationen, gleich neben Ihren beruflichen Belastungen, Berichten über Weltkrisen, Fernsehtrivialitäten, den komischen Videoempfehlungen Ihrer Mutter, den kleinen Liebesnotizen Ihrer Freundin und so weiter. Welche Auswirkungen hat nun dieser Daten-Tsunami auf unsere Freundschaften? Werden sie dadurch verwässert oder verfälscht? Oder sind wir insgesamt gesehen besser dran, wenn die uns freundlich gesinnten Avatars, die Aliasse, Benutzernamen und Miniaturfotos unserer Freunde in diesem Strom an Informationen mitschwimmen?

Düstere Prognosen

Für William Deresiewicz hat Freundschaft heute ihre frühere Bedeutung verloren, und die sozialen Online-Netzwerke sind für ihn Symbole dieses Bedeutungsverlustes: »Facebooks Prämisse – und sein Versprechen – ist, dass es unsere Freundeskreise sichtbar macht«, schreibt er. »Da sind sie, meine Freunde, alle am selben Ort. Außer dass sie nicht wirklich am selben Ort sind, oder eher, dass sie nicht meine Freunde sind. Sie sind Scheinbilder meiner Freunde, kleine ausgetrocknete Päckchen mit Bildern und Informationen; sie sind genauso wenig meine Freunde wie ein Stapel Sammelkarten mit Baseballspielern die New York Mets sind. (...) Freundschaft verwandelt sich, aus einer echten Beziehung wird ein Gefühl – Freundschaft wird von etwas, das Menschen miteinander teilten, zu etwas, das jeder von uns für sich in der Privatheit und Einsamkeit seiner elektronischen Höhle umarmt, wo wir die Zeichen der Verbindung hin- und herschieben wie ein Kind, das mit Puppen spielt.«[14]

Facebook-Abstinenzler werden sich erfreut wiedererkennen angesichts der scharfzüngigen Beschreibungen der Absurditäten und des narzisstischen Verhaltens, die in der Praxis sozialer Netzwerke angelegt sind: Früher, als wir unsere Gedanken einem bestimmten Freund oder einer Gruppe von Freunden mitteilen wollten, haben wir noch überlegt, wie wir sie individuell für eben diese bestimmten Freunde am besten ausdrücken. »Jetzt verbreiten wir einfach den spontan sprudelnden Strom unseres Bewusstseins ... an all unsere 500 Freunde auf einmal, und wir hoffen, dass jemand, irgendjemand, uns unsere Existenz bestätigt, indem er antwortet«, schreibt Deresiewicz.[15] Früher haben wir einen Freund angerufen, wenn wir ihn besuchen und zum Essen einladen wollten. Heute schreiben wir an seine Pinnwand »Bin nächste Woche in der Stadt. Treffen wir uns auf einen Drink?« Deresiewicz empfindet die Ausstellung privater Nachrichten für ein öffentliches Publikum als besonders unangenehm. »Es hat etwas Obszönes an sich, diese Intimität vor aller Augen auszubreiten, so als wäre ihr eigentlicher Zweck, den anderen zu zeigen, was für eine tiefsinnige Person man ist. Sind wir wirklich so hungrig nach Bestätigung? So begierig darauf zu beweisen, dass wir Freunde haben? (...) Und diese ganze theatralische Eigenschaft dieses Geschäfts, das Gefühl, dass meine Freunde ihr Bestes tun, um sich selbst darzustellen, macht es nur noch schlimmer. Ich habe dabei das Gefühl, dass die Person, über die ich etwas lese, nicht ganz die Person ist, die ich kenne.«

Und schließlich wettert Deresiewicz dagegen, wie Facebook uns zu einer Liste zufälliger Interessen und aus dem Zusammenhang gerissener Informationen reduziert. Was wirkliche Freundschaften formt, so schreibt er, sind gemeinsame Erlebnisse, bei denen die Geschichten der Menschen zum Vorschein kommen.

271

Durch diese Geschichten werden mit der Zeit die Charaktereigenschaften eines Freundes offenbart – Eigenschaften, die man ganz sicher nicht in einem Tweet oder einem Update beschreiben kann.

Ich stimme hundertprozentig mit Deresiewicz in seiner Beschreibung dessen überein, wie sich solide Freundschaften entwickeln. Weil dafür gemeinsam verbrachte Zeit wichtig ist, entstehen viele starke Freundschaften während der Schulzeit oder der College-Jahre; in dieser Lebensphase verbringt man viele Stunden miteinander, in denen man einfach nur zusammen ist und redet, ohne einen anderen Zweck als den, die Gesellschaft des anderen zu genießen und etwas über dessen Geschichte und seine Art zu denken und zu fühlen zu erfahren. In Deresiewicz' Worten klingt eine erschreckende Wahrheit an; viele von uns haben sich schon über das Online-Verhalten von Freunden geärgert, das so aufmerksamkeitsheischend und selbstdarstellerisch daherkam, auch wenn wir vielleicht selbst gerade die Sünde begangen hatten, ein wenig anzugeben oder uns Beifall für Lebensentscheidungen zu holen von einem Chor, der sein Häkchen bei »Gefällt mir« macht. Aber Deresiewicz scheint auch davon auszugehen, dass wir ganz aufgehört haben, uns in Gesprächen Geschichten zu erzählen und mit Freunden Erfahrungen zu machen, die nach und nach unseren Charakter enthüllen. Tatsächlich nutzen aber die meisten von uns die sozialen Netzwerke, um zu verfolgen, wie es den Freunden geht, mit denen wir bereits im wirklichen Leben Freundschaft geschlossen haben; oder wir wollen auf dem Laufenden bleiben über das Auf und Ab eines Sammelsuriums aus Bekannten und alten Freunden. In beiden Fällen verbringen wir zusätzlich Zeit mit engen Freunden, wenn die geografischen Umstände es erlauben.

In den letzten zwei Jahren habe ich nur ein einziges Wochenende mit Sofia verbracht. Keine Frage – diese zwei gemeinsamen Tage bedeuteten mir mehr als jede Skype-Sitzung, jeder E-Mail-Austausch oder jedes Facebook-Posting seitdem. Und dennoch – die ständig größer werdende Gesamtheit all unserer elektronischen Kommunikationsfetzen hält unsere Freundschaft trotz der geografischen Entfernung am Leben. Ich betrachte einfach gern die Bilder ihrer Tochter, und es macht mir Spaß zu lesen, welcher juristische Kampf Sofia in letzter Zeit erzürnt hat. Ich bin froh, dass ich ihr in einer schnellen E-Mail meine Sorgen oder ein Problem mitteilen kann und mich nicht hinsetzen und einen langen Brief per Hand schreiben muss, um den Aufwand der Schneckenpost zu rechtfertigen. Noch dankbarer bin ich, wenn ich dann eine schnelle und tröstende Antwort auf meine Mitteilung erhalte. Natürlich möchte ich mir lieber in aller Ruhe Geschichten mit ihr erzählen wie in den alten Tagen, aber das ist, als würde ich sagen, ich möchte lieber wieder 19 sein. Im Licht der rauen Realität betrachtet, ist die virtuelle Realität eine feine Sache. Sie ist kein vollwertiger Ersatz für eine Freundschaft, aber Facebook zerstört unsere Verbindung nicht; es hilft uns im Gegenteil dabei, sie aufrechtzuerhalten.

Auch wenn wir uns in keinem so dunklen Zeitalter für Freundschaften befinden, wie Deresiewicz es beschreibt, haben Internetfreundschaften auf jeden Fall Schattenseiten. Der Philosoph Mark Vernon benennt eine davon als »die Gleichgültigkeit und Gefühllosigkeit des Internets«.[16] Er schreibt: »Die meisten werden schon einmal eine E-Mail bekommen haben, die in Eile geschrieben war und sie härter getroffen hat, als vom Absender beabsichtigt. Diese kurzen Nachrichten, die jetzt das Leben von Millionen beherrschen, sind Missverständnisse in Warteposition.« Und manchmal passiert es, dass man meint, eine auf Beidseitigkeit beruhende, mitfühlende Kommunikation zu führen, dann aber von der Erkenntnis erschüttert wird, dass die elektronische Mitteilung eine Einbahnstraße sein kann: »Man schüttet während eines Chats sein Herz aus, während die Person auf der anderen Seite des Bildschirms vor Langeweile gähnt, mit jemand anderem klatscht oder sich plötzlich entscheidet abzuschalten.«

Es gibt noch immer keine allgemein akzeptierten Regeln für das Verhalten im Internet, wodurch Probleme althergebrachter Etikette entstehen und wo im Zusammenhang damit auch Gefühle verletzt werden. Henry Alford, Autor des Buches *Would It Kill You to Stop Doing That: A Modern Guide to Manners,* sagt: »Das Grundproblem bei E-Mails ist der Aspekt des Ausdruckslosen. Wenn man laut ›Na klar‹ sagt, dann klingt das positiv, voller Zutrauen, volle Kraft voraus. Aber wenn man auf eine E-Mail antwortet und einfach ›Na klar‹ schreibt, dann sieht das nicht sehr positiv aus. Besser wäre schon ›Na klar!‹ oder ›Da kannst du drauf wetten‹ oder ›Absolut‹. Man muss den nichtssagenden Anschein einer E-Mail irgendwie ausgleichen. Ausrufezeichen werden zu unseren besten Freunden.«[17]

Intuitiv bewältigen wir diesen Wilden Westen nicht existierender Etikette, indem wir das Online-Verhalten von Freunden in der Vergangenheit mit ihrem derzeitigen abgleichen und auf Abweichungen reagieren. »Soundso antwortet sonst immer sofort auf meine Mails. Ob sie mir böse ist?« Oder: »Soundso ruft mich nie an, dann ist es wohl keine Beleidigung, wenn ich ihm nur einen Geburtstagsglückwunsch poste, anstatt ihn anzurufen.«

Andrea Bonior, klinische Psychologin und Autorin des Buches *The Friendship Fix*, ist Spezialistin für Probleme, die Online-Freundschaften mit sich bringen können. An erster Stelle steht der Zeitmangel für persönliche Kontakte, der sich aus einer exzessiven Internetnutzung ergibt. »Ich habe mit Klienten gesprochen, die sehr beschäftigt mit ihrer Arbeit waren, aber in der Stadt, in der sie wohnten, ein einsames Leben führten. Sie hatten keine Freunde, mit denen sie mal frühstücken oder joggen gehen konnten«, sagt Bonior. »Aber wenn man sich genau anschaut, warum sie keine Zeit haben, dann liegt es daran, dass sie sich nach der Arbeit auf die Couch fallen lassen und den ganzen Abend im Internet herumsurfen. Sie klicken dauernd bei irgendwelchem Zeug auf ›Gefällt mir‹, anstatt diese Zeit darauf zu verwenden, sich einer Literatur- oder Strickgruppe anzuschließen oder in den Park zu gehen, wo sie Leute treffen können.«[18]

Bonior hatte schüchterne Klienten, die sich so sehr daran gewöhnt hatten, mit anderen online zu kommunizieren, dass ihnen Interaktionen von Angesicht zu Angesicht – genau die, die sie gebraucht hätten, um ihre Ängste vor persönlichen Kontakten zu bewältigen – immer riskanter und weniger angenehm erschienen, verglichen mit ihren E-Mail-Kontakten, die sie unter Kontrolle hatten. »Das wird zum Teufelskreis«, sagt sie, »und irgendwann fangen die Menschen an, wirklich zu leiden, denn wir brauchen das Gefühl, dass wir zu der Welt um uns herum gehören. Ich glaube, dass nach und nach die Kunst der spontanen

Konversation verloren geht, weil wir unsere Kommunikation unbedingt unter Kontrolle haben wollen, anstatt uns auf das Geben und Nehmen und auch mal auf das Stolpern einzulassen, das mit einer Interaktion von Angesicht zu Angesicht einhergeht.«[19]

Es scheint, als ob Personen mit gering ausgeprägtem Selbstwertgefühl nicht in dem Maße von sozialen Netzwerken profitieren wie andere. Eine Studie der University of Waterloo fand heraus, dass es Menschen, die wenig überzeugt von sich selbst sind, besonders reizvoll erscheint, online Kommentare zu posten, weil sie hoffen, möglichst sofort von ganz vielen Personen ein Feedback zu bekommen.[20] Allerdings tendieren diese Menschen dazu, Dinge zu posten, die sich vor allem um die Mühen ihres Lebens oder negative Gefühle drehen (»eben meine Schlüssel verloren« oder »fühle mich schrecklich heute«), womit sie ihre Facebook-Freunde verschrecken, was im Gegenzug wieder ihr geringes Selbstwertgefühl bestätigt. Dagegen wurden diejenigen, die fröhliche Nachrichten posteten, von ihren Facebook-Freunden als sympathischer eingestuft. Dies scheint den Matthäus-Effekt in Bezug auf Freundschaft – die Selbstbewussten werden darin von der öffentlichen Anerkennung auf den sozialen Netzwerkseiten noch bestätigt, während bei denjenigen mit der niedrigen Meinung von sich selbst genau die Unterstützung und Bestätigung ausbleiben, die sie sich erhofft hatten und dringend brauchen.

(Übrigens ergab eine kürzliche Untersuchung, dass zwischen bestimmten narzisstischen Persönlichkeitsmerkmalen – und zwar »Anspruchsdenken/Ausnutzungsverhalten« und »Zurschaustellen von Grandiosität« – und der Gesamtzahl von Facebook-Freunden eine Verbindung besteht.[21] Dieser Umstand wirft interessante Fragen nach dem Zusammenhang zwischen bestimmten Persönlichkeitsstrukturen und Einstellungen zur Freundschaft auf: Betrachten selbstbezogenere Menschen Freunde als Trophäen, die sie sammeln und in denen sie sich spiegeln können, während bescheidenere Menschen vielleicht vor virtuellem Geprahle und Gelärme auf Facebook eher zurückschrecken?)

Facebook kann auch einem ungesunden Neid Vorschub leisten. Die Soziologen Hui-Tzu Grace Chou und Nicholas Edge von der Utah Valley University befragten 425 Studenten über das Ausmaß ihrer Facebook-Aktivitäten und darüber, ob sie mit Äußerungen wie: »Viele meiner Freunde haben ein besseres Leben als ich« übereinstimmen. Es stellte sich heraus, dass die Wahrscheinlichkeit, das Leben anderer als besser als das eigene zu bewerten, mit dem Aufwand an Zeit stieg, die die Befragten auf Facebook verbrachten. Noch höher war die Korrelation bei Studenten, zu deren Facebook-Freunden mehr Personen gehörten, die sie nicht wirklich kannten. Und schließlich äußerten diejenigen Studenten weniger allgemeine Unzufriedenheit, die mehr Zeit mit Personen in der wirklichen Welt verbrachten als im Cyberspace.[22]

Bonior sieht bei ihren Klientinnen vor allem dann Neid aufkommen, wenn ihre Freundinnen sich in Zeiten großer Lebensumbrüche befinden. »Ich arbeite mit vielen jungen Frauen«, sagt sie. »Einige leiden darunter, wenn sie sehen, dass andere auf Facebook zum Beispiel Hochzeiten oder Schwangerschaften oder Hauskäufe verkünden; das verstärkt ihr Gefühl, dass in ihrem eigenen Leben etwas fehlt.«[23] Wenn eine Klientin, die eine erfolglose Fruchtbarkeitsbehandlung hinter sich hat, ein Bild nach dem anderen von den süßen Neugeborenen der Face-

277

book-Freundinnen sieht, oder wenn eine andere, die sich nach einer langfristigen Beziehung sehnt, mit täglichen Updates der akribischen Hochzeitsplanung einer Freundin bombardiert wird, gerät für diese Frauen allzu leicht in den Hintergrund, dass wir alle ein kompliziertes Leben führen – häufig trotz scheinbar nur freudiger Ereignisse. »Früher«, fährt Bonior fort, »konnte man eine Einladung zu einer Party, bei der die Freundin gefeiert wurde, weil sie schwanger geworden war, einfach absagen, weil es einen selbst traurig gemacht hätte. Heute muss man stärker reagieren. Man muss den Newsfeed dieser Bekannten blockieren.«

Hinzu kommt, dass der soziale Druck, die öffentliche Zurschaustellung solch glücklicher Ereignisse positiv zu kommentieren, von den neidischen oder betrübten Frauen verlangt, das Gegenteil von dem auszudrücken, was sie wirklich fühlen. »Sie denken ›Na gut, jetzt gefällt dieses Foto schon 27 Leuten, ich glaube, ich sollte mich anschließen.‹ Dann kommentieren sie ›Oh, wie schön!‹ oder ›Ich freu mich so für dich!‹«, sagt Bonior. Aber diejenige, die die ursprüngliche Nachricht gepostet hat, kann nie wissen, welcher Jubelruf ehrlich gemeint ist und welcher nicht. »Früher zeigte man eine Diashow von der Hochzeitsreise nach Tahiti, und man konnte erkennen, ob die Augen der Zuschauer interessiert leuchteten oder vor Langeweile oder Neid glasig wurden. Man hatte mehr Hinweise, um die Reaktionen der Freunde zu deuten.«

Am meisten hat Bonior bei ihrem Studium durch Freunde im Cyberspace verursachter emotionaler Wunden überrascht, welch verheerende Wirkung es haben kann, wenn eine Online-Gruppe sich auflöst. Hier ein solches Beispiel: Eine Gruppe trifft sich in einem Fotografie-Forum, kommt sich mit der Zeit näher, und ihre Postings werden immer intensiver. Dann bricht die Gruppe auseinander, weil Mitglieder anfangen, andere auszuschließen, indem sie sie blockieren oder eine neue Gruppe starten und den geächteten Mitgliedern nicht Bescheid sagen. Die Ausgeschlossenen beklagen sich bei Bonior: »Diese Gruppe war mein Leben, ich war dauernd online mit ihnen, und plötzlich haben sie sich von mir abgewandt, weil ihnen nicht gepasst hat, was ich zu einer gesagt habe. Ich fühle mich schrecklich.«

Ein solcher Verlust wirkt sich stärker aus, meint Bonior, als wenn das Entsprechende vor zehn Jahren in der wirklichen Welt passiert wäre: Jemand würde nach und nach weniger Beziehung zu der Gruppe haben, aber zu einigen Mitgliedern noch immer in Verbindung bleiben. »Früher hätte man sich nicht vorstellen können, dass ein Mausklick bewirken kann, dass jemand zusammenbricht, aber das zeigt doch nur, wie wichtig diese Beziehungen für manche sind. Um drei Uhr morgens kann man sich einloggen, und wenn man Glück hat, ist jemand anders vom Forum da, und man kann sich unterhalten.« Was noch schlimmer ist als das Verlassenheitsgefühl dieser Klientinnen, sagt Bonior, ist die Tatsache, dass sie sich wegen ihres Gefühls auch noch dumm vorkommen. »›Ich hab diese Leute ja noch nicht einmal wirklich gekannt‹, sagen sie zum Beispiel. Aber manchmal kannten sie sie tatsächlich besser als die meisten ihrer engen Freundinnen aus dem wirklichen Leben.«

Wir wissen, was das Online-Leben unseren Herzen antun kann, aber wie steht es nun mit unseren Gehirnen? Ich habe noch nie von jemandem gehört, der »freundessüchtig« war. Aber natürlich gibt es inzwischen auch ein Suchtverhalten im Hinblick auf die allgemeine Nutzung sozialer Netzwerkseiten und auf das Internet insgesamt. Vernon schreibt, dass in Südkorea, »wahrscheinlich das am dichtesten vernetzte Land auf dem Planeten, Dutzende von Menschen an Blutgerinnseln gestorben sind, die durch zu langes Sitzen vorm Computer verursacht wurden. Und nach Schätzungen haben dort etwa 210 000 Kinder ein Internet-Suchtproblem.«[24] Soziale Medien können auch aus einem ganz pragmatischen Grund leicht zur Sucht werden: Die Kosten dafür sind gering – verglichen mit anderen Süchten wie dem Trinken oder Rauchen. Forscher warnen jedenfalls davor, dem Bedürfnis, die sozialen Netzwerkseiten zu checken, immer gleich nachzugeben; das ist eine Vergeudung von Zeit und führt zu einer dauernden, ungesunden Unterbrechung des normalen Tagesablaufs.

Ein italienisches Forscherteam untersuchte unterschiedliche physiologische Reaktionen wie Atmungsaktivität und Pupillenerweiterung von Testpersonen in entspanntem Zustand, in angespanntem Zustand und wenn die Probanden auf Facebook eingecheckt waren.[25] Die physische Verfassung der Personen war jeweils sehr unterschiedlich, wobei die Facebook-Nutzer stark erregt waren, aber auf eine positive Art – sie befanden sich im Zustand des sogenannten »Flow«. Das könnte erklären, warum viele so oft auf diese Seiten gehen, auch wenn sie ihre Zeit damit »vergeuden«. Larry Rosen, Autor des Buches *iDisorder: Understanding Our Obsession with Technology and Overcoming Its Hold on Us,* sagt, dass soziale Netzwerke stimulierend wirken, dass jedoch zu viel Stimulation unsere Gehirne überlasten und schließlich zu Schlaflosigkeit, Ängsten und Depressionen führen kann. »Zwei Stunden mit einem Freund zu reden ist auch intellektuell stimulierend, insgesamt aber beruhigend. Zwei Stunden lang SMS zu verschicken, zu skypen und an eine Vielzahl von Freunden zu twittern, überlastet uns und erschwert es, das genießen zu können, was man genießen möchte.«[26)] Er empfiehlt, das Gehirn mindestens jede Stunde für zehn bis 15 Minuten »zurückzusetzen«, indem man sich von seinen elektronischen Geräten abwendet.

Zwischen den Massen miteinander vernetzter Menschen gibt es immer noch ein paar Technikfeinde, die Bildschirme meiden.[27)] Jacob ist 38, kommt aus dem mittleren Westen der USA, hat erfolgreich Karriere gemacht, veranstaltet gerne Partys und pflegt einige enge, seit langer Zeit bestehende Freundschaften. Er benutzt E-Mails bei seiner Arbeit und um mit seinen Freunden in Kontakt zu bleiben, aber er besitzt immer noch kein Handy (schreibt also auch keine SMS), chattet nicht und ist bei keinem sozialen Netzwerk angemeldet.

Jacob hat bei seiner Verlobten deren Facebook-Seite angeschaut, weil sie ihm Fotos zeigen wollte, aber er versteht den Reiz dieser Seiten nicht. »Ich sträube mich nicht absichtlich dagegen; ich verstehe es einfach nicht. Für mich könnte es genauso gut die Website von *Homes & Gardens* sein – ich würde da einfach nicht draufgehen, wenn ich online bin. Blackberrys und Videospiele oder Facebook, diese ganzen Sachen – mit dieser Konsumentenelektronik vertrödeln die Leute ihr Leben, anstatt sich mal Zeit zum Denken zu nehmen. Was Facebook angeht, bringt es mir überhaupt nichts, mir die Kinder von den Soundsos anzusehen, die ich kaum kenne. Ich hab kein Interesse an einer Menge entfernter Bekannter, ich möchte starke Bindungen zu meinen Freunden haben.«

Sonnige Updates

Die vielleicht beängstigendste Nachricht zum Schicksal von Freundschaften im Internetzeitalter stellt das Ergebnis einer viel zitierten Untersuchung von 2006 dar.[28)] Danach hatten die »Hauptdiskussionsgruppen« der US-Amerikaner – Personenkreise, mit denen sie »wichtige Angelegenheiten« besprachen – von 1985 bis 2004 um 28 Prozent abgenommen. Die Anzahl derjenigen Testpersonen, die in der Gruppe einen Freund hatten (im Gegensatz zu Ehepartnern oder Familienangehörigen), verringerte sich von 73 Prozent auf 51 Prozent. In vielen Artikeln und Büchern wurde dies als Beweis dafür angeführt, dass inmitten all der »Freunde« im Internet unsere wirklichen Freunde immer weniger werden.

Seitdem haben die Ergebnisse vieler anderer Untersuchungen diese Schreckenszahlen infrage gestellt (und einer der Autoren der Studie von 2006 hat sogar Zweifel an deren Methode und den daraus gezogenen Schlüssen geäußert). Hua Wang und Barry Wellman verglichen die Entwicklung der Größe von Freundschaftsnetzwerken von 2002 bis 2007 (und fragten direkt nach Freundschaften und nicht, wie in der Untersuchung von 2006, mit wem die Testpersonen wichtige Dinge besprachen). Sie fanden heraus, dass nicht nur die Anzahl der Freundschaften gestiegen war, sondern dass der Anstieg bei »starken« Internetnutzern auch besonders groß war. Diese hatten sowohl online als auch offline die meisten Freunde. 2007 hatte ein durchschnittlicher US-amerikanischer Erwachsener etwa zehn Freunde, die er mindestens einmal in der Woche traf, oder mit denen er sprach. Außerdem hatte er ein paar »virtuelle« Freunde und »Wander«-Freunde – Online-Freunde, die zu Freunden in der wirklichen Welt geworden waren.[29]

Keith Hampton und seine Kollegen fanden 2011 heraus, dass zwar die Gesprächsgruppen, mit denen wichtige Angelegenheiten besprochen wurden, heutzutage kleiner und familienzentrierter sind als in der Vergangenheit, dass aber die soziale Isolation in den letzten 20 Jahren nicht größer geworden ist. Als Grund hierfür wird auch angeführt, dass die Nutzung neuer Medien zur Entstehung größerer und verschiedenartigerer Netzwerke geführt hat.[30]

Wir wissen also, dass unsere Freundschaftsnetzwerke im digitalen Zeitalter nicht schrumpfen, aber stehen uns die Freunde, die wir haben, immer noch so nahe wie unsere Freunde in der Vor-Internetära es taten? Das ist eine schwer zu beantwortende Frage, aber es gibt einige Hinweise darauf, dass Online-Interaktionen eine größere Nähe stärker fördern, als wir das vielleicht vermuten würden. Zum Beispiel ergab eine Studie mit Bloggerinnen mittleren Alters, dass diejenigen Frauen, die mehr über sich selbst erzählten, auch mehr und befriedigendere Online-Freundschaften hatten. (Trotzdem gaben diese Frauen an, dass sie Freundschaften im wirklichen Leben als inniger empfanden als solche, die auf die virtuelle Welt begrenzt waren.)[31]

Wenn diese Bloggerinnen einige ihrer Online-Freundinnen

persönlich treffen und darüber hinaus weiter mit ihnen online und offline interagieren würden, wären ihre Beziehungen vielleicht als ideal zu bezeichnen. Wie der Forscher Lijun Tang es ausdrückt: In je mehr »sozialen Räumen sich eine Freundschaft abspielt, desto inniger und lohnender wird sie.«[32]

Im Allgemeinen verringert sich unsere Fähigkeit zur Empathie nicht durch Online-Kommunikation mit Freunden, sie kann dadurch sogar stärker werden. »Auf sozialen Netzwerkseiten kann man lernen, wie man andere behandelt, indem man beobachtet, wie andere einen selbst behandeln«, sagt Larry Rosen, wodurch er den exhibitionistischen Aspekt dieser Seiten ins Positive wendet.[33] Rosen führte eine Untersuchung zu »virtueller Empathie« durch und fand heraus, dass das Praktizieren von Empathie online dazu beitragen kann, dass man sich in der wirklichen Welt genauso mitfühlend verhält. Empathie in der wirklichen Welt zu zeigen, bleibt aber wichtiger, um den Menschen ein Gefühl sozialer Unterstützung zu verschaffen. »Man braucht immer noch ›Streicheleinheiten‹ in der wirklichen Welt, aber ein paar virtuelle Freundschaften hinzuzufügen, kann eine Bereicherung sein«, sagt Rosen. »Ich zum Beispiel freue mich darauf, an meinem Geburtstag viele Glückwünsche auf Facebook von Freunden zu bekommen, die sich sonst an diesen Tag gar nicht erinnern oder sich nicht bei mir melden würden.«

Rosen ist begeistert davon, dass man über soziale Medien Bekannte und Freunde aus alten Zeiten wiederfinden kann: »Es ist doch eine tolle Sache, dass jemand über 60 einen Freund von früher ausfindig machen und mit ihm in Erinnerungen schwelgen kann«, sagt er, auch wenn die beiden ihre verlorene und wiedergefunden Freundschaft dann vielleicht nicht fortführen.[34)] Rosen schwärmt sogar von seiner eifrigen Online-Korrespondenz mit ein paar Männern, mit denen er als Kind im selben Baseballverein spielte. »Mein Vater war unser Trainer, und er war immer sehr streng mit mir. Aber durch das, was diese Jungs mir schrieben, entdeckte ich eine andere Seite an ihm. Sie erinnerten sich daran, wie lustig und fürsorglich er war. Ich hatte immer nur gesehen, wie er mich behandelte; es war schön, aus einer anderen Perspektive mehr über ihn zu erfahren. Dieser Austausch mit Leuten aus der Vergangenheit kann unsere Erinnerungen verändern und den Blick auf unser eigenes Leben bereichern.«[33)]

Kompliziert wie das wirkliche Leben

Online-Freundschaften, schreibt Mark Vernon, »haben genauso viele leidenschaftliche Befürworter wie Unheilsverkünder. In einem Punkt haben beide recht, denn immer wenn Menschen zusammenkommen, verursacht das gleichzeitig Einsamkeit und ein Zugehörigkeitsgefühl; und es verstärkt beide.«[35)]

Der 30-jährige Pete Beatty hat zurzeit 1474 Twitter-Follower (er selbst ist bei 854 Nutzern als Follower angemeldet). Pete ist ein großer Baseballfan und Fan aller in Cleveland beheimateten Mannschaften. Über diese Themen schreibt er oft in seinen Tweets. Er verbringt mindesten eine Stunde am Tag auf Twitter, und hat über die Jahre auch viele Personen getroffen, die er über Twitter kennengelernt hatte. Mindestens ein Dutzend von ihnen sind jetzt sogenannte »Wanderfreunde«, mit denen er sowohl in Wirklichkeit als auch online Kontakt hält. Einer von ihnen beauftragte Pete sogar damit, über Sport zu schreiben, und wurde so zum Arbeitgeber/Freund/Follower. Manche Follower, die er persönlich trifft, sind anders, als er sich das vorgestellt hatte. »Natürlich sind wirkliche Menschen viel komplexer als eine Reihe von 140 Zeichen. Wenn man sie auf einen Drink trifft, bekommt man durch unterschiedlichste Kanäle Informationen.«[36] Pete beschreibt sich selbst halb scherzhaft als »ein wenig an Platzangst leidend« und fühlt sich mit der Bequemlichkeit der Online-Interaktion sehr wohl, treibt sich aber auch selbst zu Interaktionen in der wirklichen Welt an. Er telefoniert nicht gerne, Telefongespräche empfindet er als zu sehr in seine Privatsphäre eindringend. Insgesamt gesehen, scheint Pete ein typischer Twitter-Fan zu sein, der sich dort mit anderen über seine Interessen austauscht, mit Freunden online und offline in Kontakt steht und durch seinen Wortwitz sogar Aufträge und Dates bekommt.

Und doch sagt Pete über Twitter: »Ich habe mich 2008 bei Twitter angemeldet, aber nur, weil ich eine Bierwette verloren hatte. Ich hielt Twitter für idiotisch.« Aber nun hat er doch sicher seine Meinung geändert? Nein! »Ich finde Twitter immer noch dumm. Es ist eine Ablenkung, ein absurder Wettstreit zwischen Leuten, die sich online in diesem begrenzten Medium messen. Normalerweise bin ich nach zwei Minuten total frustriert und melde mich ab. Aber dann gehe ich doch wieder rein. Ich möchte, dass die Leute auf meine Tweets antworten, dass sie über meine Kommentare lachen. Ich möchte mich von Prominenten unterhalten lassen und mit denen Kontakt aufnehmen, deren Intellekt ich bewundere. Deswegen komme ich immer wieder zurück.« Pete ist nicht der Ansicht, dass sein Verhalten schon als Sucht zu bezeichnen ist. Trotzdem hat er einmal versucht, sein Twittern mit einem Trick einzuschränken; er hat eine Freundin sein Passwort ändern lassen, um sich einer Twitter-»Reinigung« zu unterziehen. »Ungefähr nach drei Tagen gab ich klein bei und bat sie um das Passwort. Ich wollte unbedingt einen Witz über Baseball twittern.«

Die Unzufriedenheit darüber, wie wir heute mit Freunden interagieren, hängt vielleicht manchmal auch mit bestimmten Lebensphasen zusammen. Eine Freundin erzählte mir: »Früher, als ich jünger und Single war, habe ich öfter Freundinnen angerufen, und dann setzten wir uns zusammen und redeten über unsere Gefühle. Diese Gespräche waren oft ziemlich einseitig, man rief eine bestimmte Freundin an, um ihr zu erzählen, was einem gerade Sorge bereitete. Das nächste Mal ging es dann vielleicht hauptsächlich um sie und ihre Probleme. Heute führe ich solche Gespräche nur noch selten. Wenn ich eine existenzielle Krise habe, sind die einzigen Leute, die mir wirklich zuhören, meine Eltern oder mein Mann. Ich weiß nicht, ob das daran liegt, dass meine Freundinnen jetzt fast alle verheiratet sind und man jemanden, der nicht alleine lebt, nicht so schnell anruft, um zu reden, oder ob es daran liegt, dass wir in unserer Gesellschaft einfach nicht mehr so viel telefonieren.« Diese zutreffende Beobachtung sollte uns daran erinnern, dass wir – auch wenn wir durch SMS, Instant Messaging und E-Mail dauernd in Kontakt mit Freunden sind – auch gelegentlich zu dem »ins Private eindringende« Telefon greifen und uns für ein langes persönliches

Gespräch (oder um einfühlsam zuzuhören) auf dem Sofa nieder-
lassen sollten.

Die ganze ambivalente Diskussion über Online-Freundschaften spiegelt miteinander konkurrierende Impulse wider. Wollen
wir etwas Neues, oder ziehen wir das Bekannte und Bequeme
vor? Wollen wir die Aufmerksamkeit vieler Twitter-Follower und
viele Gefällt-mir-Klicks auf Facebook, oder wollen wir uns dem
forschenden Blick der Öffentlichkeit entziehen? Wollen wir uns
neue Freunde in der ganzen Welt suchen, die widerspiegeln, wer
wir heute sind, oder wollen wir unsere alten Freundschaften pflegen, die uns bis zum heutigen Tag begleitet haben? Die Möglichkeiten sind endlos, und die Wahlmöglichkeiten bieten uns Frei-
heiten, sie können aber auch belastend sein. Vielleicht haben
wir manchmal das Gefühl, von diesen vielen Optionen erdrückt
zu werden, aber, wie es die Medienpsychologin Pamela Rutledge
ausdrückt: »Die eigentliche Frage ist nicht ›Was machen die sozialen Online-Netzwerke mit uns?‹ *Wir* sind diese Netzwerke, wir
haben sie selbst erschaffen.«[37]

Online aufwachsen

Wahrscheinlich kann jeder über 30 sein Leben in eine Vor- und
eine Nach-Internet-Ära einteilen. Man hat Freundschaften aufgebaut, bevor sich das Online-Kennenlernen ausbreitete, behält
diese Freunde inzwischen auch online und lernt dort vielleicht
zusätzlich neue kennen. Aber wie ist das bei Jüngeren, für die es
dieses »Vorher« und »Nachher« nicht gibt, deren Freunde schon

immer sowohl als greifbare Personen als auch auf dem Bildschirm existiert haben? Die heute 25-jährige Arikia Millikan bekam ihren ersten E-Mail-Account, als sie acht war, nachdem ihre Mutter ihr einen Hewlett-Packard PC gekauft hatte. Als Arikia in der Highschool war, begann sie, sich in Chatrooms einzuloggen. »Ich fand diese Art der Kommunikation toll, diese Möglichkeit, vom Computer wegzugehen und später wiederzukommen und dann das Gespräch fortzuführen.«[38]

Als Arikia 14 war, entdeckte ihre Mutter eine E-Mail von einem Klassenkameraden. »Sie war sexuell, okay, aber sie war als Scherz gemeint – unschuldiger Kram. Meine Mutter flippte total aus. Sie kündigte unseren Internetanschluss. Den Rest der Schulzeit musste ich in die Bücherei gehen, um ins Internet zu kommen.« Sie konnte dort auch chatten, fühlte sich aber von ihren Gleichaltrigen abgeschnitten, die zu Hause ständig Internetzugang hatten. »Ich verpasste dauernd lange Chats, und ich konnte Beziehungen nicht durchs Internet pflegen. Dieses Gefühl, etwas zu verpassen, war vielleicht der Grund für die Technikleidenschaft, die ich später entwickelte.«

Bevor Arikia 2004 aufs College ging, bekam sie einen Laptop. Es war das Jahr, in dem Facebook für 14 weitere Colleges zugänglich gemacht wurde, darunter auch für Arikias. »Man traf jemanden im Kurs oder so, und dann checkte man ihn sofort auf Facebook«, sagt Arikia. »Man hatte sofort viel mehr Informationen über eine Person, als das je zuvor möglich gewesen war.«

Facebook-Profile zu lesen, bedeutete für sie mehr, als nur nachzuschauen, welche Musikgruppen oder Filme jemand am liebsten mochte, sagt Arikia. Für sie war es ein intuitiver Prozess, und sie suchte dabei nach interessanten Kontakten. »Während meiner College-Zeit habe ich mich mit Leuten, die ganz anders als ich waren, zum Beispiel gegenteilige politische Ansichten hatten, richtig gut angefreundet. Facebook lieferte einen Rahmen, der ausführliche Gespräche ermöglichte. Man hatte Zugang zu Sachen, die die Person einem nicht gesagt hatte, und konnte darüber reden. Wenn man an einem Date mit jemandem interessiert war, durfte es aber nicht so aussehen, als hätte man jede Einzelheit seines Profils gelesen.«

Ich fragte Arikia, ob es angesichts der Bedeutung dieser Profile für das soziale Leben für sie schwierig gewesen war, ihre eigene Facebook-Seite zu gestalten. »Ich war immer ziemlich authentisch«, sagt sie. »Aber man will natürlich von seiner besten Seite gesehen werden, also muss man unvorteilhafte Fotos entfernen und die Updates so gestalten, dass sie die besten Seiten seiner selbst widerspiegeln. Ich war wahrscheinlich weniger gehemmt als andere Leute, wenn es um potenziell diskriminierende Fotos von mir ging, zum Beispiel wie ich auf einer Party Alkohol trank oder so.« Die Studenten wurden von den Administratoren sogar darauf hingewiesen, keine Kommentare oder Fotos zu posten, von denen sie nicht wollten, dass ein zukünftiger Arbeitgeber sie sähe. »Ich ging da locker ran; wenn ein zukünftiger Arbeitgeber irgendetwas Albernes, was ich vielleicht im College getan hatte, gegen mich verwenden würde, dann wäre das sowieso keiner gewesen, für den ich hätte arbeiten wollen.«

Eine prophetische Bemerkung: Heute ist Arikia Online-Redakteurin bei dem US-amerikanischen Technologie-Magazin

Wired. Ihre Leidenschaft für soziale Online-Netzwerke brachte ihr ein Arbeitsangebot ein; ein Mitarbeiter von *Wired* hatte ihre Tweets verfolgt und ihr zunächst einen Auftrag als freie Mitarbeiterin gegeben. Arikia hat noch immer engen Kontakt zu einigen ihrer College-Freunde. Sie glaubt, dass sie einige dabei beeinflusst hat, nach New York zu ziehen, wo sie selbst gleich nach ihrem Studienabschluss hingezogen war. »Ich denke, einige meiner Freunde sind hierhergezogen, weil sie die Schilderungen meiner Erfahrungen in der Stadt auf Online-Plattformen gelesen haben.«

»Ich bin immer online«, sagt Arikia, »außer wenn ich schlafe. Etwa viermal in der Woche gehe ich zu irgendwelchen Events. Die meisten hängen mit Medien oder Wissenschaft zusammen – dort treffe ich Leute und Freunde aus dem Internet und lerne neue Leute kennen.« Ironischerweise lernte Arikia ihre Mitbewohnerin – die ihre beste Freundin ist – auf altmodische Art in einer Bar kennen. Aber das erste Gespräch der beiden drehte sich um nichts anderes als Facebook. »Wir freuten uns, jemanden zu treffen, der die sozialen Online-Netzwerke genauso gut verstand.«

»Soziale Online-Netzwerke bereichern mein Leben so sehr, dass ich anderen gern zeigen möchte, wie man von ihnen profitieren kann«, sagt Arikia. »Für mich sind sie das Werkzeug, um Freundschaften zu festigen, die ohne die neuen Kommunikationsmedien gar nicht erst oder zumindest nicht so schnell entstanden wären.«

Und in Bezug auf Kritikermeinungen, dass ihre Generation narzisstischer und weniger empathiefähig sei und keine richtigen Freunde mehr hätte, sagt Arikia: »Wer so etwas glaubt, hat offenbar noch nicht die vielen Vorteile des Internets erkannt, oder er hat dem Internet vielleicht noch nicht einmal eine Chance gegeben. Diese Leute tun mir leid.«

Auch wenn Arikias soziale Gewohnheiten extrem sind, ist sie sozusagen die Vorhut der heutigen Teenager, die vielleicht schon seit ihrer Kindergartenzeit per E-Mail kommunizieren. Es ist erfreulich, dass Arikia derart positive Erfahrungen gemacht hat, denn es scheint, dass diejenigen, die ihre sozialen Fähigkeiten noch nicht ganz ausgebildet haben, unter dem Mangel an Zeit für »Angesicht-zu-Angesicht-Kontakten« mit Gleichaltrigen (und ihren Eltern) leiden. Eine Umfrage von Forschern der Stanford University bei zehn- bis zwölfjährigen Mädchen ergab, dass mit der Dauer der vor dem Bildschirm verbrachten Zeit die Wahrscheinlichkeit stieg, dass sie emotionale und soziale Probleme bekamen wie zum Beispiel ein geringes Selbstbewusstsein.[39] Außerdem verkehrten sie eher mit Freunden, deren Einfluss auf sie von den Eltern als negativ eingeschätzt wurde. Bei denjenigen, die persönliche Gespräche mit Freunden, Eltern oder Geschwistern führten, zeigten sich diese Probleme nicht. Im Durchschnitt nutzten die Mädchen elektronische Medien erstaunliche 6,9 Stunden pro Tag und sprachen mit anderen in der realen Welt insgesamt 2,1 Stunden täglich.

Larry Rosen hat ebenfalls das Online-Leben von amerikanischen Teenagern untersucht und einige ziemlich aufrüttelnde nachteilige Auswirkungen festgestellt, die wiederum mit langen Nutzungszeiten korrelieren.[40] Zwar können soziale Netzwerke schüchterne Kinder aus ihrem Schneckenhaus locken, wenn sie aber zu viel Zeit vor dem Bildschirm verbringen, steigt die Wahrscheinlichkeit bei ihnen, unter Ängsten, Schlaflosigkeit, Depressionen und Magenschmerzen zu leiden. Jugendliche Facebook-Fans sind narzisstischer und aggressiver als Gleichaltrige, die weniger oder gar keine Zeit mit sozialen Online-Netzwerken verbringen.

Trotzdem beunruhigen Rosen diese Ergebnisse nicht; er ist der Meinung, dass Teenager demnächst wieder weniger Zeit im Internet verbringen werden und dann auch die negativen Folgen für ihre Gesundheit und Entwicklung rückläufig sind. »Für die Teenager von heute sind all diese neuen technischen Kommunikationsmittel – SMS, IM, E-Mail, Internet, all das – ihre Welt. Es ist ein Schwerpunkt ihres Lebens«, sagt Rosen. »Aber das Pendel beginnt zurückzuschwingen, die Teenager merken selbst, dass die virtuelle Welt nicht ausreicht – dass man auch Kontakte in der realen Welt braucht. Sie sind die Ersten, die sich diese Welt zu eigen gemacht haben, und sie werden die Ersten sein, die nach einer Zeit extremer Nutzung elektronischer Medien einen vernünftigen Umgang mit ihnen anstreben werden.«

Für den durchschnittlichen Teenager, der soziale Netzwerke moderat nutzt, verursacht das Online-Verhalten wahrscheinlich keine solchen Probleme, die ohne die elektronischen Geräte nicht aufgetaucht wären. Danah Boyd vom Berkman Center for Internet and Society an der Harvard University hat herausgefunden, dass das Online-Verhalten Heranwachsender meist deren Verhalten im Offline-Leben widerspiegelt. Weil Kinder heutzutage die Welt nicht mehr so leicht entdecken können wie frühere Generationen, ist es nur folgerichtig, dass sie ihre Neugier ausleben, indem sie um die Ecken im Internet rennen, argumentiert sie. Dabei sind Teenager aus problematischen Familien durch ihre Internetaktivitäten eher gefährdet als Teenager aus stabilen Familienverhältnissen. Und Boyd fand heraus, dass Online-Mobbing nicht häufiger stattfindet als Offline-Mobbing. Wenn Kids auf Facebook Gemeinheiten verbreiten oder vor ihren Eltern mit Passwörtern Geheimnisse verstecken, ist das ein ganz normales Teenagerverhalten und kein Grund zu übermäßiger Sorge.[41)] (Allerdings stellten Selbstmorde von Teenagern vor Kurzem ein alarmierendes Zeichen dafür dar, dass extremes Mobbing, welches über soziale Netzwerke verbreitet wird, einen verletzlichen jungen Menschen manchmal durch die öffentliche Demütigung und Zurschaustellung völlig aus der Bahn werfen kann. Wenn also Online-Mobbing auch nicht häufiger als Offline-Mobbing stattfindet, so hat es doch das Potenzial, sehr viel mehr Schaden anzurichten als die Gemeinheiten und Schikanen der Offline-Teenagerwelt.)

Und was das Schicksal der jüngeren Kinder angeht, die heute mit Papas iPad spielen und mit Oma skypen, bleibt abzuwarten, inwieweit ihre sozialen Fähigkeiten von der vor dem Bildschirm verbrachten Zeit beeinflusst werden. Mit Vernunft und Mäßigung sollten auch hier die angeborenen Fähigkeiten der Kleinen, sich Freunde zu suchen, geschützt werden: Treffen Sie mehr Verabredungen für sie zum Spielen und verkürzen die Zeiten mit dem elektronischen Babysitter.

Freunde beherrschen unsere Online-Welt

Es ist nicht genau vorhersehbar, inwieweit uns neue Freundschaften verändern. Aber dass einige Ihrer Freunde derzeit vielleicht nur online existieren, bedeutet nicht, dass sie Ihre Gedanken und Ihr Verhalten nicht beeinflussen würden. In ihrem Buch *Connected!* kommen James Fowler und Nicholas Christakis zu dem Schluss, dass »Essens-, Trink- und Rauchgewohnheiten unserer Freunde, die Hunderte Kilometer weit weg leben, genauso viel Einfluss zu haben scheinen wie die Angewohnheiten unserer Freunde, die um die Ecke wohnen. Verhaltensorientierungen können sich also auch ohne häufigen direkten persönlichen Kontakt verbreiten.« Fowler und Christakis vermuten auch, dass engere Freunde auch künftig unsere Verhaltensweisen und Aktionen stärker beeinflussen werden als weniger enge Freunde – selbst wenn die Meinungen beider gleich häufig auf unseren sozialen Netzwerkseiten auftauchen. (Was sich offensichtlich nicht über soziale Online-Netzwerke verbreitet, ist der Musikgeschmack. Klassische Musik und Jazz ausgenommen, beeinflussten Musikvorlieben anderer Genres die Facebook-Freunde von über vier Jahre beobachteten College-Studenten nicht.[42] Das könnte daran liegen, dass unser Musikgeschmack sich schon in der Jugendzeit festigt, oder dass uns nur enge Freunde dazu bringen können, von ihnen empfohlene Songs anzuhören, während Online-Bekanntschaften uns nicht von unserer geliebten Playlist weglocken können.)

Ihre Freunde werden mehr und mehr zu Nachrichtenredakteuren, indem sie Ihnen über ihre Postings und Tweets empfehlen, welche Artikel aus der Informationsflut Sie lesen sollten, und beeinflussen so Ihr Weltbild, das früher von einer kleinen Gruppe von Berufsjournalisten geformt wurde. Außerdem werden Freunde zunehmend zu persönlichen Kaufberatern – inzwischen beschäftigen sich damit bereits Marketingfachleute. Irfan Kamal vom Bereich digitale und soziale Strategien bei der internationalen Werbeagentur Ogilvy & Mather berichtete kürzlich von internen Untersuchungen, die ergaben, dass Menschen mit zwei- bis siebenmal höherer Wahrscheinlichkeit in ein Fast-Food-Restaurant gehen, wenn ihnen dieses über die sozialen Netzwerkseiten ihrer Freunde empfohlen worden ist.[43]

Paul Adams, Forscher und Designer bei Facebook, sagt voraus, dass das Netz sich neu formiert, und zwar eher um soziale Gruppen als um bestimmte Seiten. »Die Leute wenden sich an ihre Freunde, um Entscheidungen zu treffen«, erklärte er in einer Präsentation.[44] Die Einflussnahme, fügte er hinzu, geschieht durch ganz normale Leute und wird nicht von speziellen »Beeinflussern« – einem Marketingausdruck des letzten Jahrzehnts – erzeugt. Und so stellen auch Sie selbst das Bindeglied zwischen Ihren unabhängigen Freundesgruppen dar. Die Ihnen am nächsten stehen, haben den stärksten Einfluss auf Sie und nicht irgendwelche charismatischen Typen irgendwo weit weg.

Natürlich lassen sich manche Menschen leichter beeinflussen als andere, sagt Adams. Wenn man risikoscheu ist oder tief verwurzelte Gewohnheiten hat, lässt man sich von der enthusiastischen Beschreibung der Abenteuertour eines Freundes durch Costa Rica nicht beeinflussen. Aber die Worte dieses Freundes haben immer noch mehr Einfluss als die eines Prominenten, egal wie berühmt er auch sein mag. Prominente machen uns auf Produkte aufmerksam, aber sie verändern unser Verhalten nicht. Es sind unsere Freunde, die uns durch den Datenmorast führen, der jeden Tag auf uns zukommt. »Wir leben in einer Welt, in der die Informationen exponentiell wachsen. Das hört nicht auf. Wir können nicht alles aufnehmen, daher stützen wir uns verstärkt auf unsere sozialen Netzwerke, um Entscheidungen zu treffen.«

Keine Sorge aber, dass Sie und Ihre Freunde im großen Spiel des Marktes bald nichts anderes als kleine Schachfiguren darstellen. Bedenken Sie, dass dank der sozialen Netzwerke der Einfluss von Freunden heutzutage leichter denn je die politische Landschaft verändern kann. Tina Rosenberg, Expertin für den von Peergroups ausgeübten Druck, untersuchte die Wirkung des Portals Friendfactor.org im vor Kurzem stattgefundenen Kampf um die Legalisierung gleichgeschlechtlicher Ehen im US-Bundesstaat New York.[45] Anstatt einer Kampagne auf Twitter oder Facebook, bei der allen Kontakten gleichzeitig Nachrichten geschickt werden, stellten etwa eintausend derjenigen Personen, die für die Legalisierung kämpften, Seiten auf Friendfactor ein und sandten persönliche Nachrichten an ihre engen Freunde. Jeder Freund wurde gebeten, seinen Regierungsvertreter anzurufen und ihn aufzufordern, die Rechte der Homosexuellen zu unterstützen. Danach erhielt derjenige, der die Nachricht an seinen Freund verschickt hatte, eine Bestätigung, dass der Anruf erledigt worden war.

»Risikoreiche Aktivitäten sind ein Phänomen, das sich aus starken Verbindungen ergibt«, schreibt Rosenberg. »Die Ägypter auf dem Tahrir-Platz wurden durch die Verbindung mit anderen in der Gruppe motiviert. Gemeinsam mit ihren Freunden waren sie bereit, auf die Straße hinauszugehen und mutig Risiken auf sich zu nehmen. Wirkliche Freunde können einen Schalter umlegen, der gewöhnliche Menschen zu Helden macht. Das können Online-›Freunde‹ nicht.« Die Friendfactor.org-Kampagne führte zu achttausend Anrufen bei Senatoren, und das Gesetz zur Legalisierung gleichgeschlechtlicher Ehen wurde verabschiedet.

Sicher sind auch Sie schon einmal Zeuge dieses bizarren modernen Phänomens geworden: Sie sitzen in einem überfüllten Café, und fast alle Gäste starren auf ein Smartphone oder einen Laptop. Die Menschen aus Fleisch und Blut im Raum stellen nur den Hintergrund für die soziale Ebene dar, auf der die Gäste tatsächlich gerade agieren. Die neuesten sozialen Netzwerkseiten beschäftigen sich derzeit damit, hier einen Durchbruch zu erzielen und beide Sphären miteinander zu verbinden. Kürzlich wurden auf einer Konferenz nicht weniger als elf Apps vorgestellt, die den Anwender darauf aufmerksam machen, wenn sich ein potenzieller Freund in seiner Nähe befindet.[46] Ermittelt wird dieser auf der Grundlage gemeinsamer Interessen oder sozialer Verbindungen.

Mir gefällt der Gedanke überhaupt nicht, dass mir plötzlich irgendein anderer Stevie-Wonder-Fan auf die Schulter tippt, während ich gerade meine Kaffeepause mache. Trotzdem werden im Moment gerade Millionen Dollar in die Entwicklung dieser Apps gesteckt, also muss es Leute geben, die sich dafür begeistern. Michelle Norgan, Mitbegründerin einer solchen App namens Kismet sagt: »Damit soll ein Anstoß gegeben werden, die

Leute zu veranlassen, von ihren Handys hochzuschauen und wieder von Angesicht zu Angesicht zu kommunizieren.«[47] Was wieder einmal den Hauptimpuls hinter Online-Freundschaften offenbart: Mit all unseren Geräten und Plattformen wollen wir nur ein freundliches Paradies erschaffen, in dem wir mit Freunden aus Vergangenheit, Gegenwart und Zukunft ungezwungen zusammenkommen und uns Raum und Zeit gestohlen bleiben können.

Das Beste aus Freundschaften machen

Renee Young lernte ihre beste Freundin Connie vor 15 Jahren kennen, als diese ihr als Expertin für Probleme mit Katzen empfohlen wurde. Renee hatte ein Kätzchen in einem Tierladen gekauft, das sich als völlig verstört herausstellte, und daraufhin einen Tierverein um Hilfe gebeten. »Ich hatte überhaupt keine Lust, Connie anzurufen«, erinnert sich Renee. »Ich dachte, sie wäre bestimmt eine verrückte alte Frau mit 25 Katzen, die mir sagen würde, was ich für eine schreckliche Person sei, weil ich ein Tier in einem Tierladen gekauft hatte. Zu meiner Überraschung meldete sich eine Dame mit einem sehr angenehmen, südlichen Akzent am Telefon. Sie war einfach süß.«[1] Connie, die 25 Jahre älter ist als Renee, gewann bald darauf das Herz von deren Kindern, als sie sich in ihrem eleganten Seidenanzug auf Hände und Knie niederließ, um das Kätzchen zu trainieren. Heute reden Connie und Renee jeden Tag miteinander, und jeden Freitagabend essen sie zusammen.

»Von Connie habe ich gelernt, Menschen nicht vorschnell zu verurteilen, wirklich nett zu Tieren zu sein, wertvolle Antiquitäten zu erkennen und ein unwiderstehliches Kartoffelpüree zu machen«, sagt Renee. »Im Laufe der Zeit haben wir Familienmitglieder und Freunde begraben, zwei Scheidungen überstanden (meine und die ihrer Tochter), einen Arbeitsplatz verloren, einen neuen gefunden, haben miterlebt, wie meine Kinder groß wurden und schließlich aufs College gingen, wie Connie Großmutter wurde, haben Liebesbeziehungen anfangen und enden sehen (meine), einen Herzinfarkt überstanden (ihren), zahllose Tiere gerettet, viele Pfunde zugenommen und wieder abgenommen und so viele Abenteuer erlebt, dass ich mich nicht mehr an alle erinnern kann. Ich kann mir mein Leben ohne meine geliebte Connie nicht mehr vorstellen.«

Es liegt in unserem Wesen, Freundschaften aufzubauen und zu pflegen, und Freunde können uns ebenso wie unsere Familie prägen – manchmal sogar stärker. Unsere Eltern (von Ausnahmen abgesehen) lieben uns ganz selbstverständlich; das Vertrauen und die Zuneigung eines potenziellen Freundes müssen wir uns oft verdienen und erarbeiten. Für unsere Eltern gehören wir automatisch zur Familie; Peergroups müssen wir uns zuordnen, vielleicht nehmen sie uns nicht gleich mit offenen Armen auf, und wir können jederzeit wieder aus ihnen ausgeschlossen werden. Unsere Geschwister müssen sich räumliche und andere Gegebenheiten sowie Zeit mit uns teilen; ein Freund kann sich jederzeit andere Freunde suchen, wenn er möchte.

Zu lernen, wie man Freunde gewinnt und mit ihnen auskommt, stellt für Kinder eine wesentliche Aufgabe dar. Es ist die Vorbereitung dafür, später mit Menschen in allen Lebenszusammenhängen auszukommen – mit zukünftigen Kollegen und Chefs, Liebespartnern, Mitbewohnern, Bekannten und natürlich auch mit zukünftigen Freunden. Soziale Fähigkeiten sind die Erfolgsgrundlage vieler Unternehmungen, die uns Glück, Erfolg und Gesundheit bescheren. Wie John Cacioppo, Leiter des Center for Cognitive and Social Neuroscience an der University of Chicago, formuliert, sind Menschen »zwangsweise gesellig«.[2] Das bedeutet, dass wir andere Menschen ganz einfach brauchen. (Darin stimmt Cacioppo mit Aristoteles überein, der vor langer Zeit erklärt hatte, dass Menschen politische Wesen sind.) Wir brauchen über unsere Familien hinaus ein Zusammengehörigkeitsgefühl mit anderen Menschen. Ob wir dieses Gefühl erlangen oder nicht, hängt in einem großen Maße von Freunden ab; Freunde an unserer Seite zu wissen oder nicht, hat in jeder Lebensphase und jedem Lebensbereich Auswirkungen auf uns – ob auf unsere Persönlichkeit oder auf unsere Lebensanschauungen bis zu der Fähigkeit, Krankheiten zu besiegen.

Über das Grundbedürfnis nach zwischenmenschlicher Verbindung hinaus, das durch die Bildung von Freundschaften befriedigt wird, beeinflusst die Mischung und Intensität unserer Freundschaften uns auf tausend verschiedene Arten. Ich vermute aber, dass Sie sich nicht oft Gedanken über diese Auswirkungen machen. Eine Liebesbeziehung stundenlang auseinanderzunehmen ist normal, ebenso wie ausführlich über die Vorzüge verschiedener Erziehungsmodelle zu diskutieren – leidenschaftlich oder sogar selbstgerecht. Aber allgemeine Betrachtungen über die eigenen Freundschaften anzustellen (also nicht nur über den Ärger mit einer bestimmten Freundin oder die Krise in einer Freundschaft) dürfte eher selten sein. Vielleicht liegt es daran, dass Freundschaften als erholsamer Rückzugsort von diesen anderen, fordernderen Beziehungen betrachtet werden. Vielleicht ist uns aber auch nicht bewusst, dass Freunde es wert sind, sich eingehendere Gedanken über sie zu machen. Mag sein, dass der Einfluss eines einzigen Freundes nicht so groß ist wie der einer Mutter, eines Vaters, eines Ehepartners, einer Schwester oder eines Bruders, aber der Einfluss von allen Freunden zusammen ist enorm.

Wir lassen uns dabei beraten, wie wir am besten einen Partner kennenlernen. Vielleicht ist aber doch der beste Weg, eine passende Liebe zu finden, der, mit Freunden auszugehen, die unsere Interessen teilen und uns an Orte mitnehmen, wo wir zukünftige Partner finden können. Und diese Freunde begleiten und beraten uns auch noch bei den Mühen des Kennenlernens und vermitteln uns Sicherheit und Selbstbewusstsein – eben genau jene Eigenschaften, die uns so attraktiv machen. Wir gehen zur Partnerberatung, aber Paare, die sowohl ihre jeweiligen als auch gemeinsame Freundschaften pflegen, haben eine stabilere Beziehung als diejenigen, die sich isolieren. Wir lesen Erziehungsratgeber, aber ein System von hilfreichen Freunden reduziert unseren Stress der Verantwortung für die Kleinen und bietet Kindern eine Vielfalt erwachsener Vorbilder und Perspektiven. Das Sprichwort »Es braucht ein ganzes Dorf, um ein Kind zu erziehen« kann so zu mehr als nur bloßer Rhetorik werden. Wir lesen viele Bücher, wie wir abnehmen können, aber der wirkungsvollste Weg ist vielleicht, mit Freundinnen zusammen zu sein, die fit und gesund sind. Sie helfen uns nicht nur dabei, Sport zu treiben und gesünder zu essen, indem sie uns ein gutes Beispiel geben und uns zu Aktivitäten animieren; allein die menschliche Verbindung wirkt gesundheitsfördernd – denn sie normalisiert zum Beispiel unseren Blutdruck und stärkt unsere Abwehrkräfte. Wir lesen Ratgeber, wie wir Karriere machen und erfolgreiche Bewerbungen schreiben können, aber Freundschaften am Ar-

beitsplatz erhöhen die Produktivität und damit auch die Arbeits-
möglichkeiten. Und wenn wir Zeit mit Freunden verbringen, die
unsere beruflichen Interessen teilen, sind wir über vieles auf dem
Laufenden: über freie Stellen, die aktuelle Arbeitswelt und allgemeinen Klatsch, den wir zu unserem Vorteil nutzen können. Wir
suchen professionellen Rat zur persönlichen Weiterentwicklung,
aber was wir wirklich brauchen, ist die Hilfe unserer Freunde.

Freundschaften aufrechtzuerhalten, um im Leben das zu erreichen, was man sich wünscht, klingt äußerst opportunistisch.
Aber natürlich wären Freundschaften keine Freundschaften,
wenn sie hauptsächlich auf selbstsüchtigen Erwartungen be-
ruhten; sie sind auf einer Zweiweg-Dynamik aufgebaut. Es kann
nicht ein Freund für den anderen nur Einkäufe erledigen, während dieser ihm viele Bedürfnisse erfüllt und ihn auf dem Weg
zum ganz persönlichen Traumziel unterstützt. Und schließlich
muss es zwischen Freunden auch eine emotionale Anziehung
geben. Um die Nähe und Intimität im Laufe der Zeit zu intensi-
vieren, müssen beide Personen Anstrengungen auf sich nehmen.
Man muss ein Freund sein, mit allem nötigen Engagement, um
einen Freund zu haben.

Der Philosoph und Autor Mark Vernon befürchtet, dass das
Nachdenken über die Vorteile von Freunden das Bild der Freundschaft als Ganzes verfälschen könnte: »Indem man sich selbst
ins Zentrum des Universums stellt, wie es bei aller Selbsthilfe fast ausnahmslos der Fall ist, werden alle anderen in diesem
Universum zu Kleindarstellern in der eigenen Lebensgeschichte.
Freunde hören auf, Menschen zu sein, die man als eigenständige Personen kennt und liebt. Man benutzt sie, damit sie die ver-

schiedenen Funktionen ausfüllen, für die man im eigenen Leben einen Begleiter braucht – eine Freundin, mit der man einkaufen geht, eine, bei der man sich ausweint, eine, mit der man lacht, und eine andere, mit der man gegen etwas rebelliert. Freunde werden, kurz gesagt, zu Servicelieferanten. Und wie jeder weiß, ist der Moment, in dem sich ein Freund ausgenutzt fühlt, der Moment, in dem die Freundschaft beginnt auseinanderzubrechen, auch wenn sich Freunde sonst noch so gerne nützlich machen.«[3] Selbsthilfe beruht immer auf einer Kosten-Nutzen-Analyse, schreibt Vernon. Es wird einem zum Beispiel geraten, zu lächeln oder Fremden zu helfen, »nicht weil es gutes Benehmen bedeutet, dankbar und freundlich zu sein, sondern weil das Zurschaustellen von Dankbarkeit und Freundlichkeit verspricht, uns im Gegenzug persönliches Glück zu bescheren ... Die dahinter verborgene Moral ist nicht, andere so zu behandeln, wie man möchte, dass man selbst behandelt wird, sondern man handelt auf eine bestimmte Art, weil man dafür selbst etwas zu bekommen hofft.«

Ich bin nicht der Ansicht, dass eine solch abstrakte Trennung von moralischem Verhalten und Freude im Falle einer funktionierenden Freundschaft möglich ist; eine solche Freundschaft hat jedoch das Potenzial, uns zu unserem besten Verhalten zu motivieren und uns gleichzeitig glücklich zu machen. Und genau das ist von der Natur vorgesehen, indem das Bedürfnis nach Freundschaft als Grundbedürfnis in uns angelegt ist. Man kann echte Freundschaften pflegen, ohne daran zu denken, was man zurückbekommt, und man kann sich für andere engagieren, weil es moralisch richtig ist; man kann aber gleichzeitig auch seine

Freunde sorgfältiger auswählen und bewusst auf die Intensität bestehender Freundschaften einwirken. Freunde zu haben, deren Werte und Lebensanschauungen mit unseren eigenen Bestrebungen übereinstimmen, ist ein wertvolles, langfristiges Ziel. Wenn man gute Freundschaften bewusst und beständig pflegt und sich von denen zurückzieht, die einen negativ beeinflussen, dann werden die echten Freundschaften – deren Basis nicht greifbare Faktoren wie Liebe und Zuneigung bilden – genau die greifbaren positiven Auswirkungen haben, die von der Freundschaftsforschung nachgewiesen wurden.

Man ist seinen Freunden nicht für das zugetan, was sie einem geben können; man mag sie für das, was sie sind. Die Freude darüber, selbst einen guten Einfluss auf sie auszuüben, kann sogar größer sein als die Freude über die Vorteile, die man durch sie hat. Aber ihr guter Einfluss auf uns selbst ist ein wertvoller Nebeneffekt und keiner, den man als Ergebnis eigennütziger Impulse gering achten sollte. Der beste Einfluss, den ein Freund haben kann, ist tatsächlich der auf unsere Moral – er kann uns zu einem besseren Menschen machen.

Es ist eine der größten Freuden der Freundschaft, einen anderen Menschen wirklich zu kennen, Erlebnisse mit ihm zu teilen und die Fähigkeit zu besitzen, ihm das Leben einfacher und schöner zu machen. Glück ist nur ein Nebenprodukt dieses Engagements; es ist nichts, wonach man jagen und was man einfangen kann. Man beginnt keine Freundschaft in Erwartung der Dankbarkeit und Zufriedenheit, die Renee empfindet, wenn sie auf die 15 Jahre ihrer Freundschaft mit Connie zurückblickt, jener Freundschaft mit der verrückten Katzendame, die zu ihrer Seelenverwandten wurde. Aber es reicht schon, sich all die Vorteile zu vergegenwärtigen, die gute Freundschaften mit sich bringen, um bereits den Grundbaustein zur Selbsthilfe zu legen.

Wie viele und welche Freunde brauchen Sie?

Seit Mai 2007 berät Irene Levine, Autorin von *Best Friends Forever,* in ihrem Friendship Blog Frauen, die Probleme mit Freundschaften haben. »Mit der Zeit wurde mir immer stärker bewusst, wie unterschiedlich die Arten von Freundschaften sind, die die Menschen haben und brauchen«, sagt sie. »Ich merkte, dass ich selbst wahrscheinlich ziemlich introvertiert bin, und akzeptierte, dass ich deswegen kein so starkes Bedürfnis nach einer großen Anzahl Freundinnen habe wie andere. Ich mag Zweierfreundschaften mit engen, mir sehr vertrauten Freundinnen. Ich hasse Cocktailpartys und finde Essen in großen Gruppen furchtbar.«[4] Und wie lautet nun ihr Rat für diejenigen, die wie sie selbst aus dem Alleinsein oder dem intensiven Austausch mit einer Freundin mehr Energie gewinnen, anstatt sich in den Trubel großer Zusammenkünfte stürzen zu wollen? »Man muss seine eigene Veranlagung kennen, aber manchmal sollte man sich auch überwinden und in größere Gruppen begeben. Ich gehe manchmal zu solchen Essen, und danach fühle ich mich gut.«

John Cacioppo, Autor des Buches *Einsamkeit: Woher sie kommt, was sie bewirkt, wie man ihr entrinnt,* sagt, es gäbe keine allgemeingültige Antwort auf die Frage, wie viele Freunde man braucht. »Jeder von uns erbt von seinen Eltern ein gewisses Maß an Bedürfnis nach sozialer Einbeziehung (anders ausgedrückt eine Empfänglichkeit für den Schmerz sozialen *Ausschlusses*)«, schreibt er. »Diese individuelle (...) Veranlagung funktioniert wie ein Thermostat und schaltet Notsignale ein und aus, je nachdem, ob unser individuelles Bedürfnis nach Verbindung mit anderen erfüllt ist.«[5] Auf manche wirkt sich soziale Geringschätzung verheerend aus, andere wiederum bemerken sie kaum. Manche können es gar nicht erwarten, all ihre Freunde bei einem großen Fest zu sehen; andere winden sich beim bloßen Gedanken daran schon vor Unbehagen und würden lieber mit jedem einzelnen Freund allein eine Tasse Tee trinken.

Sieht man einmal vom angeborenen Temperament ab, hängt die Zufriedenheit, die man aus der Gesellschaft von Freunden zieht, natürlich auch von der Art von Freunden ab, die man hat. Wenn man einen Freund hat«, sagt Cacioppo, »und dieser nicht die Unterstützung bietet, die man in all seinen Lebensbereichen bräuchte, dann fühlt man sich trotzdem, als würde einem etwas fehlen.«[6] Deswegen, sagt er, befreunden sich Paare mit Kindern mit anderen Eltern. Einerseits sind das natürlich diejenigen, denen sie automatisch begegnen, aber andererseits »sind sie diejenigen, die über diesen Lebensbereich die wichtigsten Informationen haben.«

Wenn man eine Leidenschaft für Baseball hegt und niemanden kennt, mit dem man sich nach einem Spiel austauschen kann, fühlt man sich einsam. Daran ändern dann auch viele andere Freunde nichts, mit denen man über seine Arbeit oder seine Partnerschaft sprechen kann. Die besonderen Probleme, mit denen man konfrontiert ist, können auch ein Maßstab dafür sein, wie viele Freunde man braucht. »Freunde helfen einem dabei, mit den Herausforderungen, die das Leben an einen stellt, fertigzuwerden«, sagt Cacioppo. »Wie viele Herausforderungen hat man, und welcher Art sind sie?« Eltern neigen dazu, sich mit anderen Eltern zusammenzutun, aber Mütter und Väter von Kindern mit Behinderungen brauchen vielleicht Eltern in einer entsprechenden Situation, die sie wirklich verstehen können.

Ideal ist es, verschiedene Freunde zu haben, mit denen man jeweils etwas gemeinsam hat – Lebensgewohnheiten, Interessen oder anvisierte Ziele. Eine andere, amüsante Art, das eigene soziale Leben zu analysieren, ist die Einordnung der Freunde nach Persönlichkeitsstilen. Auch hierbei ist wahrscheinlich eine Mischung davon ideal, oder man könnte auch zu dem Ergebnis kommen, dass einem zum gegebenen Zeitpunkt zwar eine Freundin mit bestimmten Lebensgewohnheiten guttäte, diese jedoch in der Freundesgruppe fehle. Tom Rath benennt in seinem Buch *Vital Friends: The People You Can't Afford to Live Without* acht »hauptsächliche Rollen« für Freunde.[7] Grundlage dafür bilden Interviews, in denen er die Testpersonen fragte, was sie von ihren Freunden bekommen. (Es kann auch sehr aufschlussreich sein, sich selbst auf der Grundlage dieser Rollen einzuordnen. Wahrscheinlich sind Sie etwas anders als jede Ihrer Freundinnen, aber alle zusammen könnten auf etwas hinweisen, das Sie als Freundin anderen geben.)

»Bauarbeiter« sind diejenigen, die einen motivieren und zum Erfolg führen. Die »Kämpfer« machen sich für einen stark, selbst wenn man abwesend ist. »Mitarbeiter« teilen die eigenen Interessen und Überzeugungen. »Gefährten« sind die Wahlverwandten, die um der Freundschaft willen alles für einen tun. »Vermittler« stellen einem ihre Bekannten vor und laden einen zu Events und Partys ein. »Energielieferanten« sind fröhliche, positiv denkende Freunde, die einen aufheitern können, wenn man traurig ist, und einen beruhigen, wenn man aufgewühlt ist. »Anreger« kommen mit neuen Ideen, stellen nachdenkliche Fragen zur eigenen Meinung und helfen einem, Neues anzugehen. Und schließlich unterstützen die »Navigatoren« dabei, Entscheidungen abzuwägen und realistische Wege zur Erreichung eigener Ziele und Träume einzuschlagen.[8]

Wir wissen schon, dass auch Freunde, die sich von uns unterscheiden, sehr wertvoll für unsere Einstellungen im Leben sein können. Daher sollten Sie sich vielleicht einmal an Ihrem Geburtstagstisch umsehen, ob Ihre Gäste Ihnen alle ziemlich ähnlich sind. Wenn das der Fall ist, könnten Sie versuchen, engere Beziehungen zu Bekannten aufzubauen, die bei einer Meinungsumfrage andere Kästchen als Sie ankreuzen würden. Oder streben Sie doch bewusst Gespräche mit Menschen außerhalb Ihres Kreises an in der Hoffnung, dass sich vielleicht eine Freundschaft mit jemandem entwickelt, der ganz anders ist als Sie.

Wenn Sie unzufrieden mit der Bestandaufnahme Ihrer Geburtstagsgäste sind, hat das vielleicht gar nicht mit Ihren Freunden und Freundinnen zu tun, sondern liegt an Ihrer idealisierten Vorstellung, wie eine Gruppe von Freunden aussehen sollte. Wahrscheinlich stehen sich die meisten Ihrer Freunde und Freundinnen untereinander nicht allzu nahe. Die stabile, fest zusammenhängende, exklusive Freundesclique, die im Fernsehen und in Filmen so oft auftaucht, gibt es im wirklichen Leben selten. Die Freunde aus Ausbildungstagen und diejenigen vom Arbeitsplatz verwandeln sich nicht wie durch Zauberhand zu einer zusammenhängenden Gruppe, und Ihre eigene Clique harmoniert nicht unbedingt mit den Freunden Ihres Ehepartners. Wenn Sie das Glück haben, Teil eines gewachsenen, stabilen Freundesclans zu sein, seien Sie dankbar für die Nähe, Sicherheit und das Glück gemeinsamer Erinnerungen. Aber beweisen Sie auch Mut und sehen sich auch abseits um, um so herauszufinden, ob Sie die Rolle, die Ihnen von Ihrem Stamm zugedacht wird, wirklich durchgängig spielen wollen.

Ihre Freundesanalyse sollte zu dem Entschluss führen, Ihre Beziehungen mit denjenigen zu stärken, die den besten Einfluss auf Sie ausüben. Sie könnte Sie aber auch davon überzeugt haben, dass Sie sich langsam aus der Gesellschaft anderer zurückziehen sollten. In dramatischen Fällen kann es Ihnen sogar nötig erscheinen, mit einer Freundin ganz zu brechen, die besonders schwierig ist.

Für diejenigen von Ihnen, die erwägen, ob sie eine Freundin behalten oder sich von ihr trennen sollen, schlägt Irene Levine in ihrem Buch einige klärende Fragen vor, zum Beispiel: Empfinden Sie es als Verpflichtung, wenn Sie sich verabreden, oder freuen Sie sich auf das Treffen? Ist die Freundschaft eine ständige Quelle von Gereiztheit? Steht eine von Ihnen – oder Sie beide sich gegenseitig – der anderen überkritisch bis negativ gegenüber? Fühlen Sie sich emotional ausgelaugt, wenn Sie zusammen sind? Und schließlich – glauben Sie, dass Sie beide vertrauliche Mitteilungen der jeweils anderen für sich behalten?[9]

Sich aus einer Freundschaft zurückzuziehen, wenn die Freundin hilfsbedürftig ist und sich an einen klammert, ist besonders schwierig, weil man sich vielleicht verpflichtet fühlt, sich um sie zu kümmern. Vor allem wenn die Freundschaft schon länger besteht, kann das zum Problem werden. »Unter solchen Umständen ist es besonders schwierig, eine Trennungslinie zu ziehen«, sagt die Psychologin Terry Apter.[10] Vielleicht hat die Freundin Ihnen selbst sogar vor Jahren über eine schwierige Zeit hinweggeholfen, aber jetzt ruft sie ständig mitten in der Nacht an und stört Ihr Familienleben. »Manchmal sieht man, dass es mit einer Freundin wirklich bergab geht, vielleicht ist sie Alkoholikerin oder hat Depressionen. Was können Sie tun, um sie zu retten? Auf diese Frage gibt es keine eindeutige Antwort. Sie müssen sich selbst fragen: ›Was soll ich davon halten? Wie kann ich das mit dem vereinbaren, was in meinem eigenen Leben gerade geschieht? Was kann ich für sie tun und was nicht? Und was bin ich ihr schuldig, verglichen mit dem, was ich meinem Partner, meinen Kindern, meinen Klientinnen, mir selbst schuldig bin?‹«

Die Trennung von Freunden kann sehr schmerzhaft sein, auch weil es, wie im Kapitel »Unterschätzte Freunde« beschrieben (siehe S. 32 f.), dafür kein Protokoll und für die Nachwirkungen keinen anerkannten Trauerprozess gibt. Wenn ein langjähriger Freund gestorben ist, würde es in manchen Firmen noch akzeptiert werden, einen Tag freizunehmen, aber nach dem Ende einer Freundschaft freizunehmen, würde eher skeptische Reaktionen oder sogar spöttische Ungläubigkeit hervorrufen.

Gibt es eine optimale Art, sich von einer Freundin zu trennen? Wie bei so vielen Aspekten im Umgang mit Freundschaft, muss auch hier von Fall zu Fall entschieden werden. Andrea Bonior rät als erste Strategie zu einem langsamen Rückzug. »Sie könnten ihre Telefonanrufe nicht mehr ganz so schnell wie früher beantworten, respektvoll Einladungen ablehnen und nicht mehr so viele Fragen stellen, wenn Sie zusammen sind«, sagt sie. »Das funktioniert allerdings nur, wenn die Freundin diese Hinweise versteht und sich daraufhin von selbst zurückzieht.«[11] Stellt die Freundin einen aber zur Rede, warum man ein verändertes Verhalten zeigt, möchte man oft einen Konflikt vermeiden und findet Entschuldigungen wie: »Oh, ich hatte so viel zu tun.« Dann steht man wieder am Anfang des Prozesses.

Wirklich problematische Beziehungen, in denen eine Person unter einer Persönlichkeitsstörung leidet, erfordern meist eine Konfrontation mit einem beinahe unausweichlich negativen Ausgang. In solchen Fällen, sagt Bonior, ist es dringend erforderlich, die Beziehung ausdrücklich für beendet zu erklären: »Die andere Person wird nicht entzückt sein und oft heftig emotional reagieren.«

Der technische Fortschritt hat eine Trennung von Freunden noch schwieriger gemacht, sagt Bonior. »E-Mail und soziale Netzwerke haben dazu geführt, dass Freundschaften nicht mehr einfach einschlafen. Wenn man früher eine Freundschaft nicht mehr fortführen wollte, reichte eine Veränderung der Umstände – ein Umzug zum Beispiel oder die Änderung des Familienstands –, damit die Freundschaft einschlief. Heute sind solche Umstände keine Entschuldigung mehr. Es ist viel schwieriger geworden, sich aus einer giftigen oder auch nur unwichtig gewordenen Freundschaft zurückzuziehen. Man muss Stellung beziehen, den anderen von seiner Freundesliste löschen.« Darüber hinaus kann es passieren, dass man nach dem Abbruch einer

Freundschaft Seiten im Internet reinigen muss – Bonior hat von Freundinnen gehört, die sich betrogen fühlten und die andere daraufhin im Internet schlechtmachten. Was früher vielleicht ein erzürnter Brief oder ein böser Anruf war, kann heute ein schwer wieder zu entfernender Eintrag auf dem Google-Profil sein.

Den Kreislauf der Einsamkeit begreifen und durchbrechen

In den vielen Briefen, in denen Irene Levine von ihren Leserinnen angesichts von Problemen mit Freundschaften um Rat gebeten wurde, ging es am häufigsten um das Thema Einsamkeit. »Viele Frauen haben das Gefühl, keine Freundinnen und keine Freunde zu haben, und sind völlig ratlos, was sie dagegen tun können«, sagt sie. »Sie suchen nach Wegen, Beziehungen zu anderen aufzubauen, und wenn sie das in höherem Alter noch nicht geschafft haben, wird ihr Zutrauen in die Fähigkeit, Freunde zu gewinnen, immer geringer. In einer Kultur, in der man bei Frauen schätzt, wenn sie bei vielen beliebt sind, kann der Mangel an Freundinnen als schwerwiegender Makel empfunden werden.«[12]

Cacioppos Forschungsergebnisse belegen, dass das Bedürfnis nach sozialem Zusammenhang ein menschliches Grundbedürfnis wie Hunger und Durst ist. Einsamkeit ist das schmerzhafte Signal der Natur, dass uns der Kontakt mit anderen menschlichen Wesen fehlt. Unglücklicherweise sind die Auswirkungen von Einsamkeit über eine längere Zeit derart beeinträchtigend für Körper und Geist, dass sie genau jene Fähigkeiten einschränken, durch die wir Freunde gewinnen und so wiederum den Schmerz der Einsamkeit lindern könnten.[13]

Cacioppo sieht in der Fähigkeit, mit anderen Menschen auszukommen – der Voraussetzung zur Entstehung von Freundschaften –, jene Eigenschaft, die größtenteils den Menschen erst zu dem gemacht hat, was er heute ist. »Die meisten Neurowissenschaftler sind sich darin einig, dass es das Bedürfnis war, immer komplexere soziale Zeichen zu senden, zu empfangen, zu interpretieren und weiterzugeben, das die Ausdehnung des menschlichen Gehirns und die größere Vernetzung innerhalb der Großhirnrinde über einen Zeitraum von Zehntausenden von Jahren angetrieben hat.«[14]

Chronische Einsamkeit, das haben Cacioppos Untersuchungen gezeigt, steht in Zusammenhang mit Depressionen, Herzkranzgefäßproblemen, Schlafstörungen, zu hohem Blutdruck und einem erhöhten Risiko von Altersdemenz. Sie löst auch Gedanken und Verhaltensweisen aus, die mit der Zeit zu einer tragischen, sich selbst erfüllenden Prophezeiung werden: Cacioppo hat zum Beispiel herausgefunden, dass sich junge Erwachsene, je einsamer sie waren, umso mehr von der Welt zurückzogen, wenn sie unter Anspannung standen. Einsame Menschen, die sich die Mühe machen, Kontakt zu anderen aufzunehmen, empfinden positive soziale Interaktionen als weniger stimmungsaufhellend als nicht einsame Menschen. Wenn jemand, den sie kennen, etwas besonders Schönes erlebt, können sich einsame Menschen weniger als andere mitfreuen. Das isoliert sie wiederum von den Freunden, die sie haben: »Untersuchungen zeigen, dass gemeinsame Freude und die Fähigkeit, aus positiven Ereignissen das Allerbeste zu machen, für eine gut funktionierende Ehe oder andere enge Beziehungen wichtiger sind, als den anderen in schweren Zeiten zu unterstützen«, schreibt Cacioppo. Einsame Menschen entwickeln mit der Zeit eine misstrauische und negative Sicht auf die Menschen im Allgemeinen. »Die durch Einsamkeit herbeigeführte zynische Weltanschauung, die sich in Entfremdung und mangelndem Vertrauen zu anderen äußert, trägt nun wiederum zu tatsächlicher sozialer Zurückweisung bei. (...) Wenn man lange genug den subjektiven Eindruck hat, zurückgewiesen zu werden, wird man mit der Zeit sehr wahrscheinlich tatsächlich mit der Zurückweisung konfrontiert, die man eigentlich fürchtet.«

Diese Zurückweisung wiederum führt zum Verlust an Zielstrebigkeit. »Das unterminiert die stillschweigende Vereinbarung einer Gesellschaft – Selbstregulierung im Austausch mit sozialer Akzeptanz –, auf der die persönliche Identität beruht und die eins der grundlegenden Organisationsprinzipien der menschlichen Gesellschaft ist. Es verwundert nicht, dass Einsamkeit einen Risikofaktor für den Selbstmord darstellt.«

Auch hier wirkt wieder der Matthäus-Effekt. Drastisch ausgedrückt geht es darum: Fühlt man sich wohl, weil man gute Verbindungen zu anderen hat, erntet man noch mehr Zuwendung, hat man jedoch keine Freunde, bekommt man mit der Zeit immer mehr soziale Probleme. Und auch in anderer Hinsicht sind die sozial Unglücklicheren benachteiligt: Glücklichere und weniger einsame Menschen verdienen mehr Geld als einsame Seelen. Im Zusammenhang damit ergab eine Untersuchung, die Sigal Barsade und seine Kollegen mit den Aussagen von 650 Arbeitnehmern durchführten, dass Einsamkeit an der Arbeitsstelle zu geringerer Produktivität führt.[15] Natürlich können sich Einzelne von den Bürocliquen ausgeschlossen fühlen, aber manchmal scheint die gesamte Firmenkultur Freundlichkeit bewusst zu fördern, anstatt wie an anderen Arbeitsplätzen ein produktives lockeres Miteinander unter den Angestellten zu verhindern.

Auch wenn es einige Menschen mit sozialen Schwierigkeiten gibt, die sich am äußersten Ende des Einsamkeitsspektrums befinden, verfügen die Einsamen im Allgemeinen ebenso über die Fähigkeit, Freunde zu gewinnen, wie alle anderen auch. »Sich einsam zu fühlen heißt noch nicht, Defizite bei den sozialen Fähigkeiten zu haben. Probleme entstehen erst dann, wenn das Gefühl der Einsamkeit den Einsatz der Fähigkeiten, die man hat, mehr und mehr verhindert«, schreibt Cacioppo.[16]

Introvertierten wird häufig unterstellt, dass sie schüchtern und unbeholfen sind, dabei verfügen sie häufig über die gleichen sozialen Fähigkeiten wie ihre geselligeren Mitmenschen. Und da sie weniger Freunde brauchen, um sich in der Welt zu Hause zu fühlen, sind sie meist auch nicht einsamer als Extrovertierte. Wenn sie sich jedoch erst einmal einsam fühlen, ist es für die Introvertierten schwerer, wieder Verbindungen aufzubauen, sagt Cacioppo, weil sie nicht so häufig unterwegs sind und unter Leuten kommen wie Extrovertierte.[17]

In Zusammenarbeit mit Christakis und Fowler hat Cacioppo auch untersucht, wie sich Einsamkeit innerhalb von Freundesgruppen verbreitet. »Wenn eine Versuchsperson sagte, dass sie sich einsam fühlte, lag die Wahrscheinlichkeit um 52 Prozent höher als bei Nicht-Einsamen, dass ihre engsten Kontakte sich zwei

Jahre später auch einsam fühlten.[18] Cacioppo erklärt das folgendermaßen: »Stellen wir uns vor, wir beide wären Nachbarn und gute Freunde. Aus einem Ihnen unbekannten Grund werde ich zu jemandem, der sich einsam fühlt. Ich fange an, mich negativer zu verhalten, ziehe mich mehr und mehr zurück, bin nicht mehr so offen, nicht mehr so großzügig wie Sie. Mit der Zeit ziehen Sie sich wahrscheinlich aus der Freundschaft zurück, weil es einfach angenehmer ist, nichts mit mir zu tun zu haben. Zuerst war nur ich einsam, aber dann habe ich diese Einsamkeit auf Sie übertragen, denn – sehen Sie – Sie haben einen Freund verloren. Obwohl wir physisch an der gleichen Stelle geblieben sind, haben wir uns weiter an den Rand des gesellschaftlichen Netzwerkes bewegt, denn wir haben einen Freund weniger.«[19]

Dieser Mechanismus wird dadurch noch verstärkt, dass negative soziale Interaktionen weitaus mehr Gewicht haben als positive. Man kann einen ganzen Tag lang nur nette Kollegen, Kassiererinnen, Mitreisende im Vorortzug und so weiter um sich herum haben, doch dann versetzt einen eine einzige kleine Kabbelei mit einer übellaunigen Kellnerin in eine miese Stimmung, die man nicht wieder loswird. Das bedeutet, sagt Cacioppo, »wenn wir Nachbarn und Freunde wären, und ich würde mich Ihnen gegenüber mürrisch verhalten, steigt die Wahrscheinlichkeit, dass Sie wiederum zu jemand anderem auch unfreundlich sind. Sie verlieren also nicht nur mich als Freund, Sie gefährden auch noch Ihre anderen Freundschaften. Ihre anderen Freunde könnten diesen Mechanismus nun mit weiteren negativen Interaktionen fortführen.«[20]

Cacioppo und seine Kollegen haben uns damit deutlich vor Augen geführt, welche Gefahr ein Leben ohne Freunde für unsere Einstellungen, unser Glück und unsere Gesundheit bedeuten kann – und damit für das Funktionieren von Gemeinschaften und unserer Gesellschaft als Ganzes. Dennoch verkündet Cacioppo eine zuversichtliche Botschaft: »Ich glaube, dass mit etwas Ermunterung fast jeder aus dem Gefängnis gestörter sozialer Wahrnehmung heraustreten und lernen kann, sein selbstschädigendes Verhalten zu verändern. Mit anderen Worten – was sich wie ein Gefangensein in der Einsamkeit anfühlt, muss kein lebenslanger Zustand sein.«[21]

»Meine Klientinnen erzählen mir oft, dass sie sich aufdringlich vorkommen«, berichtet Andrea Bonior über diejenigen, die auf der Suche nach mehr Freundinnen sind.[22] Wenn man sich mit jemandem unterhält und einen freundschaftlichen Funken überspringen fühlt, soll man ihn dann fragen, ob er auf einen Kaffee mitkommt? Oder kommt das nicht gut an? »Beim Daten kennt man die Regeln«, sagt Bonior. »Nach kurzer Zeit weiß man bereits, ob jemand Interesse an einem hat oder nicht. Es ist wirklich etwas angsterzeugend, wenn man sagt: ›Ich gehe aus, um Freunde kennenzulernen‹, weil es ein so unbestimmter Prozess ist.«

Aber genau das tat die Journalistin und Internetproduzentin Rachel Bertsche – ein Jahr lang ging sie zu 52 »Freundinnen-Dates«, um die Einsamkeit zu bekämpfen, die sie empfand, seit sie wegen der Arbeit ihres Mannes mit ihm nach Chicago gezogen war.[23] Obwohl Rachel glücklich verheiratet ist und sehr viel Unterstützung von ihren jetzt weit entfernt lebenden Familienangehörigen und Freundinnen erhält, vermisste sie den persönlichen Kontakt und beschloss, ein Experiment zu starten.

Rachel beschrieb ihre Abenteuer beim »Freundinnen-Dating« in dem Buch *MWF Seeking BFF: My Yearlong Search for a New Best Friend* (MWF – Kürzel für verheiratet, weiß, weiblich – sucht BFF – Kürzel für beste Freundin –: Mein Jahr auf der Suche nach einer neuen besten Freundin). Rachel hatte etwas Angst davor, Frauen zu treffen, um Freundschaften zu schließen, aber die meisten freuten sich, zu Freundinnen-Dates eingeladen zu werden. »Einsamkeit ist mit einem Stigma versehen«, sagt Rachel. »Wenn man sagt, man hat keine Freunde, fragen sich viele, was mit einem nicht stimmt. Ich hatte Angst, den Leuten zu sagen, dass ich Freundinnen suchte, weil ich nicht wie eine Verliererin wirken wollte. Aber tatsächlich konnten viele meine Situation nachvollziehen.«

Ein unerwarteter Nebeneffekt bei Rachels Experiment (das ihr viele enge Freundschaften einbrachte) war ein Gefühl persönlicher Entfaltung. »Vorher habe ich eigentlich nur Sachen gemacht, die ich schon kannte. In diesem Jahr habe ich viele neue Dinge angefangen: Ich bin einem Lesezirkel beigetreten, habe einen Kochkurs mitgemacht und einen Improvisations-Schauspielkurs besucht. Dadurch hat sich mein Horizont erweitert. Vorher bin ich nur zu Kursen gegangen, wenn jemand mitkam, den ich schon kannte. Der Improvisationskurs war nicht nur eine tolle Herausforderung, er half mir auch dabei, mit Leuten in Kontakt zu kommen, weil erste Gespräche immer Improvisation erfordern. Inzwischen rede ich mit jedem, der mir in die Quere kommt. Ich habe einen sozialen Muskel aufgebaut.«

Der Grund für Rachels Bedürfnis nach neuen Freundinnen war ein Umzug, aber manchmal kann man sein soziales Leben auch einfach dadurch verbessern, dass man in eine neue Umgebung zieht, ohne sich dort besonders zu exponieren. Cacioppo erinnert sich daran, wie in den 1960er-Jahren die in den USA bekannte Städtebaukritikerin Jane Jacobs kleine, lebendige Gemeinschaften propagierte, in denen die Menschen nahe beieinander wohnen und arbeiten. »Sie schreibt über das größere Vertrauen und das Gefühl von Verbundenheit sowie über die sich daraus ergebenden bereichernden und beglückenden Zufallsbegegnungen. Ich kann ihre Erfahrungen nur bestätigen, denn meine Frau und ich wohnen in genau so einem kleinen Ort. Alle kennen die Kinder und Haustiere ihrer Nachbarn und sind sogar über das Wachstum der Pflanzen neben den Eingangsstufen auf dem Laufenden.«[24]

Auch die Umgangskultur an einem bestimmen Ort hat Einfluss auf dessen Bewohner und deren Freundschaften. »Wenn man in einer Gegend wohnt, wo die Leute sehr konkurrenzbetont und materialistisch sind«, sagt Cacioppo, »kann das dazu führen, dass negative soziale Interaktionen stärker ins Gewicht fallen, als wenn die Leute sich umeinander kümmern und großzügiger sind, weil sie nicht ihren eigenen Status dadurch erhöhen wollen, dass sie den des anderen herabsetzen.«[25] So hängt zum Beispiel auch die Angst der Menschen vor Verbrechen in einer bestimmten Gegend nur zum Teil damit zusammen, wie viele Verbrechen dort tatsächlich verübt werden. Es gibt auch einen Zusammenhang damit, wie viele Fernsehsendungen kriminellen Inhalts die Leute sehen. »Daran, wie viele dieser Sendungen die Leute sehen, kann man abschätzen, wie einsam sie sich in ihrer Umgebung fühlen. Die Leute fühlen sich isoliert, weil sie denken, dass es unsicher ist, aus dem Haus zu gehen.«

Joseph, 45, erinnert sich an zwei Gelegenheiten in seinem Leben, bei denen ein Wohnortwechsel sein soziales Leben verbessert hat. »Als ich mit Anfang 20 in Philadelphia wohnte, fühlte ich mich sehr isoliert«, sagt er. »Dann nahm ich in einem Sommer einen Job auf einer griechischen Insel an. Die Leute da waren entweder glückliche, freundliche Urlauber oder Angestellte in den Restaurants und an anderen Touristenplätzen. Man sah immer wieder dieselben Gesichter, und da viele Leute aus anderen Ländern kamen, gab es sofort eine Art kameradschaftliches Verständnis füreinander. Das machte es sehr einfach, Freunde zu finden und einfach zusammen am Strand oder an der Bar abzuhängen.«[26] Vor kurzer Zeit ist Joseph, der jetzt in New York lebt, aus der geschäftigen Gegend von Manhattan nach Queens gezogen, einem ruhigeren Stadtteil. Wenn Joseph früher in Manhattan in sein Café um die Ecke ging, wusste er nie, wer von den Gästen vielleicht Nachbarn von ihm waren; viele waren Touristen, andere arbeiteten in der Gegend und hatten kein Interesse daran, hier jemanden kennenzulernen. Jetzt sitzt Joseph wieder regelmäßig in seinem Café um die Ecke, aber diesmal winkt er der Hälfte der Gäste zu, und mit einigen unterhält er sich auch. Da es hier keine großen Bürohäuser oder Touristenattraktionen gibt, herrscht eine Atmosphäre ähnlich wie in einer Kleinstadt. »Die Leute haben mehr Interesse an sozialer Interaktion, es werden viel häufiger mal ein paar Worte gewechselt«, sagt Joseph. »Es ist, als gäbe es mehr Zusammenhalt zwischen den Leuten. Das öffnet auch das Tor für Freundschaften.«

Wenn Sie aber im Moment nichts an Ihren Lebensumständen ändern können und erfolglos versuchen, Freunde zusammenzutrommeln, dann können Sie die Einsamkeit durch ein wenig Nostalgie lindern. Eine Untersuchung ergab, dass einsame Menschen, die in Erinnerungen an frühere Zeiten schwelgten, das mit dem Ziel taten, ihr Gefühl eines sozialen Zusammenhangs zu stärken.[27] Ein wenig in alten Fotos und Briefen von Freunden zu wühlen (nicht zu lange, Sie wollen ja nicht in der Vergangenheit versinken, anstatt ihre Zukunft zu gestalten), kann einen daran erinnern, dass man früher innige Kontakte hatte und also auch die Fähigkeit besitzt, ebensolche Kontakte wieder aufzubauen.

Die meisten fühlen sich etwas beklommen, wenn sie mit Fremden sprechen oder versuchen, einen neuen Kontakt anzubahnen, aber es gibt einige Menschen, die damit besonders große Probleme haben, nämlich diejenigen, die unter einer sozialen Angststörung leiden. Diese erschwert es ihnen, Freunde zu finden, obwohl sie selbst eigentlich großartige Freunde sein können. Symptome der sozialen Angststörung sind zum Beispiel, dass man vor anderen extrem gehemmt ist, man in Gegenwart von Fremden rot wird und zu schwitzen anfängt, und dass man sich schon Tage oder sogar Wochen vor einem sozialen Ereignis fürchtet.[28]

Meist wird die Technik der kognitiven Verhaltenstherapie eingesetzt, um den unter einer sozialen Angststörung Leidenden zu helfen, und die Methoden dieser Therapie können auch diejenigen anwenden, bei denen die Symptome nur in leichter Form auftreten. »Die Therapeutin gibt den Patienten kleine Hausaufgaben«, sagt Bonior. »Vielleicht klingt es albern, aber für Menschen, die nicht an Interaktionen von Angesicht zu Angesicht gewöhnt sind, ginge es zum Beispiel darum, dass sie im Lebensmittelladen mit dem Verkäufer ein paar Worte wechseln, dass sie während des Sprechens ihrem Gegenüber in die Augen schauen, oder dass sie während eines Gesprächs eine weiterführende Frage stellen. Diese kleinen Übungen bringen die sozialen Säfte zum Fließen.«[29] Kleine Siege führen zu einer größeren Bereitschaft, weiter zu experimentieren. Schließlich lässt die Angst vor dem überwältigenden Dröhnen der sozialen Welt nach.

Für Autisten ist die soziale Welt nicht nur angsterzeugend, sondern auch ein großes Rätsel. Lynn Soraya leidet am Asperger-Syndrom, einer Form des Autismus. Sie ist im Alltag sehr leistungsfähig und hat sogar eine bevorzugte Position inne, wie sie für von diesem Krankheitsbild Betroffene nicht selbstverständlich ist, weil sie hochintelligent ist und ihr die durch die Krankheit gesetzten Grenzen bewusst sind. Doch auch der Vergleich mit denjenigen, die schlimmer dran sind, kann sie die vielen Augenblicke nicht vergessen machen, in denen sie sich einsam gefühlt hat. Obwohl sie schon immer ein starkes Bedürfnis nach Freundschaften hatte, fehlte ihr die Fähigkeit, Freunde zu gewinnen. Heute ist Lynne Mitte 30 und wohnt mit ihrem Ehemann und drei Stiefsöhnen im mittleren Westen der USA. »Manchmal fühle ich mich noch einsam, aber ich bin sozial gesehen sehr viel erfolgreicher, als ich es jemals gewesen bin«, sagt sie.[30] Lynne beschreibt die Interaktion mit Nicht-Autisten, als würde man über »eine neurologische Barriere hinweg sprechen«, ähnlich kulturübergreifenden Beziehungen. »Wenn man erst einmal die Unterschiede im Denken, im Aufeinander-Zugehen und in der Kommunikation verstanden hat, ist das sehr hilfreich, um die Kluft zu überbrücken. Trotzdem fühle ich mich oft noch falsch verstanden.«

Als Kind hatte Lynne häufig wenigstens eine gute Freundin, aber als diese Beziehungen irgendwann endeten, hat sie das jeweils sehr hart getroffen. »Ich dachte, dass mit mir etwas nicht stimmte und die Leute mich nicht mochten.« Im Rückblick weiß sie, dass sie Zuwendung nicht auf die übliche Art ausdrückte und die anderen dadurch den Eindruck gewannen, dass sie sie nicht mochte. Wenn Kinder mit ihr in Kontakt treten wollten, verstand sie oft die ersten Schritte dabei nicht. »Ich bin so oft zurückgewiesen und geärgert worden, dass ich skeptisch geworden war, ob die Leute mich wirklich mochten. Also blieb ich lieber auf Distanz.«

Heute sucht sich Lynne ihre Freunde in strukturierten Umgebungen, wo die anderen ihre Interessen teilen, wie zum Beispiel bei Freiwilligenprojekten. Aber der Gedanke, mit einem völlig Fremden freundschaftlichen Kontakt aufzunehmen, macht sie noch immer nervös. Und es gelingt ihr auch noch nicht durchgehend, ihren Freunden das zu geben, was diese benötigen. »Ich bin zum Beispiel sehr motiviert, jemandem bei einem Problem zu helfen, aber dann merke ich nicht, wann der andere eine tröstende Geste braucht. Eigentlich heißt die goldene Regel ja: Behandle die anderen, wie du selbst behandelt werden möchtest. Aber weil die anderen anders als ich sind, ist das, was ich möchte, nicht unbedingt das, was sie möchten.«

Aber Lynne hat große Fortschritte darin gemacht, ihre Körpersprache zu verändern, und sie hat ihre Fähigkeit verbessert, das Verhalten anderer zu deuten. Dass ihr das möglich wurde, führt sie auf die genaue Beobachtung anderer Menschen, Psychologie-Bücher und einen Theaterkurs an der Highschool zurück. Man muss sich selbst nicht verändern, um einen echten Freund zu finden. Diese Mühe würde auch dem Ziel zuwiderlaufen, einen Menschen für sich zu gewinnen, der einen wirklich versteht und auf den man sich beziehen kann. Aber es ist sinnvoll, sich so weit anzupassen, um sich zumindest in Gruppen innerhalb des sozialen Lebens bewegen zu können – schließlich bilden diese den Garten, in dem man echte Freunde pflücken kann.

Häufige Probleme in Freundschaften und wie man trotzdem ein guter Freund ist

Jacob, der Technikfeind, den wir bereits aus dem Kapitel »Düstere Prognosen« (siehe S. 270 ff.) kennen – jener ohne Handy und ohne Facebook-Seite –, ist ein beispielhafter Freund und hat viele langjährige, loyale Freunde, denen er ebenso zugeneigt ist. »In meinen Zwanzigern und Dreißigern gab es immer wieder lange Phasen ohne Liebesbeziehung, dadurch hatte ich mehr Zeit für Freunde«, erklärt er. »Und eine Familie, die keineswegs dysfunktional ist, jedenfalls nicht auf eine extreme Art, die mir aber nicht sehr viel Anregungen gibt, hat mein Interesse an engen Freundschaften noch vergrößert.«[31] Jacob meint, dass er von zwei anderen Studenten im College gelernt hat, ein guter Freund zu sein. »Es wird zu einem positiven Kreislauf, denn wenn man merkt, wie viel Freunde einem bringen können, ist man selbst wieder bereit, mehr zu investieren. Weil ich anfangs so gute Erfahrungen gemacht habe, wurde mir bald klar, dass es sich für mich lohnt, Freundschaften zum Wichtigsten in meinem Leben zu machen.«

»Ich habe einmal ein Zitat gelesen, in dem ein berühmter Schriftsteller zu einem anderen sagte: ›Wenn du nicht bereit bist, dich manchmal langweilen zu lassen, kannst du keine Freunde haben‹«, sagt Jacob. »Manchmal reden Freunde ewig über ihre Mutter oder irgendetwas, das dich nicht wirklich interessiert. Aber es geht nicht nur darum, was sie für dich tun können, es ist etwas Tieferes. Man kann nicht erwarten, immer gut unterhalten zu werden oder dass immer alles hundertprozentig auf Gegenseitigkeit beruht.« Jacob, dessen Wohnung ideal dafür geeignet ist, Leute einzuladen, und der gerne Partys feiert, sagt: »Ich würde jemanden ohne Weiteres zehnmal zum Essen einladen, auch wenn ich selbst nie zu ihm eingeladen werde. Wenn man anfängt, kleinlich zu werden, hat man am Schluss gar keine Freunde.«

Jacob ist dafür bekannt, dass er sich sehr für die wichtigen Entscheidungen seiner Freunde interessiert und ihnen Ratschläge und Feedback gibt. Es kommt aber auch mal vor, dass seine ehrlichen Worte nicht so gern gehört werden. Anders herum ist aber auch Jacob nicht immer entzückt über das, was er zu hören bekommt. »Ich bin ein Heuchler, wie alle anderen auch. Und weil ich mir wünsche, mich immer wie der ideale Freund zu verhalten«, sagt er mit einem etwas schiefen Lächeln, »freue ich mich nicht gerade, wenn man mich darauf hinweist, dass mein Verhalten manchmal nicht so einwandfrei ist.«

Henry Alford, der Experte für Etikette aus dem Kapitel »Düstere Prognosen« (siehe S. 270 ff.), meint zu der schwierigen Frage, wann Ehrlichkeit mit einem engen Freund in Grobheit ausartet: »Ich fand es großartig, als ein Freund, an dessen Schulter ich mich einmal ausweinte, mich daraufhin fragte: ›Willst du einen Rat, oder willst du Trost?‹ Das ist eine wesentliche Unterscheidung. Wenn wir diese Frage nicht stellen, müssen wir uns auf unsere Intuition und vorangegangene Erfahrungen stützen. Ist der Freund ein Mensch, welcher mit Offenheit umgehen kann, oder ist er eher jemand, den man mit Samthandschuhen anfassen muss? Wenn es jemand ist, den man sehr gut kennt, lässt sich diese Frage durchaus beantworten. Wenn nicht, ist es besser, auf Nummer sicher zu gehen, außer von der Antwort hängt zu viel ab (wenn ihre Freundin beispielsweise gleich einen Fernsehauftritt und Spinat zwischen den Zähnen hat).«[32]

Alford schlägt vor, den Gegenstand einer beabsichtigten Kritik (z. B. Beruf, Familie, Kleiderwahl) auf seine persönliche Bedeutung für die Freundin zu überprüfen. »In welchem dieser Bereiche ist sie sehr empfindlich? Jeder hat seine eigenen Verletzlichkeiten. Bei mir kann man ruhig über mein Äußeres herziehen, aber man sagt besser nichts Negatives über meine Intelligenz! Wenn zum Beispiel jemand über einen bestimmten Bereich seines Lebens Witze macht, dann heißt das im Allgemeinen, dass es in Ordnung ist, wenn der Freund auch Witze darüber macht.«

In seinem Buch *Friendship* bezieht sich Daniel Hruschka auf Untersuchungen der Ursachen von Freundschaftskonflikten; am häufigsten wird es zum Problem, wenn man nicht genug Zeit füreinander hat.[33] Mit jemandem Zeit zu verbringen ist ein sicherer Hinweis darauf, dass man ihn schätzt; und kein Freund möchte das Gefühl haben, nicht geschätzt zu werden. Aber hier scheint sich ein Paradox aufzutun. Freunde können uns in so vielen Lebensbereichen helfen, und oft wollen wir auch gern mehr Zeit mit ihnen verbringen, als wir das tatsächlich tun. Trotzdem schieben wir das Kontaktieren von Freunden und das Planen eines Treffens mit ihnen meist ans Ende unserer To-do-Liste.

»Weil Freundschaften als etwas Freiwilliges und Vergnügliches betrachtet werden, sind sie das Erste, das eingeschränkt wird, wenn man verstärkt von häuslichen Pflichten und Arbeiten in Anspruch genommen wird«, sagt der Soziologe Dalton Conley.[34] »Wir verbringen mehr Zeit mit unseren Kindern, als unsere Eltern mit uns verbrachten, wir arbeiten mehr als unsere Eltern, und was haben wir noch aufgegeben außer dem Schlaf? Wir haben die Freundschaft aufgegeben. Wir werfen vielleicht unterwegs eine Beruhigungstablette ein, aber wir haben die soziale Cocktailstunde aufgegeben.«

Für Jacob, der jetzt heiraten will, stellt bei Paaren die fehlende Zeit ein grundsätzliches Problem bezüglich der Pflege von Freundschaften dar. »Ich arbeite viel, und wenn meine zukünftige Frau und ich ein paar Abende gemeinsam verbringen wollen, dann noch jeder einen Abend für sich haben möchte, wir dann noch einen wollen, um einfach nur dazusitzen und nichts zu tun, dann bleibt noch ein Abend in der Woche, um mit Freunden auszugehen. Es liegt nicht daran, dass man es nicht möchte, es ist einfach die Wirklichkeit des modernen Lebens. Wenn man Freunde nach der Häufigkeit des Treffens kategorisieren würde, gäbe es die Kategorien: ›einmal die Woche‹, ›einmal im Monat‹, ›einmal im Vierteljahr‹ und ›einmal im Jahr‹. Wenn ein Freund heiratet, wird man eine Kategorie zurückgestuft. Wenn die beiden das erste Kind haben, wird man noch einmal herabgestuft, das Gleiche beim zweiten Kind. Wenn sie ein drittes Kind bekommen, dann ist man weg vom Fenster.«[35]

Die Psychologin Terri Apter meint, dass der größte Luxus, den man in der Fernsehserie »Sex and the City« gezeigt bekam, aus Zeit bestand. »Die Serie war nicht nur wegen des Sex oder der Kleidung so reizvoll, sondern da waren ein paar Freundinnen, die viel Zeit füreinander hatten. Das war der Kernpunkt der ganzen Fantasie.«[36]

Es wird oft davon abgeraten, Freunden Geld zu leihen, weil das zu Problemen unter Freunden führen könnte. Hruschka fand jedoch heraus, dass die US-Amerikaner ihren Freunden regelmäßig Geld leihen.[37] Auch das Geldausgeben für Freunde kann einen in Verlegenheit bringen und unangenehme Situationen auslösen. Der Freund mag ja dankbar dafür sein, sich aber gleichzeitig auch schlecht fühlen, wenn er nicht genug Geld hat, um sich auf gleiche Art erkenntlich zu zeigen. Jacob, der einen gut bezahlten Job hat, lädt seine Freunde gerne ein. Manchmal verwendet er sogar große Mühe darauf, diesen Umstand zu verschleiern, damit sie sich deswegen nicht unwohl fühlen. »Einmal habe ich im Restaurant vorgegeben, dass ich eine Wette mit meiner Verlobten verloren hatte und deswegen jetzt ihre Freunde zum Essen einladen musste.«[38] Jacobs Großeltern, die er sehr bewundert, luden häufig andere zum Essen ins Restaurant ein, und Jacob gefällt es, diese Tradition fortzuführen. »Außerdem habe ich das Gefühl, dass ich mit meiner Arbeit großes Glück hatte. Ich will nicht verantwortungslos mit meinem Geld umgehen, aber es wäre auch nicht richtig, es zu horten, da ich mich nicht besonders anstrengen musste, um es zu verdienen. Außerdem haben mir andere Freunde geholfen, als ich selbst keinen Penny besaß. Und andere einzuladen macht mir Freude, es hat also auch einen egoistischen Aspekt.«

Ein Manager in den Fünfzigern erzählte mir, dass er seit der Rezession häufig miterlebt habe, dass es zwischen Freunden Probleme wegen des Geldes gab. »Wenn es Männern finanziell schlecht geht, ziehen sie sich zurück. Die Freundschaften mit ihnen werden dann komplizierter, weil sie nicht zugeben wollen, dass es ihnen nicht gut geht. Es ist anders als bei jungen Männern, die auch in einer schwierigen Situation noch aus einer Perspektive der Hoffnung sprechen können. Ich dachte immer, in meinem Alter würde es leichter werden mit meinen Freundschaften, vor allem da ich viele meiner Freunde schon seit Langem kenne, aber tatsächlich habe ich jetzt öfter das Gefühl, dass es Brüche in den Beziehungen gibt, die von den Sorgen herrühren. Früher gingen wir alle zusammen auf Spesenkosten essen und hatten eine tolle Zeit.«[39] Dieses Verhaltensmuster ist besonders aufgrund der Tatsache bedauerlich, dass diese Männer sich gerade dann von ihren Freunden zurückziehen, wenn sie genau die Unterstützung bräuchten, die ihnen eine Freundschaft bieten könnte.

Cacioppo hat darauf hingewiesen, dass eines der Merkmale einer guten Freundschaft darin besteht, dass man sich anlässlich der glücklichen Momente im Leben eines Freundes mit ihm mitfreut. Das heißt jedoch nicht, dass man nicht auch Anflüge von Neid empfinden kann. Wenn das der Fall ist, lautet ein klassischer Rat, dieses Gefühl als Signal dafür aufzufassen, dass man an seiner eigenen Situation etwas verbessern sollte; eine solche Vorgehensweise hat sich immer wieder als sehr wirkungsvoll erwiesen. Auch ein direktes Ansprechen des Problems kann eine bereinigende Wirkung haben. Vor ein paar Jahren erhielt ich die Nachricht einer Freundin, dass diese schwanger war, und ich freute mich für sie. Als ich sie dann jedoch sah, reagierte ich völlig anders: Ich brach in Tränen aus, woraufhin ich ihr gestand, dass ich ein viel komplexeres Gefühl als nur Freude empfand. »Ich freue mich wirklich sehr für dich«, sagte ich ihr, »aber ich habe auch Angst davor, neidisch zu werden und unsere Freundschaft dadurch zu belasten.« – »Und ich habe Angst davor, dich um dein schönes Singleleben zu beneiden!«, antwortete sie darauf. Dass sie die dunkle Seite meiner Gefühle verstehen konnte und mir ihre eigenen gemischten Gefühle sogar gestand, entspannte die Situation und brachte uns einander sogar noch näher.

Jan Yager, Autorin des Buches *Ich dachte, wir sind Freunde!,* empfiehlt darin eine Methode, um die Freundin gar nicht erst neidisch zu machen. »Seien Sie vorsichtig, wenn Sie mit einer Freundin reden, die gerade eine Beförderung oder ein anderes Ziel im Leben verfehlt hat, das Sie bereits erreicht haben. Auch wenn Ihre Worte gut gemeint sind und das Selbstbewusstsein Ihrer Freundin aufbauen sollen, rufen Sie damit doch ohne es zu wollen deren unerfüllte Träume und Ziele in Erinnerung. Wenn möglich, halten Sie Ihre Erfolge getrennt von dem, was Ihre Freundin erst noch zu erreichen hofft.«[40]

Auch gegenseitige Gefälligkeiten können zu Problemen in Freundschaften werden. »Mir ist es unangenehmer, wenn mich ein wirklich guter Freund um einen mit der Arbeit in Verbindung stehenden Gefallen bittet, als wenn es ein guter Bekannter tut«, sagt Dalton Conley. »Bei dem Freund gibt es einen großen Druck, ihm den Gefallen zu erweisen, aber in diesem Moment hat sich die Beziehung in die Geschäftswelt verlagert, wo der Maßstab doch die Leistung ist. Auch wenn jemand mein bester Freund ist, möchte ich mich nicht unbedingt hinter das, was er schreibt, oder hinter seine Forschungen stellen und meinen Namen mit einer Empfehlung daruntersetzen.«[41]

Andererseits kann es auch ein Affront sein, Freunde eben nicht um einen Gefallen zu bitten. Hruschka berichtet von einer Untersuchung, die in Japan und den Vereinigten Staaten stattgefunden hat und bei der College-Studenten »gefragt wurden, wie sie sich fühlen würden, wenn ein guter Freund Hilfe benötigte – zum Beispiel jemanden, der auf den Hund aufpasst, den Computer repariert oder einen Schlafplatz für eine Nacht zur Verfügung stellt –, sich aber mit dieser Bitte nicht an sie, sondern an jemand anderen oder an eine Service-Firma wenden würde. In beiden Ländern antworteten die Studenten, dass sie traurig und enttäuscht wären und sich dem Freund nicht mehr so nahe fühlen würden, als wenn er sie um Hilfe gebeten hätte.«[42]

Liest man sehr alte Abhandlungen zum Thema Freundschaft, hat das etwas Beruhigendes, jedoch auch etwas Verwirrendes. Deren Anwendbarkeit auf unser heutiges Leben ist einerseits ein deutlicher Hinweis darauf, dass freundschaftliche Beziehungen zutiefst in unserem Wesen angelegt sind. Aber man fragt sich unwillkürlich auch, ob wir diesbezüglich überhaupt Fortschritte gemacht haben, wenn die Forschungen von Psychologen und Philosophen trotz der langen Zeit seither keinen viel besseren Rat hervorgebracht haben. Lesen Sie dazu die wunderbaren Zeilen des römischen Philosophen Cicero: »Die Schmerzen, die die Freundschaft mit sich bringen kann, sind kein Grund, sie zu meiden. Wenn Freundschaften mit Hintergedanken eingegangen werden, wird dadurch die Freude geopfert, welche diejenigen Freundschaften schenken können, die auf purer Zuneigung gründen. Freundschaften können nicht gekauft werden. Die Forderungen von Freunden müssen sehr sorgfältig geprüft werden – manchmal muss eine Freundschaft aufgegeben werden; manchmal geschieht das aufgrund einer langsamen Veränderung im Charakter. Freundschaft sollte die Tugend fördern, nicht das Laster. Die wirklich Tugendhaften sind bereit, von ihren Freunden die Wahrheit zu hören.«[43]

Ciceros Ideale gelten noch immer, aber man muss kein idealer Freund sein, um ein guter Freund zu sein oder um das Beste aus einer Freundschaft zu machen. Menschen, die besonders gefallen und sich aufopfern wollen, haben meist eigene Probleme und keine befriedigenden Freundschaften. Für die meisten von uns, die vielleicht großzügiger und nachsichtiger sein könnten, beginnt das Bemühen um eine gute Freundschaft mit folgendem persönlichem Entschluss: Man muss sich aus der Isolation herausbegeben und vor Menschen mit schlechten Einflüssen schützen, gleichzeitig aber sich seiner Rolle als Freund bewusst werden. Ein Freund zu sein ist eine große Ehre und Verantwortung. Behandeln Sie also Ihre Freunde und Freundinnen mit Bedacht. Freunde, die sich ihres Einflusses aufeinander bewusst sind, können durchaus etwas dafür tun, einander nahe zu bleiben und einander dabei zu helfen, aus dem Leben das Beste zu machen.

Jacob und einer seiner College-Freunde begingen den Beginn ihrer zweiten Lebenshälfte mit einem festlichen Dinner, als sie feststellten, dass sie längere Zeit ihres Lebens Freunde waren, als sie es nicht gewesen waren. Es war ein netter Anlass für eine improvisierte Feier, für die leider keine Standardrituale existieren. Ich möchte hier keinen neuen Feiertag für eine Hallmark-Karte ausrufen, aber ist es nicht bezeichnend, dass wir normalerweise die Dauer unserer engen Freundschaften nicht auf die Art feiern wie jene Jubiläen, die mit der Dauer unserer Liebesbeziehung zusammenhängen? Es gibt die Verlobungsfeiern, bombastische Hochzeitsfeierlichkeiten und das Zelebrieren von Hochzeitstagen.[44] Wie wichtig wären dabei die Tage, an denen wir auch andere Arten von Beziehungen feiern, die für uns ebenfalls von großer Bedeutung sind.

Das bringt uns nun von der persönlichen Aufgabe, eine gute Freundin zu sein (und all die bestehenden Freundschaften daraufhin zu überprüfen, wie Sie durch sie beeinflusst werden), zum allgemeinen Umgang mit Freundschaften in unserer Kultur. Wie würde eine Gesellschaft aussehen, die den Wert von Freundschaften wirklich anerkennen würde? Zunächst einmal würde darin nicht alles auf dem Einzelnen lasten. Mit eigener Willenskraft etwas zu erreichen, ist ein edles Ziel, gleichzeitig aber sehr schwer zu erreichen. Auch bleiben diese Versuche häufig erfolglos, sonst gäbe es auch nicht immer wieder neu erscheinende Bücherfluten über Aufschieberitis, Diäten, Ziele setzen und erreichen und zu vielen anderen Themen. Anzuerkennen, dass wir einander durch Freundschaft unterstützen können, würde die Last von dem Einzelnen nehmen und vielleicht auch mehr Erfolge bewirken. Es liegt nicht in Ihrer Natur, eine Prüfungsarbeit zu beenden oder abzunehmen. Das ist der Natur egal. Aber wir sind von Natur aus so eingerichtet, dass wir zu unserem »Stamm« passen wollen. Wenn Sie sich also mit denen anfreunden, die schon erreicht haben, wofür Sie noch alleine kämpfen, werden Ihre Bestrebungen sich leichter in so erfolgreiche verwandeln wie das bei Ihren Freunden der Fall ist. Und außerhalb der vielen subtilen Einflüsse auf Verhalten und Moral, die wir in Freundschaften feststellen konnten, ist auch die direkte Bitte um Hilfe eine zu wenig erbetene Wohltat. Bitten Sie Ihre Freundinnen also öfter um einen Gefallen und schenken ihnen damit auch das Gefühl, Ihnen etwas zu bedeuten.

Um uns die ganze Macht und Kraft, die Freundschaften innewohnen, zunutze zu machen, sollten wir alle uns nicht mehr länger auf die Betonung der Unterschiede zwischen Frauen- und Männerfreundschaften konzentrieren; stattdessen sollten wir mehr Gewicht auf die Anerkennung dessen legen, dass jeder von starken Freundschaften profitieren kann. Hier ist nicht die Freundschaftsversion der idealisierten Unterhaltungskultur gemeint, sondern die wirklichen, manchmal ärgerlichen, manchmal aufwühlenden und manchmal doch so großartigen Freundschaften.

Den Eltern kleiner Kinder sollte vermittelt werden, dass die sozialen Fähigkeiten und das Geschick, Freunde zu gewinnen und Freundschaften aufrechtzuerhalten, möglicherweise wichtiger sind als vieles, was die Kinder durch all die strukturierten Aktivitäten lernen; denn gerade diese verhindern häufig, dass sie selbst Dinge planen und untereinander aushandeln. Eltern von Teenagern sollte man die Botschaft vermitteln, dass die Peergroup ihren Kindern oft mehr bedeutet als die Eltern selbst, und dass es besser ist, wenn sie die Truppe zu sich einladen, um deren Bindungen zu stärken, als die Freundeswahl ihrer Tochter oder ihres Sohnes zu kritisieren. Ein Kind ohne Freunde sollte von Lehrern und Eltern besondere Unterstützung erhalten, um es aus der verhängnisvollen Abwärtsspirale in die Aufwärtsspirale sozialer Bindungen zu schaffen. Erwachsene, die in einer Partnerschaft leben, sollten auch eigene Zeiten mit Freunden oder Freundinnen ohne Schuldgefühle genießen können. Paare sollten die Beziehung zu gemeinsamen Freunden pflegen und sich auch von anderen Unterstützung, Unterhaltung und Anregung holen, anstatt diese ganze Last nur dem Ehepartner aufzubürden (der diesen Ansprüchen ohnehin nur schlecht genügen kann). Singles sollten nicht automatisch als frei schwebend und bindungslos betrachtet werden, sondern als Menschen, die sehr wahrscheinlich ebenfalls über intensive Bindungen im Leben verfügen – aus der ganzen Beziehungsvielfalt, die Freundschaften bieten.

In den 1970er- und 1980er-Jahren stießen einige Forscher zunächst bei Schwulengemeinschaften auf das große Potenzial, das Freundschaften denjenigen bieten können, die keine Unterstützung durch ihre Familien oder ihre Nachbarn erfahren. Heute beweist uns die wachsende Anzahl der Menschen, welche alleine leben (ob schwul oder lesbisch, hetero, geschieden, verwitwet, liiert, in der Hoffnung auf eine Liebesbeziehung oder froh, keine solche zu haben), dass Freunde, auch wenn das häufig unterschätzt wird, die Fähigkeit besitzen, uns nicht nur durchs Leben zu begleiten, sondern uns auch zu dem machen, was wir sind, und uns sogar zu besseren Menschen machen können, als wir es ohne sie je geworden wären. Unsere Kultur scheint sich der Erkenntnis zu öffnen, dass und wie Freundschaften unser Wesen sowohl widerspiegeln als uns auch verändern. Geben Sie Ihren Freundinnen und Freunden den Ehrenplatz, der ihnen gebührt.

Epilog

Meine Freundinnen und Freunde bedeuten mir schon seit so langer Zeit unendlich viel – und daran hat sich auch während der Zeit, in der ich dieses Buch schrieb, nichts geändert. Aber das vergangene Jahr hat mich auch gelehrt, sie noch mehr zu schätzen, und mein Verständnis für sie ist größer geworden. Für diejenigen, bei denen ich mich fast nie melde: Mir ist klar geworden, dass ich mich noch immer über unsere Freundschaft freuen kann, hier und jetzt, sowohl aufgrund der Macht der Erinnerung und der Nostalgie als auch durch das Wissen, dass alles, was ich aus dem Kennenlernen eurer Lebensgeschichten und aus den mit euch geteilten Erlebnissen und Erfahrungen gelernt habe, noch immer irgendwo in mir ist in der Art, wie ich mich verhalte und wie ich die Welt betrachte. Für diejenigen, mit denen ich nur über die sozialen Online-Netzwerke in Kontakt trete: Wie nett ist es doch, als kleine elektronische Fliege an der Wand zu sitzen und ab und zu einen Blick darauf zu erhaschen, wie euer Leben verläuft! Für engere Freunde, die ich häufig sehe: Auch wenn ich mich manchmal nicht danach fühle, auszugehen oder zum Telefonhörer zu greifen, es ist immer, immer eine richtige Entscheidung – mit euch zu reden, hebt meine Stimmung, gibt mir Energie, bringt mich zum Lachen und hilft mir, mit meinen Schwierigkeiten und Problemen klarzukommen, während es mir gleichzeitig gestattet, ihnen eine Weile zu entfliehen.

Während ich bisher gesellschaftliches Leben und Arbeit gedanklich eher getrennt habe, kann ich nun sowohl meine eigene berufliche Laufbahn als auch die anderer Menschen auch unter dem Aspekt der Freunde und nicht mehr nur unter jenem der eigenen Entscheidungen und Talente betrachten. Es ist, als habe man ein neues Wort gelernt, dem man dann plötzlich überall begegnet: Wenn man erst einmal begriffen hat, wie sehr Freunde sich gegenseitig beeinflussen, erkennt man auch die Auswirkungen auf sich selbst und andere; die Lebensumstände bestimmter Personen lassen sich leichter mit ihren Freunden in Zusammenhang bringen ebenso wie mit ihrem allgemeinen Lebenshintergrund, ihren Eltern oder ihren inneren Qualitäten.

Vor Kurzem habe ich nach einigen einseitigen Kontaktaufnahmeversuchen meinerseits erkennen müssen, dass eine langjährige Freundin, die ich sehr bewundere, einfach kein Interesse mehr daran zu haben scheint, die Freundschaft mit mir aufrechtzuerhalten. (Oder sich vielleicht traurigerweise von all ihren Lieben zurückzieht. Häufig ist es schwierig, den Grund dafür genau zu benennen, wenn eine Freundschaft auseinandergeht.) Es tut weh. Aber das Credo dieses Buches – sich stärker bewusst zu machen, auf welche Art Freunde einen beeinflussen – hat mir geholfen, den Verlust zu akzeptieren und die Aufmerksamkeit auf diejenigen zu richten, denen an meiner Freundschaft liegt.

Aufgrund all der interessanten Fakten über Freundschaft, die ich in Erfahrung bringen konnte, bin ich zu der Überzeugung gelangt, dass es ein Gefühl tiefer Erfüllung in einem auslöst, wenn man die Freunde wirklich ganz in das eigene Leben einbezieht. Wenn man sie nicht nur als einen Bonus betrachtet, sondern die Beziehung mit ihnen ihr volles Potenzial entfalten lässt. Man neigt ja allzu leicht dazu, die Menschen in unterschiedliche Gruppierungen einzuteilen; Aber gerade im Lichte der oben genannten Überzeugung freute ich mich kürzlich besonders, als sich meine Familie und meine Freundinnen und Freunde bei einem Treffen mehr als üblich mischten. Wenn meine Familienangehörigen meine Freundinnen gut kennen und umgekehrt, dann vermögen diese Menschen, mich wirklich gut zu kennen. Und ist das nicht etwas, das wir uns alle wünschen – von anderen wirklich gekannt zu werden?

Während der Recherche für dieses Buch habe ich meine Erkenntnisse, zu denen mir Experten verholfen hatten, oder die ich aus persönlichen Geschichten gewonnen hatte, häufig mit meinem Mann diskutiert, der 2007 von Mexiko in die Vereinigten Staaten gezogen war. Von all den Überlegungen zur Freundschaft – ich hatte viele Menschen befragt und wirklich jeder hat mindestens eine gute geäußert – berührte mich eine am stärksten. Mein Mann erzählte mir, welcher Teil seiner Immigration für ihn am schwierigsten zu bewältigen war – schwieriger noch als das Erlernen der Sprache, schwieriger, als mit um die dreißig die berufliche Karriere praktisch wieder ganz vorn zu beginnen, und schwieriger, als von der großen Verwandtschaft wegzuziehen, mit der er sein ganzes Leben zusammen gewesen war. Am schwersten stellte es sich für ihn dar, seine engen, langjährigen Freunde zu verlassen. Da er mir das nie zuvor erzählt hatte, und er eher ein geselliger Mensch ist, der in den USA somit schnell neue Freunde gefunden hatte, ist mir nie der Gedanke gekommen, wie hart das Aufgeben seiner Freunde damals für ihn gewesen sein musste. Er hatte sie seinerzeit dafür geopfert, um mit einer Frau zusammen zu sein, die den Entschluss gefasst hatte, die Tugenden der Freundschaft zu predigen.

Nach den zahlreichen faszinierenden Betrachtungen und Gesprächen über Freundschaft empfinde ich eine überwältigende Dankbarkeit allen meinen Freunden gegenüber, die mich zu der Person gemacht haben, die ich bin, und die mein Leben Tag für Tag unendlich verschönern und bereichern. Und ich danke auch demjenigen aus tiefstem Herzen, der bereit war, all diese Vorteile der Freundschaft aufzugeben, um mit mir zusammen zu sein. Ich freue mich darauf mitzuerleben, wie mein Mann und seine neuen Freunde sich näherkommen, und darauf, unsere gemeinsamen Freundschaften zu stärken. Und da ich in einigen Wochen einen Sohn bekommen werde, möchte ich einen mütterlichen Wunsch aus der Schmiede der Sozialwissenschaften äußern: Es ist mir nicht allzu wichtig, ob mein Sohn klug oder stark oder hübsch wird – ich wünsche mir vor allem, dass er freundlich ist.

Anmerkungen

Einleitung

1. U. S. Census Bureau's 2010 American Community Survey.
2. Tara Parker-Pope, »In a Married World, Singles Struggle for Attention«, *New York Times*, 19. September 2011.
3. Eric Klinenberg, »One's a Crowd«, *New York Times*, 4. Februar 2012.
4. Tara Parker-Pope, »What Are Friends For? A Longer Life«, *New York Times*, 20. April 2009.

Ursprung und Bedeutung der Freundschaft

1. E-Mail- und Telefoninterviews mit Holly Kile, 23. Februar 2011 und 2. März 2011.
2. R. Adams, R. Blieszner, B. de Vries, »Definitions of Friendship in the Third Age: Age, Gender, and Study Location Effects«, *Journal of Aging Studies* 14 (2000), S. 117–33.
3. Marcus Tullius Cicero: *Laelius. Über die Freundschaft*, Reclam-Verlag, Stuttgart 1970.
4. Hallmark.com., inhaltlich wiedergegeben von der Übersetzerin
5. Montaigne, Michel de: *Von der Freundschaft*, Deutscher Taschenbuch Verlag, München 2005.
6. Gwen Dewar, »Should Parents Be Friends with Their Kids?«, Parentingscience.com, 9. September 2009.
7. Jean M. Twenge and W. Keith Campbell, *The Narcissism Epidemic: Living in the Age of Entitlement* (New York: Free Press, 2009).
8. Montaigne, Michel de: *Von der Freundschaft*.
9. Telefoninterview mit Brian de Vries, 2. März 2011.
10. Adams, Blieszner, de Vries, »Definitions of Friendship in the Third Age«, S. 117–33.
11. Ebd.
12. Brian de Fries, »Friendship and Family: The Company We Keep«, *Transition Magazine* 40, Nr. 4 (Winter 2010).
13. Telefoninterview mit Brian de Vries, 2. März 2011.
14. de Vries, »Friendship and Family«.
15. Daniel J. Hruschka, *Friendship: Development, Ecology, and Evolution of a Relationship* (Berkeley: University of California Press, 2010).
16. Gerald Kerth, Nicolas Perony und Frank Schweitzer, »Bats Are Able to Maintain Long-Term Social Relationships Despite the High Fission-Fusion Dynamics of Their Groups«, *Proceedings of the Royal Society*, 9. Februar 2011.

17. Jennifer Viegas, »Animals Make Friends, Too«, *Discovery News,* 8. Februar 2011.

18. Jerome Micheletta und Bridget Waller, »Friendship Affects Gaze Following in a Tolerant Species of Macaque, Macaca Nigra«, *Animal Behaviour 83,* Nr. 2 (2012), S. 459–67.

19. Michael Tomasello: *Warum wir kooperieren,* Suhrkamp Verlag, Berlin 2010.

20. Hruschka, *Friendship.*

21. Ebd.

22. E-Mail- and Telefoninterviews mit Steve Weitzenkorn, 3. März 2011.

23. Geoffrey Greif, *Buddy System: Understanding Male Friendships* (New York: Oxford University Press, 2008).

24. Geoffrey Greif, »Men and Women Have Different Styles of Same Sex Friendships«, Psychologytoday.com, 27. Oktober 2009.

25. Hruschka, *Friendship.*

26. Jennifer 8. Lee, »The Man Date«, *New York Times,* 10. April 2005.

27. Dave Newbart, »Men, Women Share U of C. Rooms«, *Chicago Sun-Times,* 6. Juli 2009.

28. Lucy Taylor, »Why Women Need Male Friends«, *Daily Mail (UK),* 1. September 2009.

29. Sarfraz Manzoor, »Why I Hang Out With Girls. It's Not What You Think«, *The Observer* (UK), 6. Juni 2009.

30. Pamela Paul, »We're Just Friends Really!«, *Time,* 1. September 2003.

31. K. S. Burditt und T. C. Antonucci, »Relationship Quality Profiles and Well-Being Among Married Adults«, *Journal of Family Psychology,* 21, Nr. 4 (Dez. 2007), S. 595–604.

32. Suzanne Degges-White und Christine Borzumato-Gainey, *Friends Forever: How Girls and Women Forge Lasting Relationships* (Plymouth, UK: Rowman & Littlefeld), 2011.

33. Camille Chatterjee, »Can Men and Women Be Friends?«, *Psychology Today,* 1. September 2001.

34. Walid A. Afifi und Sandra L. Faulkner, »On Being ›Just Friends‹: The Frequency and Impact of Sexual Activity in Cross Sex Friendships«, *Journal of Social and Personal Relationships* 17, Nr. 2 (April 2000), S. 205–22.

35. Justin L. Lehmiller, Laura E. Vanderdrift und Janice R. Kelly, »Sex Differences in Approaching Friends with Benefits Relationships«, *Journal of Sex Research* 47 (2010), S. 1–10.

36. Helen Fisher: *Warum wir lieben. Die Chemie der Leidenschaft,* Patmos Verlag, Ostfildern 2005.

37. Telefoninterview mit Peter Nardi, 22. Februar 2011.

38. Brian de Vries und David Megathlin, »The Dimensions and Processes of Older GLBT Friendships and Family Relationships«, *Journal of GLBT Family Studies* 5 (2009), S. 82–98.

39. Interview mit Shane Allen und Felipe Baeza, 6. März 2011.

344

Wähle deine Freunde, besiegele dein Schicksal

1. Suzanne Degges-White und Christine Borzumato-Gainey, Friends Forever: *How Girls and Women Forge Lasting Relationships* (Plymouth, UK: Rowman & Littlefield Publishers, 2011).

2. R. B. Zajonc, »Mere Exposure: A Gateway to the Subliminal«, *Current Directions in Psychological Science* 10, Nr. 6 (Dezember 2001), S. 224–28.

3. Simon M. Laham, Peter Koval, Adam L. Alter, »The Name-Pronunciation Effect: Why People Like Mr. Smith More Than Mr. Colquhoun«, *Journal of Experimental Social Psychology* 48, Nr. 3 (Mai 2012), S. 752–56.

4. Robert D. Putnam, *Bowling Alone: The Collapse and Revival of American Community* (New York: Simon & Schuster, 2000).

5. Degges-White und Borzumato-Gainey, *Friends Forever.*

6. Daniel J. Hruschka, *Friendship: Development, Ecology, and Evolution of a Social Relationship* (Berkeley: University of California Press, 2010).

7. Degges-White und Borzumato-Gainey, *Friends Forever.*

8. Ebd.

9. Hruschka, *Friendship.*

10. Ebd.

11. Ebd.

12. Frank Bruni, »The Sidekick No More«, *New York Times,* 18. März 2011.

13. Degges-White and Borzumato-Gainey, *Friends Forever.*

14. Paul Kix, »Hating the Same Things«, *New York Magazine,* 27. März 2011.

15. James Fowler et al. »Correlated Genotypes in Friendship Networks«, Proceedings of the National Academy of Sciences 108, Nr. 5 (2011), S. 1993–97.

16. Michael Alvarez, »Genes and Social Networks«, Psychologytoday.com, 14. Februar 2011.

17. David Marmaros und Bruce Sacerdote, »How Do Friendships Form?«, NBER Working Paper Nr. 11530 (August 2005).

18. Ebd.

19. Degges-White und Borzumato-Gainey, *Friends Forever.*

20. J. Tooby und L. Cosmides, *Friendship and the Banker's Paradox: Other Pathways to the Evolution of Adaptations for Altruism* (Oxford, UK: Oxford University Press, 1996).

21. Hruschka, *Friendship.*

22. Tooby and Cosmides, *Friendship and the Banker's Paradox.*

23. Ebd.

24. Ebd.

25. P. Descioli and R. Kurzban, »The Company You Keep: Friendship Decisions from a

Functional Perspective«, in *Social Judgment and Decision Making*, ed. J. I. Krueger (New York: Psychology Press, 2011).

26. Peter DeScioli, Telefoninterview, 25. März 2011.

27. Peter DeScioli, Robert Kurzban, Elizabeth N. Koch und David Liben-Nowell, »Best Friends: Alliances, Friend Ranking, and the MySpace Social Network«, *Perspectives on Psychological Science* 6, Nr. 1 (2011), S. 6–8.

28. Entnommen TheKnot.com Message Boards.

29. Ebd.

30. Telefoninterview mit Peter DeScioli, 25. März 2011.

31. Telefoninterview mit Carolyn Weisz, 1. April 2011.

32. Interview mit Solomon Dumas und Slim Mello, 26. April 2011.

33. Carolyn Weisz und Lisa F. Wood, »Social Identity Support and Friendship Outcomes: A Longitudinal Study Predicting Who Will Be Friends and Best Friends 4 Years Later«, *Journal of Social and Personal Relationships* 22, Nr. 3 (Juni 2005), S. 416–32.

34. Telefoninterview mit Carolyn Weisz, 1. April 2011.

35. E-Mail-Interview mit Robin Dunbar, 11. April 2011.

36. J. Powell, P. A. Lewis, N. Roberts, M. Garcia-Finana, R. I. M. Dunbar, »Orbital Prefrontal Cortex Volume Predicts Social Network Size: An Imaging Study of Individual Differences in Humans«, *Proceedings of the Royal Society B: Biological Sciences*, 2012.

37. Sam G. B. Roberts, Robin I. M. Dunbar, Thomas V. Pollet und Toon Kuppens, »Exploring Variation in Active Network Size: Constraints and Ego Characteristics«, *Social Networks* 31, Nr. 2 (Mai 2009), S. 138–46.

38. Sian Beilock, »When It Comes to Our Social Networks, Brain Size Matters«, Psychologytoday.com, 25. Februar 2011.

39. E-Mail-Interview mit Robin Dunbar, 11. April 2011.

40. G. W. Mollenhorst, »Networks in Contexts. How Meeting Opportunities Affect Personal Relationships«, Utrecht University, 2009. ICS Dissertation Series, Vol. 150.

41. Googles Firmengeschichte auf google.com.

42. »The ›Special Relationship‹: Churchill, Roosevelt and the emergence of the Anglo-American Alliance, 1939–1945 British Diplomatic Files. FDR Presidential Library&Digital Archives, http://docs.fdrlibrary.marist.edu/anglo.html.

43. Wesley Yang, »Hitler's Best Friend«, Salon.com, 26. September 2002.

Der prägende Einfluss von Kindheitsfreunden und -feinden

1. Telefoninterview mit Suzanne Ludlum, 5. Juli 2011.

2. Kenneth H. Rubin und Andrea Thompson, *The Friendship Factor: Helping Our Children Navigate Their Social World and Why It Matters for Their Success and Happiness* (New York: Penguin, 2002).

3. Malcolm Gladwell, »Annals of Behavior: Do Parents Matter?«, *The New Yorker*, 17. August 1998.

4. Telefoninterview mit Philip Nel, 22. Juli 2011.

5. William M. Bukowski, Andrew F. Newcomb, Willard W. Hartup (Hsg.), *The Company They Keep: Friendships in Childhood and Adolescence* (Cambridge, UK: Cambridge University Press, 1998).

6. Ebd.

7. Ebd.

8. Rubin und Thompson, *The Friendship Factor.*

9. Ebd.

10. Bukowski, Newcomb und Hartup, *The Company They Keep.*

11. Ebd.

12. Ebd.

13. Ebd.

14. Telefoninterview mit Kenneth Rubin, 6. Juli 2011.

15. Bukowski, Newcomb und Hartup, *The Company They Keep.*

16. Telefoninterview mit Drew, 7. Juli 2011.

17. Rubin und Thompson, *The Friendship Factor.*

18. Ebd.

19. Skype-Interview mit Ella, 22. Juni 2011 (»Jessica« ist das Pseudonym für eine Freundin von Ella).

20. Daniel J. Hruschka, *Friendship: Development, Ecology, and Evolution of a Social Relationship* (Berkeley: University of California Press, 2010).

21. Rubin und Thompson, *The Friendship Factor*.

22. Ebd.

23. Ebd.

24. Ebd.

25. Ebd.

26. Telefoninterview mit Kenneth Rubin, 6. Juli 2011.

27. William M. Bukowski, Brett Laursen und Betsy Moza, »The Snowball Effect: Friendship Moderates Escalations in Depressed Affect Among Avoidant and Excluded Children«, *Development and Psycholopathology* (Oktober 2010), S. 749–57.

28. Rubin und Thompson, *The Friendship Factor.*

29. Andre Picard, »Don't Shut Disabled Kids Out of Society«, *Globe and Mail,* 30. Januar 2012.

30. Bukowski, Newcomb und Hartup, *The Company They Keep.*

31. Kenneth Rubin, Bridget Fredstrom und Julie Bowker, »Future Directions in ...

347

Friendship in Childhood and Early Adolescence«, *Social Development,* 14. Februar 2008.

32. Ebd.

33. Interview mit Mädchen in Columbia, South Carolina, 3. Mai 2011.

34. Bukowski, Newcomb und Hartup, *The Company They Keep.*

35. Michael Thompson, Lawrence J. Cohen und Catherine O'Neill Grace, *Best Friends, Worst Enemies: Understanding the Social Lives of Children* (New York: Ballantine Books, 2002).

36. E-Mail-Interview mit Astrid (Name geändert), 11. Juli 2011.

37. Hilary Stout, »A Best Friend? You Must Be Kidding«, *New York Times,* 16. Juni 2010.

38. Skype-Interview mit Ella, 22. Juni 2011.

39. Bukowski, Newcomb und Hartup, *The Company They Keep.*

40. Ebd.

41. Ebd.

42. Ebd.

43. Ebd.

44. Ebd.

45. Ebd.

46. Ebd.

47. Brenda L. Volling, Lisa Youngblade und Jay Belsky, »Young Children's Social Relationships with Siblings and Friends«, *American Journal of Orthopsychiatry* 67, Nr. 1 (Januar 1997), S. 102–11.

48. Laurie Kramer und Amanda Kowal, »Sibling Relationship Quality from Birth to Adolescence, The Enduring Contributions of Friends«, *Journal of Family Psychology* 19, Nr. 4 (Dezember 2005), S. 503–11.

49. Thompson, Cohen und O'Neill Grace, *Best Friends, Worst Enemies.*

50. Ebd.

51. Ebd.

52. Nicholas A. Christakis und James H. Fowler, *Connected! Die Macht sozialer Netzwerke und warum Glück ansteckend ist,* Fischer Verlag, Frankfurt/Main 2010.

53. Interview mit Mädchen in Columbia, South Carolina, 3. Mai 2011.

54. Telefoninterview mit James Olsen, 5. Juli 2011

55. Bukowski, Newcomb und Hartup, *The Company They Keep.*

56. Ebd.

57. Telefoninterview mit Kenneth Rubin, 6. Juli 2011.

58. Alexandra Robbins, *The Geeks Shall Inherit the Earth* (New York: Hyperion, 2011).

59. Interview mit Mädchen in Chapin, South Carolina, 3. Mai 2011.

60. Thompson, Cohen und O'Neill Grace, *Best Friends, Worst Enemies.*

61. Interview mit Christine, 4. Juni 2011. (Ihr Name und die Namen der anderen wurden geändert.)

62. Telefoninterview mit Kenneth Rubin, 6. Juli 2011.

63. James P. Olsen, Gilbert R. Parra, Robert Cohen, Corrie L. Schoffstall und Clayton Joe Egli, »Beyond Relationship Reciprocity: A Consideration of Varied Forms of Children's Relationships«, *Personal Relationships* 19, Nr. 1 (März 2012), S. 72–88.

64. Telefoninterview mit James P. Olsen, 5. Juli 2011.

65. Telefoninterview mit Maurissa Abecassis, 11. Juli 2011.

66. Benedict Carey, »Can an Enemy Be a Child's Friend?«, *New York Times,* 17. Mai 2010.

67. Pamela Paul, »The Playground Gets Even Tougher«, *New York Times,* 8. Oktober 2010.

68. Telefoninterview mit Maurissa Abecassis, 11. Juli 2011.

69. Interview mit Mädchen in Chapin, South Carolina, 3. Mai 2011.

70. N. A. Card, B. D. Stucky, G. M. Sawalani und T. D. Little, »Direct and Indirect Aggression During Childhood and Adolescence: A Meta-Analytic Review of Gender Differences, Intercorrelations, and Relations to Maladjustment«, *Child Development* 79, Nr. 5 (2008), S. 1185–1229.

71. E. V. E. Hodges, M. J. Malone und D. G. Perry. »Individual Risk and Social Risk as Interacting Determinants of Victimization In the Peer Group«, *Developmental Psychology* 33 (1997), S. 1032–39.

72. E. V. E. Hodges und D. G. Perry, »Personal and Interpersonal Antecedents and Consequences of Victimization by Peers«, *Journal of Personality and Social Psychology* 76 (1999), S. 677–85.

73. R. E. Adams, J. B. Santo und W. M. Bukowski, »The Presence of a Best Friend Buffers the Effects of Negative Experience«, *Developmental Psychology* 47 (2011), S. 1786–92.

Jugendliche Vertraute und Mittäter

1. Interview mit Lydia, 9. August 2011. (Die Namen von Lydia und Rachel wurden geändert.)

2. Kenneth H. Rubin und Andrea Thompson, *The Friendship Factor: Helping Our Children Navigate Their Social World – and Why It Matters for Their Success and Happiness* (New York: Penguin, 2002).

3. Judith Rich Harris, *The Nurture Assumption: Why Children Turn Out the Way They Do* (New York: Free Press, 2009).

4. Michael Thompson, Lawrence J. Cohen und Catherine O'Neill-Grace, *Best Friends, Worst Enemies: Understanding the Social Lives of Children* (New York: Ballantine Books, 2002).

5. Ebd.

6. Rubin und Thompson, *The Friendship Factor.*

7. Kenneth H. Rubin, Kathleen M. Dwyer, Cathryn Booth-LaForce, Angel H. Kim, Kim B. Burgess, Linda Rose-Krasnor, »Attachment, Friendship, and Psychosocial Functioning in Early Adolescence«, *Journal of Early Adolescence* 24, Nr. 4 (November 2004), S. 326–56.

8. Rubin und Thompson, *The Friendship Factor.*

9. Telefoninterview mit James P. Olsen, 5. Juli 2011.

10. Telefoninterview mit Carl Pickhardt, 22. August 2011.

11. Bukowski, Newcomb und Hartup, *The Company They Keep.*

12. Ebd.

13. Shari Miller-Johnson, John D. Coie, Anne Maumary-Gremaud, John Lochman, Robert Terry, »Relationship Between Childhood Peer Rejection and Aggression and Adolescent Delinquency Severity and Type Among African American Youth«, *Journal of Emotional and Behavioral Disorders* 7, Nr. 3 (Herbst 1999), S. 137–46.

14. J. A. Wall, T. G. Power und C. Arbona. »Susceptibility to Antisocial Peer Pressure and Its Relation to Acculturation in Mexican-American Adolescents«, *Journal of Adolescent Research 8,* Nr. 4 (1993), S. 403–18.

15. Daniel J. Hruschka, *Friendship: Development, Ecology, and Evolution of a Social Relationship* (Berkeley: University of California Press, 2010).

16. Amanda Lenhart, »Teens, Cell Phones and Texting: Text Messaging Becomes Centerpiece Communication«, Pew Internet and American Life Project, 19. Mai 2010.

17. Ebd.

18. GetBack Yahoo blog; »High School Is the Place to Start a Band«, Blogeintrag von Shawn Amos, 18. Mai 2009.

19. »Friendship Is Mainly About ›Me, Me, and Me‹«, *Science Daily,* 22. Oktober 2009.

20. A. J. Bahns und C. S. Crandall, *Prejudice Comes in Pairs: Friends Assort on Prejudices Without Discussion.* Manuskript in Vorbereitung, 2010.

21. Jesse Rude und Daniel Herda, »Best Friends Forever? Race and the Stability of Adolescent Friendships«, *Social Forces* 89, Nr. 2 (2010), S. 585–608.

22. Ebd.

23. Telefoninterview mit Carl Pickhardt, 22. August 2011.

24. Skype-Interview mit Alexys, 20. August 2011 (Chloe ist ein Pseudonym für ihre Freundin).

25. Bukowski, Newcomb, Hartup, *The Company They Keep.*

26. Marie-Helene Veronneau und Thomas J. Dishion, »Middleschool Friendships and Academic Achievement in Early Adolescence: A Longitudinal Analysis«, *Journal of Early Adolescence* 31, Nr. 1 (Februar 2011), S. 99–124.

27. Sarah E. Nelson und Thomas J. Dishion, »From Boys to Men: Predicting Adult Adap-

tation from Middle Childhood Sociometric Status«, *Development and Psychopathology* 16 (2003), S. 441–459.

28. Judith Rich Harris, *The Nurture Assumption: Why Children Turn Out the Way They Do* (New York: Free Press, 2009).

29. Ebd.

30. Ebd.

31. Interview mit Andy (Name geändert), 29. August 2011.

32. He Len Chung und Laurence Steinberg, »Relations Between Neighborhood Factors, Parenting Behaviors, Peer Deviance, and Delinquency Among Serious Juvenile Offenders«, *Developmental Psychology* 42, Nr. 2 (2006), S. 319–31.

33. Ebd.

34. Greg Dimitriadis, *Friendship, Cliques, and Gangs: Young Black Men Coming of Age in Urban America* (New York: Teachers College Press, 2003).

35. Telefoninterview mit Greg Dimitriadis, 13. September 2011.

36. Ebd.

37. Ebd.

38. Telefoninterview mit Matt Hutson, 15. August 2011.

39. Telefoninterview mit John »Jack« Smith, 19. August 2011.

40. Telefoninterview mit Laurence Steinberg, 29. August 2011.

41. Timothy F. Piehler, Thomas J. Dishion, »Interpersonal Dynamics Within Adolescent Friendships: Dyadic Mutuality, Deviant Talk, and Patterns of Antisocial Behavior«, *Child Development* 78, Nr. 5 (September/Oktober 2007), S. 1611–24.

42. Telefoninterview mit Laurence Steinberg, 29. August 2011.

43. Piehler und Dishion, »Interpersonal Dynamics Within Adolescent Friendships.«

44. Telefoninterview mit Laurence Steinberg, 29. August 2011.

45. Jason Chein, Dustin Albert, Lia O'Brien, Kaitlyn Uckert und Laurence Steinberg, »Peers Increase Adolescent Risk Taking by Enhancing Activity in the Brain's Reward Circuitry«, *Developmental Science* (März 2011), F1–F10.

46. Ebd.

47. Interview mit Laurence Steinberg, 29. August 2011.

48. Sarah Kershaw, »Girl Talk Has Its Limits«, *New York Times,* 11. September 2008.

49. Telefoninterview mit Amanda Rose, 26. August 2011.

50. Mara Brendgen, et al. »Links Between Friendship Relations and Early Adolescents' Trajectories of Depressed Mood«, *Developmental Psychology* 46, Nr. 2 (März 2010), S. 491–501.

51. Thomas J. Dishion und Jessica M. Tipsord, »Peer Contagion in Child and Adolescent Social and Emotional Development«, *Annual Review of Psychology* 62 (Januar 2011), S. 189–214.

52. Ebd.

53. Derek A. Kreagra und Dana L. Haynie, »Dangerous Liaisons? Dating and Drinking Diffusion in Adolescent Peer Networks«, *American Sociological Review* 76, Nr. 5 (Oktober 2011), S. 737–63.

54. Dishion and Tipsord, »Peer Contagion in Child and Adolescent Social and Emotional Development«.

55. Ebd.

56. J. P. Allen and J. Antonishak, »Adolescent Peer Influences: Beyond the Dark Side«, in: *Understanding Peer Influence in Children and Adolescents,* Hsg. M. J. Prinstein und K. A. Dodge (New York: Guilford Press; 2008), S. 141–60.

57. Ebd.

58. Telefoninterview mit Diana Marino, 19. August 2011. (Name der Freundin geändert.)

59. Telefoninterview mit Carl Pickhardt, 22. August 2011.

Der absolute Hauptgewinn: Ein guter Freund!

1. Telefoninterview mit Richard J. Levinson, 4. Januar 2012.

2. O. Ybarra, P. Winkielman, I. Yeh, E. Burnstein, L. Kavanagh, »Friends (and Sometimes Enemies) with Cognitive Benefits: What Types of Social Interactions Boost Executive Functioning?«, *Social Psychological and Personality Science* 2, Nr. 3 (Mai 2011), S. 253–61.

3. Ruth Richards, *Everyday Creativity and New Views of Human Nature: Psychological, Social and Spiritual Perspectives* (Washington, D. C.: APA, Januar 2007).

4. Michael Farrell, Telefoninterview 4. Januar 2012.

5. Patricia Boccadoro, »Review of Matisse-Picasso Art and Archaeology Exhibitions, Exhibition«, *Culturekiosque,* 3. Februar 2003.

6. Telefoninterview mit Elizabeth Cowling, 25. Februar 2011.

7. Telefoninterview mit James Fowler, 8. Dezember 2011.

8. Telefoninterview mit Meliksah Demir, 12. Oktober 2010.

9. D. Kahneman, A. B. Krueger, D. A. Schkade, N. Schwarz und A. A. Stone, »A Survey Method for Characterizing Daily Life Experience: The Day Reconstruction Method«, *Science* 306 (3. Dezember 2004), S. 1776–80.

10. Ebd.

11. H. T. Reis und S. L. Gable, »Toward a Positive Psychology of Relationships«, in *Flourishing: Positive Psychology and the Life Well-Lived,* Hsg. Corey L. M. Keyes und Jonathan Haidt (Washington, D. C.: American Psychological Association, 2003), S. 129–59.

12. Nicholas A. Christakis und James H. Fowler, *Connected!: Die Macht sozialer Netzwerke und warum Glück ansteckend ist,* Fischer Verlag, Frankfurt/Main 2010

13. Chaeyoon Lim und Robert D. Putnam, »Religion, Social Networks, and Subjective

Well-Being«, *American Sociological Review* 75, Nr. 6 (2010), S. 914–33; siehe auch »Study Reveals ›Secret Ingredient‹ in Religion That Makes People Happier«, Pressemeldung der American Psychological Association, 7. Dezember 2012.

14. Tom Rath, *Vital Friends: The People You Can't Afford to Live Without* (New York: Gallup Press, 2006).

15. E-Mail- und Telefoninterview mit Charlotte Cook, 24. Februar 2011 und 4. März 2011.

16. Carolyn McNamara Barry und Stephanie D. Madsen, »Friends and Friendships in Emerging Adulthood«, Changing Spirituality of Emerging Adults Project, http://changingsea.org/barry.htm.

17. J. Pulakos, (2001). »Young Adult Relationships: Siblings and Friends«, *Journal of Psychology* 123 (1989), S. 237–44.

18. Telefoninterview mit Simine Vazire, 12. Dezember 2011.

19. Bella M. DePaulo und Deborah A. Kashy, »Everyday Lies in Close and Casual Relationships«, *Journal of Personality and Social Psychology* 74 (1998), S. 63–79.

20. Telefoninterview mit Simine Vazire, 12. Dezember 2011.

21. Charity A. Friesen, Laura K. Kammrath, »What It Pays to Know About a Close Other: The Value of If-Then Personality Knowledge in Close Relationships«, *Psychological Science* 22, Nr. 5 (Mai 2011), S. 567–71.

22. S. Schnall, K. D. Harber, J. K. Stefanucci, D. R. Proffitt, »Social Support and the Perception of Geographical Slant«, *Journal of Experimental Social Psychology* 44 (2008), S. 1246–55.

23. Rath, *Vital Friends*.

24. Interview mit David D. Nowell, 9. März 2011.

25. E-Mail-Interview mit Ian Anderson, 2. März 2011.

26. F. Harrison, J. Sciberras und R. James, »Strength of Social Tie Predicts Cooperative Investment in a Human Social Network«, PLoS ONE, 30. März 2011, http://www.plosone.org/home.action.

27. Christakis und Fowler, *Connected*.

28. Telefoninterview mit James Fowler, 8. Dezember 2011.

29. Carolyn Y. Johnson, »White Coat Notes: MIT Tests How Healthy Behaviors Spread in a Social Network«, *Boston Globe*, 1. Dezember 2011.

30. Jeff Bell, »You've Got a Friend«, PsychologyToday.com, 23. Juli 2010.

31. S. L. Brown, B. L., Fredrickson, M. Wirth, M. Poulin, E. Meier, E. Heaphy, M. Cohen und O. Schultheiss, »Social Closeness Increases Salivary Progesterone in Humans«, *Hormones and Behavior* 56 (2009), S. 108–11.

32. »Laughing with Others Eases Pain, Study Says«, Foxnews.com, 14. September 2011.

33. Telefoninterview mit Julianne Holt-Lunstad, 7. Dezember 2011.

34. Karen A. Ertel, M. Maria Glymour, Lisa F. Berkman, »Effects of Social Integration on

Preserving Memory Function in a Nationally Representative U. S. Elderly Population«, *American Journal of Public Health* 98, Nr. 7 (Juli 2008): S. 1215–20.

35. Candyce H. Kroenke, Laura D. Kubzansky, Eva S. Schernhammer, Michelle D. Holmes und Ichiro Kawachi, »Social Networks, Social Support, and Survival After Breast Cancer Diagnosis«, *Journal of Clinical Oncology* 24, Nr. 7 (1. März 2006), S. 1105–11; siehe auch Tara Parker Pope, »What Are Friends For? A Longer Life«, *New York Times*, 20. April 2009.

36. K. Orth-Gomer, A. Rosengren und L. Wilhelmsen, »Lack of Social Support and Incidence of Coronary Heart Disease in Middle-Aged Swedish Men«, *Psychosomatic Medicine* 55, Nr. 1 (1993), S. 37–43, siehe auch Pope, »What Are Friends For? A Longer Life«.

37. J. Holt-Lunstad, T. B. Smith, J. B. Layton, »Social Relationships and Mortality Risk: A Meta-Analytic Review«, *Public Library of Science Medicine* 7, Nr. 7 (2010).

38. Telefoninterview mit Julianne Holt-Lunstad, 7. Dezember 2011.

39. Christakis und Fowler, *Connected.*

40. Interview mit Meliksah Demir, 12. Oktober 2010.

41. E-Mail-Interview mit Shelly (Name geändert), 29. Dezember 2011.

42. Bonnie Rochman, »Why Hanging Out with Couple-Friends Enhances Romance«, *Time*, 16. Februar 2011.

43. Mark Gravonetter, »The Strength of Weak Ties«, *American Journal of Sociology* 78, Nr. 6 (Mai 1973): S. 1360–80.

44. Christakis und Fowler, *Connected.*

45. Jan Yager, *Friendshifts: The Power of Friendship and How It Shapes Our Lives* (Stamford, Conn.: Hannacroix Creek Books, 1999).

46. Rath, *Vital Friends.*

47. Arie Shirom, Sharon Toker, Yasmin Alkaly, Orit Jacobson und Ran Balicer, »Work-Based Predictors of Mortality: A 20-Year Follow-Up of Healthy Employees«, *Health Psychology* 30, Nr. 3 (Mai 2011), S. 268–75.

48. Rodolfo Mendoza-Denton, »This Holiday, a Toast to Cross-Race Friendship«, Psychologytoday.com, 23. November 2010.

49. Interview mit James Vela-McConnell, 11. April 2011.

50. Interview mit Dalton Conley, 19. April 2011.

51. Interview mit Charles Duhigg, 7. Dezember 2011.

52. Daniel J. Hruschka, *Friendship: Development, Ecology, and Evolution of a Social Relationship* (Berkeley: University of California Press, 2010).

Schlechte Gesellschaft

1. Telefoninterview mit Shane Shaps, 6. Februar 2012 (Der Name von Shanes früherer Freundin wurde geändert).

2. Angelique Chrisafis, »Art Historians Claim van Gogh's Ear ›Cut Off by Gauguin‹«, guardian.co.uk, 4. Mai 2009.

3. Gretchen Rubin, »Are You Drifting?«, www.happiness-project.com, 22. Juli 2009.

4. Mark Vernon, *The Meaning of Friendship* (New York: Palgrave Macmillan, 2010).

5. Telefoninterview mit Julianne Holt-Lunstad, 7. Dezember 2011.

6. Ebd.

7. Briahna Bigelow Bushman und Julianne Holt-Lunstad, »Understanding Social Relationship Maintenance Among Friends: Why We Don't End Those Frustrating Friendships«, *Journal of Social and Clinical Psychology* 28, Nr. 6 (Juni 2009), S. 749–78.

8. Jessica J. Chiang, Naomi L. Eisenberger, Teresa E. Seeman und Shelley E. Taylor, »Negative and Competitive Social Actions Are Related to Heightened Proinflammatory Cytokine Activity« *Proceedings of the National Academy of Sciences,* 23. Januar 2012.

9. Telefoninterview mit Jessica Chiang, 7. Februar 2012.

10. Ewa Urban, »Competition and Interpersonal Conflict in Same-Sex Platonic Friendships«, *Hilltop Review* 1, No. 1 (2005).

11. R. Weylin Sternglanz und Bella M. DePaulo, »Reading Nonverbal Cues to Emotions: The Advantages and Liabilities of Relationship Closeness«, *Journal of Nonverbal Behavior* 24 (2004), S. 245–66.

12. Jan Yager, *Ich dachte, wir sind Freunde: Wenn Freundschaft weh tut.* Moderne Verlagsges. Mvg: München 2005.

13. Vernon, *The Meaning of Friendship.*

14. Jan Yager, *Ich dachte, wir sind Freunde!: Wenn Freundschaft weh tut.*

15. Alex Williams, »It's Not Me, It's You«, *New York Times,* 28. Januar 2012.

16. Yager, *Ich dachte, wir sind Freunde!*

17. Telefoninterview mit Susan Shapiro Barash, 6. Februar 2012.

18. »Latino Blotter: Latina Scalped During Girl on Girl Fight«, Hispanicallyspeakingnews.com, 3. November 2011.

19. Kelly Valen, *The Twisted Sisterhood: Unraveling the Dark Legacy of Female Friendships* (New York: Ballantine Books, 2010).

20. Pamela Paul, »Mean Girls and Bad Mommies«, *New York Times,* 12. November 2010.

21. P. DeScioli und R. Kurzban, »The Company You Keep: Friendship Decisions from a Functional Perspective«, in *Social Judgment and Decision Making,* Hg. J. I. Krueger (New York: Psychology Press, 2011).

22. Telefoninterview mit Susan Shapiro Barash, 6. Februar 2012.

23. Ebd.

24. Telefoninterview mit Terri Apter, 7. Februar 2012.

25. Robin D. Moremen, »The Downside of Friendship: Sources of Strain in Older Women's Friendship«, *Journal of Women & Aging* 20, Nr. 1 und 2 (2008), S. 169–87.

26. Ebd.

27. Jeffrey Zaslow, »Friendship for Guys (No Tears!)«, *Wall Street Journal*, 7. April 2010.

28. Benjamin Cornwell und Edward O. Laumann, »Network Position and Sexual Dysfunction: Implications for Partner Betweenness for Men«, *American Journal of Sociology* 117 (2011), S. 172–208.

29. Nicholas A. Christakis und James H. Fowler, *Connected! Die Macht sozialer Netzwerke und warum Glück ansteckend ist*, Fischer Verlag, Frankfurt/Main 2010.

30. J. Niels Rosenquist, Joanne Murabito, James H. Fowler und Nicholas A. Christakis, »The Spread of Alcohol Consumption Behavior in a Large Social Network«, *Annals of Internal Medicine* 152, Nr. 7 (6. April 2010), S. 426–33.

31. Nick Collins, »Middle-Aged Drive to Avoid Peer Pressure of Drinking«, *The Telegraph*, 12. Dezember 2011.

32. Telefoninterview mit Carl Latkin, 8. Dezember 2011.

33. Peter Lattman und Azam Ahmed, »A Circle of Tipsters Who Shared Illicit Secrets«, *New York Times*, 11. Mai 2011.

34. Maria Glod, »Daughter Gets 48 Years in Slaying of Her Father, Siblings Say No Sentence Could Bring Justice«, *Washington Post*, 11. Februar 2003.

35. Ebd.

36. David Brooks, »The Great Divorce«, *New York Times*, 30. Januar 2012.

37. Interview mit Dalton Conley, 19. April 2011.

38. C. S. Lewis, *The Four Loves* (Orlando, Florida: Harcourt, 1991). Siehe auch Matt Kaufman, »C. S. Lewis on ›The Dangers of Friendship‹«, The Boundless Line (www.boundlessline.org), 23. August 2010.

39. Irving L. Janis, *Victims of Groupthink: A Psychological Study of Foreign-Policy Decisions and Fiascoes* (New York: Houghton Mifflin, 1972).

40. Daniel Goleman, »As Bias Crime Seems to Rise, Scientists Study Roots of Racism«, *New York Times*, 29. Mai 1990.

41. Daniel J. Hruschka, *Friendship: Development, Ecology, and Evolution of a Social Relationship* (Berkeley: University of California Press, 2010).

42. Angela J. Bahns, Kate M. Pickett, Christian S. Crandall, »Social Ecology of Similarity: Big Schools, Small Schools and Social Relationships«, *Group Processes and Intergroup Relations* 15 (Januar 2012), S. 119–31.

43. Telefoninterview mit Angela Bahns, 7. Februar 2012.

44. Ebd.

45. Angel Esteban und Stephanie Panichelli-Batalla, *Fidel & Gabo: A Portrait of the Legendary Friendship Between Fidel Castro and Gabriel García Márquez*, (New York: Pegasus Books, 2009).

46. Telefoninterview mit Stephanie Panichelli-Batalla, 9. Februar 2012.

47. John T. Cacioppo und William Patrick, *Einsamkeit: Woher sie kommt, was sie bewirkt, wie man ihr entrinnt,* Spektrum Akademischer Verlag, Heidelberg 2011.

Freunde im Netz

1. Telefoninterview mit Toni Bernhard, 9. März 2012.

2. Telefoninterview mit Keith Hampton, 20. März 2012.

3. Hua Wang und Barry Wellman, »Social Connectivity in America, Changes in Adult Friendship Network Size from 2002 to 2007«, *American Behavioral Scientist* 53, Nr. 8 (April 2010), S. 1148–69.

4. Telefoninterview mit Keith Hampton, 20. März 2012.

5. Chris Taylor, »Social Networking ›Utopia‹ Isn't Coming«, CNN.com, 27. Juni 2011.

6. Mary Madden und Kathryn Zickuhr, »65% of Online Adults use Social Networking Sites«, Pew Research Center's Internet and American Life Project, 26. August 2011.

7. Lee Rainie, Kristen Purcell und Aaron Smith, »The Social Side of the Internet«, Pew Research Center's Internet and American Life Project, 18. Januar 2011.

8. S. Craig Watkins und H. Erin Lee, »Got Facebook? Investigating What's Social About Social Media«, theyouthanddigital.com, 18. November 2010.

9. Keith Hampton, Lauren Sessions Goulet, Cameron Marlow und Lee Rainie, »Why most Facebook users get more than they give«, Pew Research Center's Internet & American Life Project, 3. Februar 2012.

10. Telefoninterview mit Keith Hampton, 20. März 2012.

11. Lee Rainie, Amanda Lenhart, Aaron Smith, »The Tone of Life on Social Networking Sites«, Pew Research Center's Internet & American Life Project, 9. Februar 2012.

12. Telefoninterview mit Pamela Rutledge, 15. März 2012.

13. Clay Shirky, *Cognitive Surplus: How Technology Makes Consumers into Collaborators* (New York: Penguin, 2010).

14. William Deresiewicz, »Faux Friendship«, *The Chronicle of Higher Education,* 6. Dezember 2009.

15. Ebd.

16. Mark Vernon, *The Meaning of Friendship* (New York: Palgrave Macmillan, 2010).

17. E-Mail-Interview mit Henry Alford, 3. April 2012.

18. Telefoninterview mit Andrea Bonior, 9. März 2012.

19. Ebd.

20. Amanda L. Forest und Joanne V. Wood, »When Social Networking Is Not Working Individuals with Low Self-Esteem Recognize but Do Not Reap the Benefits of Self-Disclosure on Facebook«, *Psychological Science* 23, Nr. 3 (März 2012), S. 205–303.

21. Christopher J. Carpenter, »Narcissism on Facebook: Self-Promotional and Anti-Social Behavior«, *Personality and Individual Differences* 52, Nr. 4 (März 2012), S. 482–86.

22. Hui-Tzu Grace Chou und Nicholas Edge, »›They Are Happier and Having Better Lives than I Am‹: The Impact of Using Facebook an Perceptians of Others' Lives«, *Cyberpsychology, Behavior, and Social Networking* 15, Nr. 2 (Februar 2012), S. 117–21.

23. Telefoninterview mit Andrea Bonior, 9. März 2012.

24. Vernon, *The Meaning of Friendship.*

25. Maurizio Mauri, Pietro Cipresso, Anna Balgera, Marco Villamira und Giuseppe Riva, »Why Is Facebook So Successful? Psychophysiological Measures Describe a Core Flow State While Using Facebook«, *Cyberpsychology, Behavior, and Social Networking* 14, Nr. 12 (Dezember 2011), S. 723–31.

26. Telefoninterview mit Larry Rosen, 12. März 2012.

27. Interview mit »Jacob« (Name geändert), 25. Februar 2012.

28. Miller McPherson, Lynn Smith-Lovin und Matthew E. Brashears, »Social Isolation in America: Changes in Core Discussion Networks over Two Decades«, *American Sociological Review* 71, Nr. 3 (Juni 2006), S. 353–75.

29. Hua Wang und Barry Wellman, »Social Connectivity in America, Changes in Adult Friendship Network Size from 2002 to 2007«, *American Behavioral Scientist* 53, Nr. 8 (April 2010), S. 1148–69.

30. Keith Hampton, Lauren Sessions und Eun Ja Her, »Core Networks, Social Isolation, and New Media: Internet and Mobile Telefon Use, Network Size, and Diversity«, *Information, Communication and Society* 14, Nr. 1 (2011), S. 130–55.

31. Cynthia M. H. Bane, Marilyn Cornish, Nicole Erspamer und Lia Kampman. »Self-Disclosure Through Weblogs and Perceptions of Online and ›Real-life‹ Friendships Among Female Bloggers«, *Cyberpsychology, Behavior, and Social Networking* 13, Nr. 2 (April 2010), S. 131–39.

32. Lijun Tang, »Development of Online Friendship in Different Social Spaces«, *Information, Communication and Society* 13, Nr. 4 (2010), S. 615–33.

33. Telefoninterview mit Larry Rosen, 12. März 2012.

34. Ebd.

35. Vernon, *The Meaning of Friendship.*

36. Pete Beatty Telefoninterview, 9. März 2012.

37. Telefoninterview mit Pamela Rutledge, 15. März 2012.

38. Telefoninterview mit Arikia Millikan, 13. März 2012.

39. Roy Pea, Clifford Nass, Lyn Meheula, Marcus Rance, Aman Kumar, Holden Bamford, Matthew Nass, Aneesh Simha, Benjamin Stillerman, Steven Yang, Michael Zhou: »Media Use, Face-to-Face Communication, Media Multitasking, and Social Well-Being Among 8- to 12-Year-Old Girls«, *Developmented Psychology* 44, Nr. 2 (März 2012), S. 327–36.

40. Telefoninterview mit Larry Rosen, 12. März 2012.

41. Pamela Paul, »Cracking Teenagers' Online Codes«, *New York Times,* 20. Januar 2012.

42. Eric Smalley, »Are We Immune To Viral Marketing?«, Wired.com, 19. Dezember 2011.

43. Ebd.

44. Videopräsentation Paul Adams, »How Our Social Circles Inference What We Do, Where We Go, and How We Decide«, UX Week, San Francisco, 23. bis 26. August 2011.

45. Tina Rosenberg, »On Gay Rights, Moving Real-Life Friends to Action«, *New York Times*, 7. Juli 2011.

46. Jenna Wortham, »New Apps Connect to Friends Nearby«, *New York Times*, 8. März 2012.

47. Ebd.

Das Beste aus Freundschaften machen

1. E-Mail-Interview mit Renee Young, 23. Februar 2011.

2. John T. Cacioppo und William Patrick, *Loneliness: Human Nature and the Need for Social Connection* (New York: W. W. Norton & Company, 2008).

3. Mark Vernon, *The Meaning of Friendship* (New York: Palgrave Macmillan, 2010).

4. Telefoninterview mit Irene Levine, 30. März 2012.

5. Cacioppo und Patrick, *Loneliness*.

6. Telefoninterview mit John Cacioppo, 3. April 2012.

7. Tom Rath, *Vital Friends: The People You Can't Afford to Live Without* (Gallup Press, 2006).

8. Ebd.

9. Irene S. Levine, *Best Friends Forever: Surviving a Breakup With Your Best Friend* (New York: The Overlook Press, 2009).

10. Telefoninterview mit Terri Apter, 7. Februar 2012.

11. Telefoninterview mit Andrea Bonior, 9. März 2012.

12. Telefoninterview mit Irene Levine, 30. März 2012.

13. Cacioppo und Patrick, *Loneliness*.

14. Ebd.

15. Phyllis Korkki, »Building a Bridge to a Lonely Colleague«, *New York Times*, 28. Januar 2012.

16. Cacioppo und Patrick, *Loneliness*.

17. Telefoninterview mit John Cacioppo, 3. April 2012.

18. John T. Cacioppo, James H. Fowler und Nicholas A. Christakis, »Alone in the Crowd: The Structure and Spread of Loneliness in a Large Social Network«, *Journal of Personality and Social Psychology* 97, Nr. 6 (Dezember 2009), S. 977–91.

19. Telefoninterview mit John Cacioppo, 3. April 2012.

20. Ebd.

21. Cacioppo und William Patrick, *Loneliness*.

22. Telefoninterview mit Andrea Bonior, 9. März 2012.

23. Telefoninterview mit Rachel Bertsche, 12. Dezember 2011, zum Teil veröffentlicht in Carlin Flora, »Have You Ever Friend-Dated?«, Psychologytoday.com, 21. Dezember 2011.

24. Cacioppo und Patrick, *Loneliness*.

25. Telefoninterview mit John Cacioppo, 3. April 2012.

26. Interview mit Joseph, 2. April 2012.

27. Xinyue Zhou, Constantine Sedikides, Tim Wildschut, Ding-Guo Gao, »Counteracting Loneliness: On the Restorative Function of Nostalgia«, *Psychological Science* 19, Nr. 10 (2008), S. 1023–29.

28. Irene S. Levine, *Best Friends Forever*.

29. Telefoninterview mit Andrea Bonior, 9. März 2012.

30. E-Mail-Interview mit Lynne Soraya, 2. April 2012.

31. Interview mit Jacob (Name geändert) 25. Februar 2012.

32. E-Mail-Interview mit Henry Alford, 3. April 2012.

33. Daniel J. Hruschka, *Friendship: Development, Ecology, and Evolution of a Relationship* (Berkeley: University of California Press, 2010).

34. Interview mit Dalton Conley, 19. April 2011.

35. Interview mit Jacob (Name geändert), 25. Februar 2012.

36. Telefoninterview mit Terri Apter, 7. Februar 2012.

37. Hruschka, *Friendship*.

38. Interview mit Jacob (Name geändert), 25. Februar 2012.

39. Interview mit einem PR-Manager, der seinen Namen nicht genannt haben wollte, 15. Dezember 2011.

40. Jan Yager, *When Friendship Hurts: How to Deal with Friends Who Betray, Abandon, or Wound You* (New York: Fireside, 2002).

41. Interview mit Dalton Conley, 19. April 2011.

42. Hruschka, *Friendship*.

43. *Ciceros Gesetze der Freundschaft*, Monmouth College Zusammenfassung, http://department.monm.edu/classics/courses/clas210/coursedocuments/cicero_on_friendship_a_summary.htm

44. Bella De Paulo, *Single with Attitude: Not Your Typical Take on Health and Happiness, Love and Money, Marriage and Friendships* (Seattle: Create Space, 2009).

Register